安徽省高等学校“十三五”省级规划教材
普通高等学校经管类精品教材

国际贸易实务

第2版

主　　编　张　颖　刘　丽
副 主 编　张东庆　马　冰
编写人员（以姓氏笔画为序）
马　冰　刘　丽　张东庆
张　颖　张　键　陈　惠
黄　锐

中国科学技术大学出版社

内容简介

本书按照普通高等院校教育人才培养目标的要求，以项目为导向，从实际工作任务出发，以能力培养和训练为核心，按照工作过程展现了完整的国际贸易业务流程。

全书除导论外，共分为10个项目：国际贸易术语；国际贸易商品的品名、品质、数量和包装；进出口商品的价格；国际贸易货物运输；国际贸易货物运输保险；国际贸易货款收付；商品检验、索赔、不可抗力与仲裁；国际货物买卖合同的商订；国际货物买卖合同的履行；国际贸易方式。每个项目均配有项目分解、实现目标、案例导入、小看板、项目小结、增值阅读以及说一说、议一议、练一练等技能实训题，可以帮助学生更好地理解与掌握相关知识、技能。

本书可作为普通高等学校经济贸易及相关专业的教材，同时也可供广大经济工作者参考。

图书在版编目(CIP)数据

国际贸易实务/张颖，刘丽主编. —2版. —合肥：中国科学技术大学出版社，2013.8(2021.8重印)

安徽省高等学校"十三五"省级规划教材

ISBN 978-7-312-03273-8

Ⅰ.国… Ⅱ.①张…②刘… Ⅲ.国际贸易—贸易实务—职业教育—教材 Ⅳ.F740.4

中国版本图书馆CIP数据核字(2013)第170275号

出版 中国科学技术大学出版社
安徽省合肥市金寨路96号，230026
http://press.ustc.edu.cn
https://zgkxjsdxcbs.tmall.com

印刷 合肥市宏基印刷有限公司

发行 中国科学技术大学出版社

经销 全国新华书店

开本 787mm×1092mm 1/16

印张 19.25

字数 518千

版次 2009年8月第1版 2013年8月第2版

印次 2021年8月第6次印刷

定价 38.00元

前　言

“国际贸易实务”作为国际商务类专业的职业能力核心课程，外贸知识和技能的入门课程以及外贸业务员、外贸跟单员、国际商务单证员、货代员、报关员、报检员、外贸会计等全国性职业资格统考的必考课程，其开设与前后续课程衔接得当，对学生职业能力和职业素养的形成起主要支撑作用。

为适应普通高等院校教育改革发展需要，我们于2009年8月出版了《国际贸易实务》一书。该书的编写在理念、结构和体例上有所创新，理论适度够用，更加突出技能应用。随着普通高等院校教育改革的不断深入以及省级“国际贸易实务”特色专业建设的深入，我们积累了更多的“国际贸易实务”课程教学改革和教材建设经验。本着“适应形势发展，体现普通高等院校特色，着眼素能本位，精选教学内容”的原则，我们围绕行业、企业的新标准、新要求以及学生可持续发展的目标对第1版教材进行了修订。采取“项目引导、任务驱动、案例应用、技能训练”的教学模式设计教材体系；结合国际贸易惯例及贸易术语的最新动态，及时更新教学内容，保证前沿性和新颖性；形式上更贴近企业实际，案例翔实，言之有物。修订后的第2版教材，理论联系实际，难易适度，深入浅出，符合普通高等院校人才培养目标要求和学生的认知程度。

本书突出了对学生职业素质和职业能力的培养，既可作为全国普通高等院校经贸类专业的基础教材，又可作为各类成人教育、外经贸企业培训从业人员的通用教材和参考读物，并可供学生和社会企业经营人员自学、考证使用。

本书是安徽省高校“国际贸易实务”精品课程和安徽省高校“国际贸易实务”特色专业（项目编号：20101715）的阶段性成果。编者均为长期从事“国际贸易实务”教学的一线教师，其中主编、副主编同时拥有多年的企业工作经历，具备“双师”素质。安徽工商职业学院的张颖、刘丽、张东庆、黄锐、张键，安徽电子信息职业技术学院的陈惠，合肥财经职业学院的马冰参加了本书的编写工作。其中，张颖编写导论、项目三、项目九；刘丽编写项目二、项目五、项目八；张东庆编写项目一；陈惠编写项目四；黄锐编写项目六；马冰编写项目七；张键编写项目十。全书最后由张颖定稿。

在本书的编写过程中，借鉴、参考和引用了众多国内外作者的观点和相关资料，主要参考文献已列于书后，或在文中注明，在此谨向各位作者表示最衷心的感谢。有些资料因各种原因，已无法找到原始出处及作者，在此也谨向原作者致歉并表示衷心的感谢。由于编者水平有限，书中缺点、疏漏甚至错误在所难免，敬请专家、同仁和广大读者向我们提出宝贵意见，我们一定会及时改进。

编　者

目　　录

导　论

实现目标

知识目标：要求学生通过对国际贸易特点、适用的法律与惯例、应遵循的原则等内容的了解，弄清国际货物买卖合同的构成和主要内容，从总体上把握进出口贸易的一般业务程序，为后续的学习打下良好的基础。

能力目标：能够审阅合同条款，并依照国际贸易惯例签订国际货物买卖合同；能够熟知进出口业务流程，如交易前的准备、交易中的磋商、合同的商订和交易后的合同履行等；具备开拓创新、驾驭市场、善于应战与随机应变的能力。

案例导入

我国A公司按FOB天津条件向韩国B公司出口一批价值10万美元的货物，即期信用证付款。来证规定："Signed Commercial invoice in triplicate Full set of clean on board ocean bills of Lading made out to order and blank endorsed, marked"Freight to collect", Notify buyer, Partial shipments are not allowed."（已签署的商业发票一式三份，全套的清洁已装船海运提单，做成空白抬头，空白背书，注明"运费到付"，通知买方，禁止分批装运。）

A公司将货物装船后，由韩国C海运公司在天津的代理签发了海运提单。A公司将全套单据交银行议付，议付行审单无误后给A公司办理了押汇，并将全套单据寄交开证行索偿。不料开证行将全套单据退回给议付行。当议付行向A公司追索时，A公司才告知，所交货物由于备货不足，实际只交付9.5万美元货物，为顺利结汇，签发的商业发票金额为10万美元，准备近期向B公司补交余下的5 000美元的货物（A公司已将货款另作他用）。A公司此时只好与B公司协商，最后B公司同意按D/P方式支付货款，原议讨行为托收行。此时，A公司与议付行从有关方面获悉：B公司已将货物提走并在市场销售。很显然，信用证项下的全部单据，将包括全套海运提单交予B公司，使其凭以提货的必是C海运公司。A公司深感事态严重，于是找到C海运公司在天津的代理。该代理辩称：海运提单注明"运费到付"，如果B公司付清运费，当然能予以提货。但A公司认为，海运提单上不论注明"运费预付"或是"运费到付"，均不影响其物权证书的作用，C海运公司必须对不规范的提前放货行为负责。3天后，C海运公司在天津的代理终于承认，C海运公司是凭B公司提供的、由开证行会签的担保，将货物放给了B公司。最后，A公司几经周折，历时半年才收回了货款。

分析：中韩两国的贸易属近洋贸易，经常出现货物先到而提单后到的情况，而且进口方往往凭银行会签的书面担保向海运公司先行提货。本案例中,当B公司担保提货后,发现货物数量与合同规定不符。而此时,单据寄抵开证行,单证相符,构成了开证行付款的前提条件。于是B公司与开证行串通后决定退单拒付。议付行接到开证行退回的单据后,本应坚持要求开证行付款,但由于A公司欠发5 000美元的货物,自知理亏,遂与B公司协商改为D/P结算,正中B公司与开证行的圈套,将凭信用证结算的银行信用,改为D/P结算的商业信用。这样一来,若B公司拒付,则与开证行无关,从而加大了A公司收款难度。但由于C海运公司凭担保向B公司提前放货,操作不规范。A公司只能以此为突破口,要求C海运公司凭担保向B公司和开证行施加压力,最后经过多方努力,才收到货款。

从这个贸易实例,我们可以总结出以下几方面的经验。

1. 在对外贸易中,进出口公司应按合同规定履约

在进出口贸易履约过程中,最根本的法律依据是合同,其他条款,包括支付条款的信用证均是在合同基础上派生出来的。根据《2000年国际贸易术语解释通则》的规定,卖方必须提供符合买卖合同规定的数量、质量和规格的货物。针对导入案例,国际贸易中卖方最基本的义务就是按照合同规定交10万美元的货物,显然A公司违反了合同的数量条款。当B公司凭担保提货后,发现货量与合同不符,短少5 000美元的货物,必然担心付款后A公司不补交短少的数量,于是与开证行串通拒付货款。由于A公司违约,使进出口贸易履约的基础发生了变化,因此A公司违约是导致这次损失的根源。

2. 进出口公司应根据货源的具体情况对外签订合同

从表面上看,A公司由于备货不足以致短交货物,实际上却是缺乏法律意识。另外,A公司在主观上存在侥幸心理,认为在信用证支付条件下,若先做到单证相符,将货款拿到手,然后再补交余下的货物即可,然而这与"重合同、守信用"的原则是背道而驰的。即使一次得逞,但对国外客户而言其公司信誉则大打折扣,对今后扩大和发展贸易是有百害而无一利的。

3. 议付行必须要求开证行付款

虽然A公司违反合同的数量条款,但该合同项下的支付方式是即期信用证,信用证的性质是银行信用。根据《UCP 600》第4条a款:"信用证与可能作为其依据的销售合同,是相互独立的交易。即使信用证中有对该合同的任何援引,银行也与该合同完全无关,且不受其约束。"开证行一经开出信用证,就负有第一付款人的责任,只要受益人交来的单据符合信用证的规定,则开证行必须付款。本案例中开证行不能以A公司未履行合同数量条款为由拒付货款。《UCP 600》第5条规定:"在信用证业务中,银行处理的只是单据,而不是与单据有关的货物、服务及/或其他行为。"信用证业务是一项纯粹的单据业务,银行必须合理谨慎地审核信用证规定的一切单据,以确定其表面是否与信用证条款相符,开证行只根据表面上符合信用证条款的单据付款。另外,根据《UCP 600》第34条:"银行对任何单据的形式、充分性、准确性、内容真实性、虚假性或法律效力,或对单据中规定或添加的一般或特殊条件,概不负责;银行对任何单据所代表的货物、服务或其他履约行为的描述、数量、重量、品质、状况、包装、交付、价值或其存在与否,或对发货人、承运人、货运代理人、收货人、货物的保险人或其他任何人的诚信与否、作为或不作为、清偿能力、履约或资信状况,也概不负责。"本案例中,A公司虽然短交5 000美元的货物,但发票金额是10万美元,与信用证规定相符,而且A公司提交的单据做到了单证相符,单单一致,构成了开证行付款的充分必要条件。议付行审单无误后将单据寄交开证行,开证行必须付款。因此,议讨行应按照《UCP 600》的有关规定,坚持要求开证行付款。何况开证行开出的信用证具有不可撤销性,未经受益人及有关当事人的同意,开证行不能撤销其付款的责任。

4. 开证行不得无故退单拒付

开证行一经开出信用证，就负有第一付款人的责任，且开证行的付款责任不受合同的约束。开证行如果决定不付款，必须将不符点通知寄送单据的银行或受益人，并且在通知中必须说明全部不符点，也就是说，开证行必须说明全部不符点后，才能将单据退还交单人。本案例中，A公司虽然只交付了9.5万美元的货物，但A公司提交的单据做到了单证一致，单单一致，构成了开证行付款的前提，开证行必须付款。

开证行是因为B公司凭证担保提货后，发现货物数量与合同不符，在B公司的要求下才拒付。同时开证行也明白，由于A公司短交5 000美元的货物，有可能在开证行拒付的情况下A公司与B公司联系改变付款方式，而一旦A公司与B公司联系后改为托收货款，将从根本上改变了开证行第一付款人的地位。

5. 海运公司必须凭正本海运提单交付货物

海运提单(Bill of Lading)是指证明海上运输合同成立及证明承运人已接管货物的单证，它是承运人在收到货物时签发给托运人的货物收据，证明了承运人已按海运提单上所列的内容收到货物。海运提单有别于其他运输单据的性质与作用是：海运提单为货物所有权的凭证。在法律上，海运提单具有物权证书的作用，它代表了货物的所有权，谁占有海运提单，谁就占有货物。因此，海运公司必须将货物交付给海运提单的合法持有者，否则海运公司必须承担有关法律责任。

本案例中，B公司是凭开证行会签的担保，从C海运公司提走了货物。凭担保提货，就是在没有货物所有权凭证的情况下先行提货，并在担保中保证日后补交提单，并负责无条件地赔偿由此可能带给船公司的风险损失。开证行退单拒付，单据掌握在议付行手中，受益人A公司完全有理由凭海运提单要求船公司交付货物。由于C海运公司凭担保将货物交给B公司，C海运公司也必然凭担保向开证行及B公司施加压力，要么补交提单，要么赔偿货款，要么交回货物。

由此可见，在国际贸易中规范操作是十分重要的，也是十分必要的。

“国际贸易实务”是一门主要研究国际商品交换的具体过程及相关活动内容与商务运作规范的学科，也是一门具有涉外商务活动特点、实践性很强的综合性应用学科。凡国际经贸类专业都把该课程作为一门必修的专业基础课程。为了学好这门课程，首先必须对下列几个方面的问题有所了解。

一、国际贸易的特点

国际贸易具有不同于国内贸易的许多特点，其交易环境、交易条件、贸易做法及所涉及的问题，都远比国内贸易复杂，其特点主要表现在下列各方面。

(一)涉外性

国际贸易既是一项经济活动，也是涉外活动的一个方面。由于国际贸易具有这一特点，故在对外交往中，不仅要考虑经济利益，而且还应注意配合外交活动，认真贯彻我国的对外方针政策，在履约过程中，要重合同、守信用，注意对外保持良好的形象。

(二)复杂性

国际贸易属跨国交易，情况错综复杂。国际贸易的交易双方处在不同的国家和地区，各国的政治制度、法律体系不同，文化背景互有差异，价值观念也往往有别，在洽商交易和履约过程中，涉及各自不同的政策措施、法律规定、贸易惯例和习惯做法，情况千差万别，错综复杂。

（三）不稳定性

国际贸易易受国际局势变化的影响，具有不稳定性。国际贸易易受国际政治、经济形势和各国政策及其他客观条件变化的影响，尤其在当前国际局势动荡不定、国际金融市场变化莫测与市场价格瞬息万变的情况下，国际贸易的不稳定性更加明显。

（四）风险性

国际贸易面临的风险远比国内贸易大。在国际贸易中，交易双方的成交量通常都比国内贸易大，而且交易的商品往往需要通过长途运输，在远距离的运输过程中，可能遇到各种自然灾害、意外事件和各种其他外来风险，加之国际市场情况复杂，千变万化，从而更加大了国际贸易的风险程度。

（五）广泛性

国际贸易线长面广，中间环节多。在国际贸易中，交易双方相距遥远，在开展交易过程中，包括许多中间环节，涉及面很广，除了双方当事人外，还涉及各种中间商、代理商以及为国际贸易服务的商检、仓储、运输、保险、金融、车站、港口、海关等部门，任何一个部门、一个环节出了问题，都会影响整笔交易的正常进行。

（六）竞争性

国际市场商战不止，竞争异常激烈。在国际贸易中，一直存在着争夺市场的激烈竞争，有时甚至达到白热化的程度。竞争的形式虽表现为商品竞争、技术竞争和市场竞争，但归根到底，竞争的实质还是人才的竞争。因此，我们必须提高竞争意识，提高外经贸人员的整体素质，才能增强竞争能力，在国际市场竞争中立于不败之地。

上述特点表明，从事国际贸易的要求高、难度大，加之国际市场广阔，从业机构和人员情况复杂，故易产生争议和欺诈活动，频繁发生纠纷案件，稍有不慎，即可能受骗上当，甚至蒙受严重的经济损失。这就要求从事国际贸易的人员，不仅必须掌握国际贸易的基本原理、基本知识和基本技能与方法，而且还应具备开拓创新的能力、驾驭市场的能力和善于应战与随机应变的能力。

二、国际货物买卖适用的法律与惯例

在国际货物买卖中，交易双方所处国家不同，他们都要遵守各自所在国的国内法。由于各国法律制度不同，对同一问题各国往往有不同的规定，为了解决这种“法律冲突”，一般在国内法中规定冲突规范的办法。《中华人民共和国合同法》（简称《合同法》）第126条规定：“涉外合同的当事人可以选择处理合同争议所适用的法律，但法律另有规定的除外。涉外合同的当事人没有选择的，适用与合同有密切联系的国家的法律。”

在国际货物买卖中，还必须遵守国家对外缔结或参加的有关国际贸易、国际运输、商标、专利、工业产权与仲裁等方面的条约和协定，如《联合国国际货物销售合同公约》（简称《公约》）和同各国签署的双边贸易协定与支付协定等。

此外，公认的国际贸易惯例是在国际贸易长期实践的基础上逐渐形成和发展起来的，是人们从事国际货物买卖活动的行为规范和应当遵守的准则,也是国际贸易法律的重要渊源之一。在当前国际贸易中影响很大和广泛使用的国际贸易惯例有国际商会制定的《2000 年国际贸易术语解释通则》和《跟单信用证统一惯例》。当买卖合同中作了与国际贸易惯例相抵触的规定,本着法律优先于惯例的原则,在履行合同和处理争议时,应以买卖合同的规定为准。国际贸易惯例本身虽不是法律,它对合同当事人不具有强制性,但买卖双方如在合同中约定采用某种惯例,则该项惯例就具有强制性,买卖双方都应受其约束。

(一)适用当事人所在国国内的有关法律

进出口合同双方当事人都要分别遵循各自所在国国内的有关法律。由于进出口合同双方当事人所在国的法律制度不同,故对同一问题可能有不同的法律规定。为解决这种法律冲突,一般是在国内法中规定冲突规范的办法。根据我国有关法律的规定,在我国对外签订的进出口合同中,交易双方可以协商约定处理合同争议所适用的准据法,其中,既可以选择买方或卖方所在国的法律,也可以选择买卖双方同意的第三国的法律或有关的国际条约与公约。若买卖双方未在进出口合同中约定解决合同争议适用的法律,则由受理合同争议的法院或仲裁机构依据与合同有最密切联系的国家的法律来处理合同项下的争议。

(二)适用国际贸易惯例

国际贸易惯例通常是指由国际组织或商业团体根据国际贸易长期实践中逐渐形成的一般贸易习惯做法而制定成文的国际贸易规则,它是国际贸易法律的重要渊源之一。惯例本身不是法律,也不具有法律效力,但通过各国的立法和国际立法可以赋予以法律效力。许多国家在国内立法中明文规定了国际贸易惯例的效力。在国际立法中,《联合国国际货物销售合同公约》对国际贸易惯例的作用作了充分的肯定。该公约规定:当事人在合同中没有排除适用的惯例,或当事人已经知道或理应知道的惯例以及在国际贸易中被人们经常使用和反复遵守的惯例,即使当事人未明确同意采用,也可认为当事人默示同意惯例,因而惯例对双方当事人具有约束力。

在当前国际货物贸易中,影响较大且适用范围广泛的国际贸易惯例,主要有国际商会修订的《跟单信用证统一惯例》《UCP 600》、《托收统一规则》《URC 522》、《1998 年国际备用信用证惯例》和《2000 年国际贸易术语解释通则》以及国际法协会制定的《华沙-牛津规则》等。我国进出口活动的当事人订立、履行进出口合同和处理贸易争议时,都广泛采用上述国际惯例。国内外许多法院和仲裁机构审理国际货物贸易争议案件及其做出判决或裁决时,都参照和援引上述有关惯例。

(三)适用当事人所在国缔结或参加的国际条约

各国政府和一些国际组织为消除国际贸易障碍和解决国际贸易争议,相继缔结和订立了一些双边或多边的国际条约或公约,其中有些已被大多数国家所接受,并且行之有效。因此,进出口合同的订立和履行以及合同争议的处理,还必须符合合同当事人所在国缔结或参加的与合同有关的多边或双边的国际条约或公约,如贸易协定、支付协定以及有关国际贸易、运输、商标、专利、知识产权和仲裁等方面的条约或公约。

我国对外缔结或参加的有关国际货物贸易方面的双边和多边条约或公约颇多,其中影响最大的无疑是 WTO 协定及其附件所包括的各种协议。我国加入世界贸易组织后,WTO 协定的有关规定和我国政府曾经做出的承诺是我们进行进出口活动时必须遵循的准则。前面提到的

《联合国国际货物销售合同公约》与我们订立、履行进出口合同适用的法律密切相关。我国加入该公约时,曾对扩大该公约的适用范围提出了保留,我国只同意该公约的适用范围限于营业地分处于不同缔约国的当事人之间所订立的买卖合同。如果合同争议双方都是该公约成员国,则解决其争议所适用的法律就以该公约的规定为准。此外,我国还参加了联合国国际商事仲裁会议的《承认与执行外国仲裁裁决公约》(简称《1958 年纽约公约》)。了解这一公约的内容,可以帮助我们正确地执行仲裁裁决和维护自身权益。

三、国际货物买卖遵循的原则

根据《联合国国际货物销售合同公约》和许多国家国内法的规定,在国际货物买卖中,交易双方应在平等互利的基础上,本着"契约自由"和"诚实信用"等原则,依法订立合同、履行合同和处理争议。根据我国《合同法》规定,当事人在订立合同、履行合同和处理合同纠纷时,应当遵循下列基本原则。

(一)平等原则

订立、履行合同和承担违约责任时,当事人的法律地位都是平等的,都享有同等的法律保护,任何一方不得将自己的意志强加给另一方,也不允许在适用法律上有所区别。

(二)自愿原则

订立合同应当遵循当事人自愿的原则,即当事人依法享有自愿订立合同的权利,违背当事人真实意思的合同无效,不具有法律效力。但是,应强调指出,实行合同自愿的原则,并不意味着当事人可以随心所欲地订立合同而不受任何限制和约束,当事人必须在法律规定的范围内订立和履行合同。

(三)公平原则

合同当事人应当遵循公平的原则确定各方的权利和义务,即在订立、履行和终止合同时遵循公平的原则,不得有失公平,要做到公正、公允和合情合理,不允许偏向任何一方。

(四)诚实信用原则

当事人在订立、履行合同和行使权利、履行义务时,应当遵循诚实信用的原则。此项原则将道德规范与法律规范融合为一体,并兼有法律调节与道德调节双重功能。在这里,需要强调指出,诚实信用原则是一项强制性规范,不允许当事人约定排除其适用,任何违反诚实信用原则的行为,都是法律不允许的。

(五)合法原则

只有依法订立的合同,才对双方当事人具有法律约束力。当事人订立、履行合同是一种法律行为,有效的合同是一项法律文件。因此,当事人订立、履行合同,应当遵守法律,尊重社会公德,不得扰乱社会经济秩序,损害社会公共利益。否则,合同就失去法律效力,就得不到法律的保护。

四、国际货物买卖合同

国际货物买卖合同是确定合同双方当事人权利与义务的法律依据,也是判断合同是否有效的客观依据。订立一个内容明确、完备的合同,有利于实现当事人订立合同的目的,并对防止和减少以及迅速解决合同争议具有重要的意义。关于合同内容,《联合国国际货物销售合同公约》和各国合同法都有规定。根据我国《合同法》第 12 条的规定,一般应包括下列条款:

①当事人的名称或者姓名和住所;

②标的;

③数量;

④质量;

⑤价格或报酬;

⑥履行期限、地点和方式;

⑦违约责任;

⑧解决争议的办法。

当事人可以参照各类合同的示范文本订立合同。根据上述规定,卖方的主要义务是按时、按质、按量交付约定的货物,移交与货物有关的单据和转移货物所有权。买方的主要义务是按合同规定支付货物的价款和受领货物。在双方当事人履行合同的过程中,可能出现某些争议,为了便于处理争议,在合同条款中,通常都规定索赔、不可抗力和仲裁条款。

(一)国际货物买卖合同的形式和主要内容

国际货物买卖合同一般由约首、正文和约尾三部分组成。

约首即合同的首部,一般包括合同的名称、编号、签订日期与地点、签约双方的名称和地址等;正文即合同的主体部分,一般以合同条款的形式具体列出各项交易条件,规定双方的权利和义务,通常有品名、品质、数量、包装、价格、支付、运输、保险、争议处理等条款;约尾即合同的尾部,一般包括合同的份数、附件及其效力、使用的文字、合同生效的时间、合同适用的法律、签约双方当事人(法人代表或其授权人)的签字等。

(二)合同的有效成立

合同的有效成立是指合同必须符合法律规范才能有效。只有合法的、有效的合同才对买方和卖方产生约束力。根据《中华人民共和国合同法》的有关规定,一份有效的国际贸易合同必须具备以下条件。

1. 合同当事人具有行为能力

首先,交易双方在法律上必须具有签订合同的能力和资格;其次,签订合同的企业代表应有行为能力,即签字的自然人必须是企业授权的代表且具有民事行为能力。对合同当事人资格和能力的审核是确保合同有效的一个不可忽视的步骤。

2. 合同当事人的意思表示必须是真实的

合同是当事人按照自愿和真实的原则达成的协议,任何欺诈、胁迫、虚假等非自愿和不真实情况下签订的合同是无效的合同,且自始无效。

3. 合同双方互为有偿

所谓互为有偿是指在买卖合同中,双方各自以有偿的权利为目的,一方所享有的权利是以承担相应的义务为基础，一方不履行义务时有向对方赔偿的责任，即法律中所说的“对价”或“约因”。如卖方交出一定数量货物的“对价”是买方付款；而买方付款的“约因”是卖方交付符合合同规定的货物。

4. 合同的标的和内容必须合法

合同的标的和内容不违背所在国或地区的法律、法规、政策及国际贸易中的法规、惯例。合同的标的应是政府允许交易的商品，若属政府管制的应持有许可证；合同的内容不违背国家的法律和公共政策。

5. 合同形式应符合法定要求

根据我国《合同法》的有关规定，在实际业务中，涉外经济合同的订立、变更或解除都必须采取书面形式，即合同书、信件、电报、传真、电子数据交换和电子邮件等可以有形地表现所载内容的形式。此外，我国法律、行政法规规定应由国家批准的合同，获得批准时合同方为有效。

五、国际贸易的基本做法

（一）进出口贸易的一般业务程序

在进出口贸易中，由于交易方式和成交条件不同，其业务环节也不尽相同。各环节的工作，有的分先后进行，有的先后交叉进行，也有的齐头并进。但是，不论进口或出口交易，一般都包括交易前的准备、商订合同和履行合同三个阶段。现将进出口贸易的业务程序分别简述。

1. 出口贸易的业务程序

（1）出口前的准备阶段

出口交易前的准备工作，主要包括下列事项：

①落实货源和做好备货工作；

②加强对国外市场与客户的调查研究，选择适销的目标市场和资信好的客户；

③制定出口商品经营方案或价格方案，以便在对外洽商交易时胸有成竹；

④开展多种形式的广告宣传和促销活动。

（2）对外洽谈阶段

在做好上述准备工作之后，即通过函电联系或当面洽谈等方式，同国外客户磋商交易。当一方的发盘被另一方接受后，交易即告达成，可以订立合同。

（3）出口合同的履行阶段

出口合同订立后，交易双方就要根据重合同、守信用的原则，履行各自承担的义务。如按CIF条件和信用证付款方式达成的交易，就卖方履行出口合同而言，主要包括下列各环节的工作：

①认真备货，按时、按质、按量交付约定的货物；

②落实信用证，做好催证、审证、改证工作；

③及时租船订舱，安排运输、保险，并办理出口报关手续；

④缮制、备妥有关单据，及时向银行交单结汇，收取货款。

小看板

图0.1所示是按CIF条件和信用证付款方式达成交易的出口贸易流程。

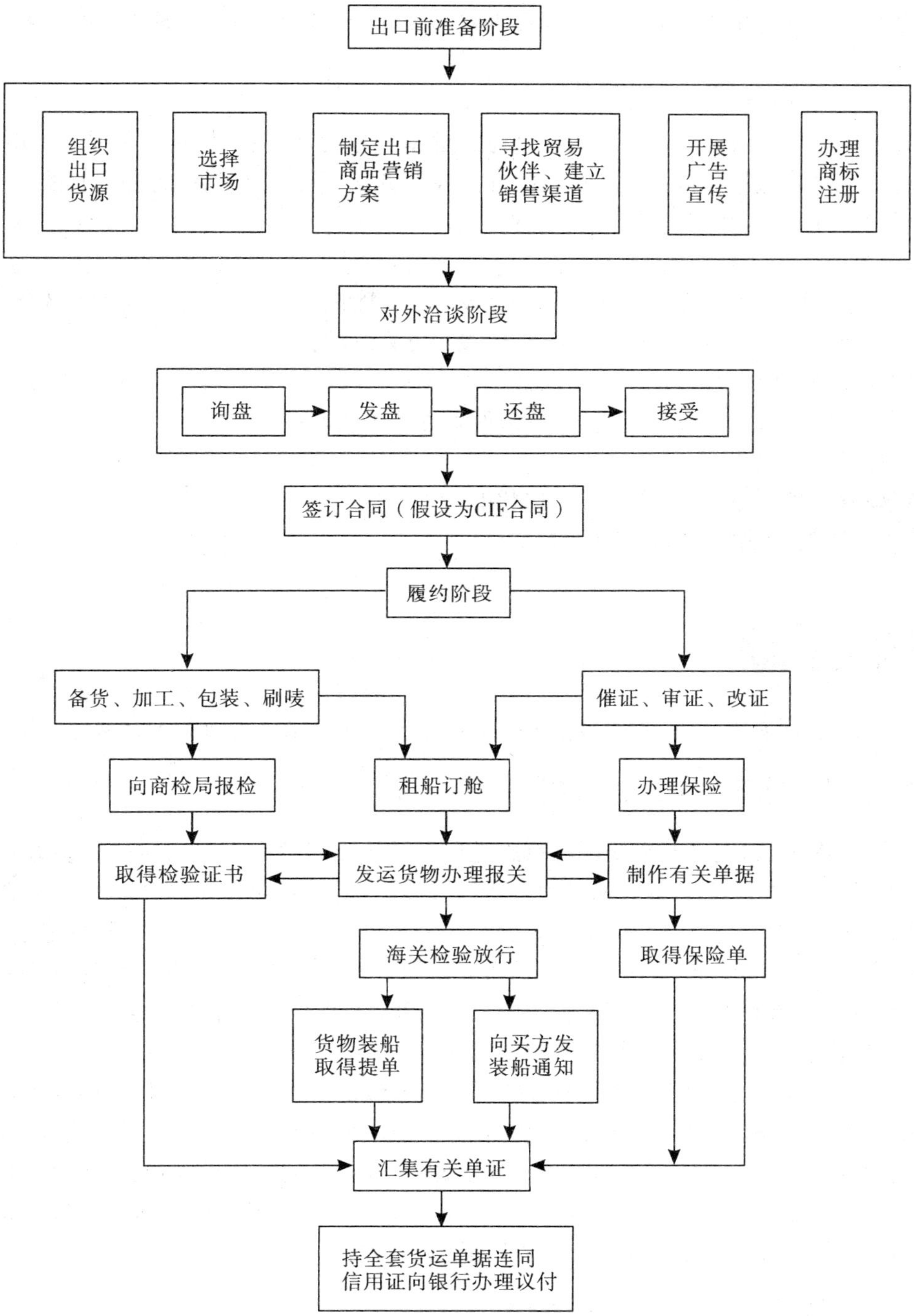

图0.1　出口贸易流程图

2. 进口贸易的业务程序

(1)进口前的准备阶段

进口交易前的准备工作，主要包括下列事项：

①制定进口商品经营方案或价格方案，以便在对外洽商交易和采购商品时，做到心中有数，避免盲目行事；

②在对国外市场和外商资信情况调查研究的基础上，货比三家，选择适当的采购市场和供货对象。

(2)对外洽谈阶段

商订进口合同与商订出口合同的程序与做法基本相同，但应强调指出的是，如属购买高新技术、成套设备或大宗交易，更应注意选配好洽谈人员，组织一个包括有各种专长的专业人员的精明能干的谈判班子，并切实做好比价工作。

(3)进口合同的履行阶段

履行进口合同与履行出口合同的程序相反，工作侧重点也不一样。如按 FOB 条件和信用证付款方式成交，买方履行合同的程序，一般包括下列事项：

①按合同规定向银行申请开立信用证；

②及时派船到对方口岸接运货物，并催促卖方备货装船；

③办理货运保险；

④审核有关单据，在单证相符时付款赎单；

⑤办理进口报关手续，并验收货物。

小看板

图 0.2 所示为是按 FOB 条件和信用证付款方式达成交易的进口贸易流程。

(二)各种国际贸易方式的运用

在国际贸易中，除上述通常使用的单边进口和单边出口这种逐笔售定的贸易方式，根据市场环境、商品流通渠道、交易条件和贸易习惯等方面的不同，还可采用其他各种贸易方式，如经销、代理、寄售、展卖、招标与投标、拍卖、期货、对销和加工贸易等。近年来，随着电子技术的发展和贸易方式、方法的改变，又兴起了电子商务这种新型的贸易方式。每种贸易方式，都有各自的特点，其具体要求和做法各不相同。因此，了解各种贸易方式的特点，学会灵活运用和结合使用各种贸易方式，对发展对外贸易具有重要意义。

实践表明，我国灵活运用各种贸易方式是很有成效的。例如，为了利用外商的销售渠道，我国生产的轻纺产品、机电产品和工艺品等，采用经销、代理和寄售等方式，有效地扩大了销路。我们利用招标与投标以及对销贸易的方式，既采购了我国急需的建设物资、生产设备和器材，又扩大了我国产品的出口。为了增加外汇收入，我们还开展了各种形式的加工贸易。此外，期货交易和电子商务也相继发展起来，其运用范围正在扩大。

(三)国际贸易争议的预防和处理

在国际贸易中，无论通过何种贸易方式达成的交易，在订立合同后，如果合同没有履行，或履约过程中一方出现违约情况,致使对方蒙受经济损失,则受损害方有权采取各种必要的救济方法,这就会产生索赔、理赔与处理纠纷的问题。针对合同订立后可能出现的这些问题,当事人在订立买卖合同时就要约定不可抗力、索赔和仲裁条款,以明确处理争议的依据和办法。

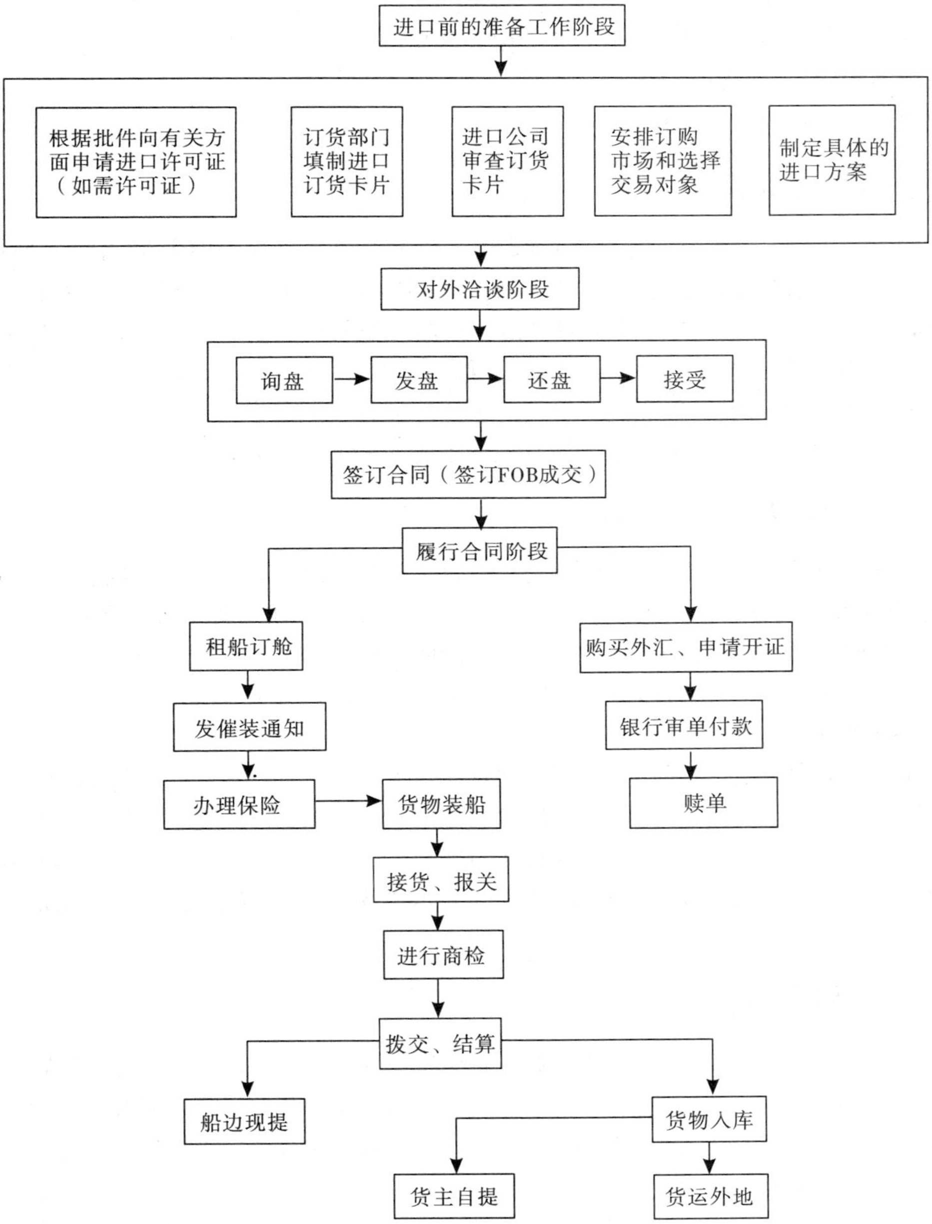

图 0.2 进口贸易流程图

六、本课程的研究对象及其主要内容

"国际贸易实务"课程的主要任务是:针对国际贸易的特点和要求,从实践和法律的角度,分析研究国际贸易适用的有关法律与惯例和国际商品交换过程的各种实际运作,总结国内外实践经验和吸收国际上一些行之有效的贸易习惯做法,以便掌握从事国际贸易的"生意经",学会在进出口业务中，既能正确贯彻我国对外贸易的方针政策和经营意图，确保最佳经济效益，又能按国际规范办事，使我们的贸易做法能为国际社会普遍接受，做到同国际接轨。国际商品交换的具体过程，从一个国家的角度看，具体体现在进出口业务活动的各个环节。在这些环节中，由于彼此存在法律上的不同规定和贸易习惯上的差异，所以在涉及买卖双方的利害关系时，往往会出现矛盾和斗争。研究如何协调这种关系，在平等互利、公平合理的基础上达成交易，完成约定的进出口任务，乃是本课程研究的中心课题。

本课程主要包括以下四个模块：

（一）国际贸易术语

贸易术语（Trade Terms）是用来表示买卖双方所承担的风险、费用和责任划分的专门用语。每种贸易术语都有其特定的含义。不同的贸易术语，不仅表示买卖双方各自承担不同的风险、费用和责任，而且也影响成交商品的价格。在国际贸易中，买卖双方采用何种贸易术语成交，必须在合同中订明。为了合理地选用对自身有利的贸易术语成交和正确履行合同与处理履约当中的争议，外经贸人员必须深入了解国际上通行的各种贸易术语的含义及有关贸易术语的国际惯例。因此，贸易术语就成为本课程首先要阐述的一项主要内容。

（二）国际货物买卖合同条款

合同条款是交易双方当事人在交接货物、收付货款和解决争议等方面的权利与义务的具体体现，也是交易双方履行合同的依据和调整双方经济关系的法律文件。按照各国法律规定，买卖双方可以根据“契约自主”的原则，在不违反法律的前提下，规定符合双方意愿的条款，这就必然导致合同内容的多样性。因此，研究合同中各项条款的法律含义及其所体现的权利与义务关系，乃是本课程最基本的内容。

在国际货物买卖合同中，除订明采用何种贸易术语成交外，应就成交商品的品质、数量与包装、国际货物运输、国际货物运输保险、进出口商品的价格、国际贸易货款的收付、商品检验、索赔、不可抗力与仲裁等交易条件做出明确具体的规定。由于这些交易条件的内涵及其在法律上的地位和作用互不相同，故了解各种合同条款的基本内容与其规定办法，有着重要的法律和实践意义。

（三）国际货物买卖合同的商订和履行

买卖双方通过函电洽商或当面谈判，就各项交易条件达成一致后，交易即告达成，即合同成立。订立合同的过程，可能包括邀请发盘、发盘、还盘和接受等环节。其中发盘和接受是合同成立不可缺少的基本环节和必经的法律步骤。合同订立后，买卖双方应重合同、守信用，各自享受合同规定的权利和承担合同约定的义务。

合同的履行，是实现货物和资金按约定方式转移的过程。在履约过程中，环节很多，程序繁杂，情况多变，稍有不慎，或某些环节出问题，或一方违约，都会影响合同的履行，甚至可能引起争议或法律纠纷。因此，外经贸人员不仅要了解合同成立的法律步骤和履行合同的基本程序，还应了解如何处理履约过程中产生的争议，并掌握违约的救济方法，以保障合同当事人的合法权益。

(四)国际贸易方式

随着国际经济关系的日益密切和国际贸易的进一步发展,国际贸易方式、渠道日益多样化和综合化。除传统的贸易方式外,还出现了融货物、技术、劳务和资本移动为一体的新型的国际贸易方式。在国际贸易中,除单边进口和单边出口外,还包括包销、代理、寄售、展卖、商品期货交易、招标与投标、拍卖、对销和加工贸易等,介绍和阐述这些贸易方式的性质、特点、作用、基本做法及其适用的场合,也属本课程重要内容之一。

七、学习本课程的方法和注意事项

根据本课程的性质、特点、任务和基本内容,在学习过程中,必须掌握正确的方法并注意下列事项。

(一)贯彻理论联系实际的原则

在学习本课程时,要以国际贸易基本原理和国家对外方针政策为指导,将"国际贸易"、"中国对外贸易概论"等先行课程中所学到的基础理论和基本政策,在本学科中加以具体运用,将理论与实践、政策与业务有效地结合起来,不断提高分析问题和解决实际问题的能力。

(二)注意业务同法律的联系

国际贸易法律课的内容同本课程内容关系密切。因为,国际货物买卖合同的成立必须经过一定的法律步骤,国际货物买卖合同是对合同当事人双方有约束力的法律文件,履行合同是一种法律行为,处理履约当中的争议实际上是解决法律纠纷问题。在学习本课程时,应同有关法律课程的内容联系起来考虑,即要求从实践和法律两个侧面来研究本课程的内容。

(三)贯彻"洋为中用"的原则

为了适应国际贸易发展的需要,国际商会等国际组织相继制定了有关国际贸易方面的各种规则,如《国际贸易术语解释通则》、《托收统一规则》和《跟单信用证统一惯例》等,这些规则已成为当前国际贸易中公认的一般国际贸易惯例,它被人们普遍接受和使用,并成为国际贸易界从业人员遵守的行为准则。因此,在学习本课程时,我们必须根据"洋为中用"的原则,结合我国国情来研究国际上一些通行的惯例和普遍实行的原则,并学会灵活运用国际上一些行之有效的贸易方式和习惯做法,以便尽快在贸易实践中同国际市场接轨。

(四)"学"和"用"相结合

由于本课程是一门实践性很强的应用学科,故在学习过程中,要重视案例、实例讨论与分析和操作练习,能配合模拟教学、现场教学活动,加强对基本技能的训练,并结合校外参观、实习等活动,增加更多的感性认识,从而培养良好的业务素质,提高对国际商务的运作能力,真正做到学以致用。

增值阅读

《托收统一规则》的相关知识

在国际贸易中,各国银行办理托收业务时,往往由于当事人各方对权利、义务和责任的解释不同,各个银行的具体业务做法也有差异,因而会导致争议和纠纷。国际商会为调和各有关当事人之间的矛盾,以利国际贸易和金融活动的开展,早在1958年即草拟了《商业单据托收统一规则》并建议各国银行采用该规则。后几经修订,于1995年公布了新的《托收统一规则》,简称《URC 522》,并于1996年1月1日生效。

《URC 522》包括7部分:A. 总则及定义;B. 托收的方式及结构;C. 提示方式;D. 义务与责任;E. 付款;F. 利息、手续费及费用;G. 其他规定,共26条。主要内容及新增条款介绍如下:

1. 银行办理托收业务应以托收指示为准

一切寄出的托收单据均须附有托收指示,并注明该项托收按照《URC 522》办理。托收指示是银行及有关当事人办理托收的依据。

2. 托收指示中应包括的主要内容有

①托收行、委托人、付款人、提示行的情况,如全称、邮编和SWIFT地址、电话、电传及传真号码;

②托收金额及币种;

③所附单据及其份数;

④光票托收时据以取得付款和/或承兑的条款及条件;跟单托收时据以交单的条件:付款和/或承兑以及其他条件;

⑤应收取的费用,同时须注明该费用是否可以放弃;

⑥应收取的利息(如果有),同时须注明该项是否可以放弃,并应包括利率、计息期和计算方法(如一年是按360天还是365天计算);

⑦付款的方式和付款通知的形式;

⑧发生拒付、不承兑和/或执行其他指示情况下的指示。

应当指出,上述《URC 522》规定托收指示应包括的内容仅具有指南性质,一笔具体的托收业务的托收指示不一定局限于上述内容。

3. 不提供D/P远期

《URC 522》第7条规定"托收不应含有远期汇票",而又同时规定商业单据要在付款后才交付。如果托收含有远期付款的汇票,托收指示书应注明商业单据是凭承兑(D/A)交付款人还是凭付款(D/P)交付款人。如无此项注明,商业单据仅能凭付款交付,代收行对因迟交单据产生的任何后果不负责任。如果托收单据中含有远期付款汇票,且托收指示注明凭付款交付商业单据,则单据只能凭付款交付,代收行对于因任何迟交单据所产生的后果概不负责。

4. 除非事先征得银行同意,货物不应直接运交银行,不应以银行或其指定人为收货人

银行对跟单托收项下的货物没有义务采取任何行动,对此项货物的风险和责任由发货人承担。

5. 审核义务

银行必须核实其所收到的单据与托收指示所列的内容表面是否相符,若发现单据缺少,银行有义务用电讯或其他快捷方式通知委托人。除此之外,银行没有进一步审核单据的义务。

银行对于任何单据的形式、完整性、准确性、真伪性或法律效力,或对于单据上规定的或附加的一般性和/或特殊条件概不承担责任;银行对于任何单据所表示的货物的描述、数量、重量、质量、状况、包装、交货、价值或存在与否,对于发货人、承运人、运输行、收货人或保险人或其他任何人的诚信、行为和/或疏忽、偿付能力、行为能力也概不负责。

6. 指定“需要时的代理”

如果委托人在托收指示中指定一名代表,在遭到拒绝付款或拒绝承兑时作为“需要时的代理”,并应在托收指示中明确而且完整地注明此项代理的权项。所请“需要时的代理”是指委托人指定的在付款地的代理人,如托收发生拒付,此代理人便可代替委托人处理货物、存仓、保险、转售、运回等事宜。如委托人指定需要时的代理人,必须在托收指示中明确代理人的权限,如是否有权提货、指示减价转售货物等。否则,银行将不接受该需要时的代理的任何指示。

7. 托收被拒付处理

托收如被拒付,提示行应尽力确定拒绝付款和/或拒绝承兑的原因并须毫不延误地向发出托收指示的银行送交拒付的通知。委托行收到此项通知后,必须对单据如何处理给予相应的指示。提示行如在发出拒付通知后60天内仍未收到此项指示,则提示行可将单据退回发出托收指示的银行,而不再负任何责任。

《URC 522》还对托收的提示方式,付款、承兑的程序,利息,托收手续费和费用的负担,托收被拒付后做成拒绝证书等事宜作了具体规定。

《托收统一规则》公布实施后,已成为托收业务具有一定影响的国际惯例,并已被各国银行采纳和使用。但应指出,只有在有关当事人事先约定的条件下,才受该惯例的约束。我国银行在办理国际贸易结算,使用托收方式时,也参照该规则的解释办理。

(1)请列举国际贸易的特点。

(2)请列举国际货物买卖适用的法律和国际贸易惯例。

(3)在国际货物买卖中应当遵循哪些基本原则?

(4)在我国进出口贸易中为什么要遵循《联合国国际货物销售合同公约》的有关规定?

(5)进口贸易和出口贸易的一般业务程序各包括哪些环节和内容?

(6)“国际贸易实务”课程的主要任务和研究对象是什么?本课程包括哪些主要内容?

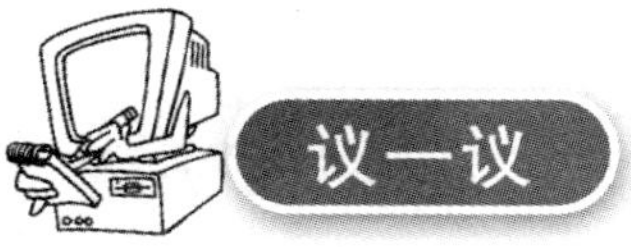

(1)有一份合同,印度A公司向美国B公司出口一批黄麻。在合同履行的过程中,印度政府宣布对黄麻实行出口许可证和配额制度。A公司因无法取得出口许可证而无法向美国B公司出口黄麻,遂以不可抗力为由主张解除合同。

问:A公司能否主张这种权利?为什么?

(2)我国某出口公司向外商出口一批货物,合同规定,一旦在履约过程中发生争议,如果友好协商不能解决，即将争议提交中国国际贸易仲裁委员会在北京进行仲裁。后来，双方就商品的品质发生争议，对方在其所在地法院起诉我方，法院也发来了传票，传我方公司出庭应诉。对此，我方应如何处理？

(3)我出口公司向外商出口商品5 000箱，价格条件CIF大阪，合同规定允许有5%溢短装幅度，我实装5 000箱，提单亦载明5 000箱。货抵目的港后，买方即来电反映只收到4 800箱，并取得船公司短少证明，向我索赔。

问：我方应如何处理？

(4)我方售货给加拿大的甲商，甲商又把货物转手出售给英国的乙商。货抵加国后，甲商已发现货物存在质量问题，但仍将原货经另一艘船运往英国。乙商收到货物后，除发现货物质量问题外，还发现有80包货物包装破损，货物短少严重，因而向甲商索赔。甲商据此又向我方提出索赔。

问：我方是否应负责赔偿？为什么？

练一练

(1)绘制进出口业务流程图。

(2)针对国际贸易实务课程的性质、任务和研究对象等内容，为学好“国际贸易实务”这门课程安排学习计划。

项目一　国际贸易术语

项目分解

任务一　国际贸易术语与国际贸易惯例

要求学生在了解贸易术语含义和作用的基础上，熟知相关的国际贸易惯例，能够学会在对外贸易中按规则办事。

任务二　《2010 通则》中的常用贸易术语

要求学生能够在对外磋商中熟练运用 FOB、CFR、CIF 3 种常用的适合水运的贸易术语和 FCA、CPT、CIP 三种常用的适合任何运输方式的贸易术语。

任务三　《2010 通则》中的其他贸易术语

要求学生能够根据 EXW、FAS、DAT、DAP、DDP 5 种术语中对买卖双方责任与义务划分的不同，结合实际工作选用恰当的贸易术语。

任务四　合理运用国际贸易术语

要求学生在选用国际贸易术语时应考虑一些主要因素，并可结合实际适当扩大 FCA、CPT 和 CIP 术语的应用。

实现目标

知识目标：掌握国际商会《2010 通则》解释的 11 种贸易术语，特别是一些主要贸易术语的含义、特点及其运用，为日后的对外磋商及签订合同打下基础。

能力目标：能够熟练运用国际贸易术语，进行交易磋商；能够结合贸易实际，选择合适的国际贸易术语，规避国际贸易风险。

案例导入

买卖双方按照 FOB 条件达成一笔大麦种子的买卖合同。合同规定大麦种子的发芽率必须在 90%以上。卖方在装船前对货物进行了检验，结果符合合同的规定。然而，货到目的港，买方提货后由指定的检验机构进行检验，却发现大麦种子发芽率不到 60%。于是，买方要求退货,并提出索赔。卖方予以拒绝,其理由是:卖方在装船前进行检验,证明所交货物是合格的;买方在目的地检验发现质量有问题,说明货物品质的变化是在运输途中发生的。按照国际贸易惯例,在FOB条件下,货物在装运港装上船后,风险由卖方转移至买方。双方协商后无法达成一致意见,遂将争议提交仲裁。仲裁庭审理时发现,大麦种子包装所用的麻袋上粘有虫卵,正是这些虫卵在运输途中孵化成虫,咬坏了种子胚芽,造成发芽率降低。但应由谁来承担这一后果,买卖双方仍各执一词。

分析:本案中的卖方引用国际贸易惯例,以货物装上船后风险由卖方转移给买方为由拒绝赔偿,其主张是不能成立的。因为货物品质中途发生变化,其损失是由于包装不良造成的,这说明致损的原因在装船前就已经存在,货物发生损失已带有必然性,这属于卖方履约过程的过失,应构成违约。虽然根据国际贸易惯例对FOB的风险转移的解释,如途中由于意外事件导致货物的损失由买方承担,但是本案所说的情况不属于惯例规定的范围,而是包装不良造成的,故卖方拒赔是没有道理的。

任务一　贸易术语与国际贸易惯例

本任务分解为两个教学程序:贸易术语的含义和作用;关于贸易术语的国际贸易惯例。

程序一　贸易术语的含义和作用

一、贸易术语的含义

贸易术语(Trade Terms)是用一个简短的概念,几个英文缩写字母来说明在一定价格基础上,买卖双方责任划分的名词,它是构成国际贸易商品单价的一个组成部分。例如CIF London这个贸易术语,CIF是Cost,Insurance and Freight的缩写,中文译为成本、保险费加运费价,其含义主要是指卖方承担从装运港到目的港的运费和运输保险费,目的港是伦敦。卖方负责办理出口报关,提供出口许可证。买方负责办理进口报关。货物在运输途中的风险则自货物在出口地装船后即由卖方转移给买方。这样,买卖双方的权利、义务和费用划分清楚,便于双方履行合同。因此,贸易术语的内涵有三点:交货地点,价格构成,有关风险、责任和费用的划分。

二、贸易术语的作用

1. 简化交易手续,节约费用开支

由于每种贸易术语都有其特定的含义,而且一些国际组织对各种贸易术语也作了统一的解释和规定。所以无论我们交易的对象是哪个国家的人,我们对贸易术语的认识都可以达成一致,因此贸易双方按商定的贸易术语成交时,即可明确彼此在交接货物方面所应承担的责任、费用和风险,这就简化了贸易手续,缩短了洽商交易的时间,从而有利于贸易双方迅速达成交易和订立合同。

2. 有利于买卖双方核算价格和成本

由于贸易术语是表示商品价格构成的因素,所以,买卖双方确定成交价格时,必然要考虑采用的贸易术语中包含哪些从属费用,如运费、保险费、装卸费、关税、增值税和其他费用,这就有利于买卖双方进行比价和成本核算。

3. 有利于双方妥善解决贸易争端

贸易双方商订合同时,如对合同条款考虑欠周,使某些事项规定不明确或不完备,致使履约当中产生的争议不能依据合同的规定解决。在此情况下,可以援引有关贸易术语的一般解释来处理,因为贸易术语的一般解释,已成为国际贸易惯例,并被国际贸易界从业人员和法律界人士所理解和接受,从而成为了国际贸易中公认的一种类似行为规范的准则。

程序二　关于贸易术语的国际贸易惯例

国际贸易惯例(International Trade Custom)是指在国际贸易实践中逐渐自发形成的,某一地区、某一行业中普遍接受和经常遵守的任意性行为规范。国际贸易惯例本身并不是法律,不具备法律的强制性,贸易双方当事人有权在合同中达成不同于惯例规定的贸易条件。但许多国家在立法中明文规定了国际惯例的效力,特别是在《联合国国际货物销售合同公约》中,惯例的约束力又得到了充分的肯定。

在下列情况中,国际贸易惯例对当事人有约束力:第一,当事人在合同中明确表示选用某项国际惯例;第二,当事人没有排除对其已知道或应该知道的某项惯例的适用,而该惯例在国际贸易中为同类合同的当事人所广泛知道并经常遵守,则应视为当事人已默示地同意采用该项惯例。

目前,国际上影响较大的关于贸易术语的国际贸易惯例有以下四个(表 1.1):

表 1.1　国际贸易惯例

惯例名称	制定机构	时　间	贸易术语
《1932 年华沙—牛津规则》	国际法协会	1932 年	CIF
《1941 年美国对外贸易定义修订本》	美国商业团体	1941 年	Ex、FOB、FAS、C&F、CIF、Ex Dock
《2000 年国际贸易术语解释通则》	国际商会	2000 年	E、F、C、D 四组 13 个贸易术语
《2010 年国际贸易术语解释通则》	国际商会	2010 年	E、F、C、D 四组 11 个贸易术语

一、《1932 年华沙—牛津规则》

该规则是由国际法协会(International Law Association)所制定的。该协会于 1928 年在华沙举行会议,制定了关于 CIF 买卖合同的统一规则,共 22 条,称为《1928 年华沙规则》。后又经过 1930 年纽约会议、1931 年巴黎会议和 1932 年牛津会议修订为 21 条,定名为《1932 年华沙—牛津规则》(Warsaw-Oxford Rules 1932,简称《W. O. Rules 1932》)。

本规则是为了对那些愿按 CIF 条款进行货物买卖但目前缺乏标准合同格式或共同交易条件的人们提供一套可在 CIF 合同中易于使用的统一规则。

二、《1941 年美国对外贸易定义修订本》

1919 年美国 9 个大商业团体以英国贸易上惯用的 FOB 契约条件为基础制定了《美国出口

报价及其缩写条例》，1941 年在美国第 27 届全国对外贸易会议上对它作了修订，改称为《1941 年美国对外贸易定义修订本》(Revised American Foreign Trade Definition 1941)，在同年为美国商会、美国进口协会和全国对外贸易协会所组成的联合委员会所采用。这一修订本对内陆交货、装运港船上交货，装运港船边交货、成本加运费、成本加保险费、运费、目的港码头交货等 6 种价格术语作了解释。

①原产地交货——Ex(Point of Origin)。

②运输工具旁边交货——FAS(Free Along Side)。

③运输工具上交货——FOB(Free on Board)，分为 6 种，其中有一种为装运港船上交货——FOB vessel (named port of shipment)。

④成本加运费——C&F(Cost and Freight)。

⑤成本加保险费、运费——CIF(Cost，Insurance And Freight)。

⑥码头交货——Ex Dock。

《1941 年美国对外贸易定义修订本》不仅在美国使用，在加拿大和一些拉丁美洲国家也有较大影响。由于它在 FOB 术语的解释上与其他国际贸易惯例有所不同，因此，我国外贸企业在与美洲国家进行贸易时，应特别注意。

三、《2000 年国际贸易术语解释通则》

国际商会为统一各种贸易术语的不同解释，于 1936 年制定了《国际贸易术语解释通则》(International Rules For The Interpretation Of Trade Terms 2000，简称《2000 通则》)。随后，为适应国际贸易实践发展的需要，国际商会先后于 1953 年、1967 年、1976 年、1980 年和 1990 年进行过多次修订和补充。为使贸易术语更进一步适应世界上无关税区的发展、交易中使用电子讯息的增多以及运输方式的变化，国际商会再次对《国际贸易术语解释通则》进行修订，并于 1999 年 7 月公布《2000 年国际贸易术语解通则》，2000 年 1 月 1 日正式生效。《2000 年国际贸易术语解释通则》按卖方承担责任、费用和风险由小到大依次分为 E 组、F 组、C 组和 D 组 13 种贸易术语。

四、《2010 年国际贸易术语解释通则》

随着全球交通运输方式的巨大改变，集装箱运输规模的扩大、多式联运的蓬勃发展，大批航线的开通，使得以往《2000 年国际贸易术语解释通则》中的贸易术语在实际业务中已不能运用自如。另外，世界经济不断开放，国际分工进一步明显，区域经济一体化进程不断加快，贸易方式也发生了重大改变，这都对《2000 年国际贸易术语解释通则》中的贸易术语提出了更精确、更可操作的要求。

为了适应国际贸易实务领域的快速发展和新变化，国际商会决定对现行的 2000 版本进行修订，历经两年半的时间，终于在 2010 年 9 月推出了《2010 年国际贸易术语解释通则》(International Rules For The Interpretation Of Trade Terms 2010，简称《2010 通则》)，新版本于 2011 年 1 月 1 日正式生效，以取代实施了长达 11 年之久的《2000 年国际贸易术语解释通则》(表 1.2)。

表 1.2 《2010 年国际贸易术语解释通则》对国际贸易术语的分类表

适用于任何运输方式类(Any Mode of Transport)		
EXW	Ex Works	工厂交货
FCA	Free Carrier	货交承运人
CPT	Carriage Paid To	运费付至
CIP	Carriage and Insurance Paid To	运保费付至
DAT	Delivered At Terminal	指定终端交货
DAP	Delivered At Place	指定目的地交货
DDP	Delivered Duty Paid	完税后交货
仅适用于水运类(Sea and Inland Waterway Transport Only)		
FAS	Free Alongside Ship	装运港船边交货
FOB	Free On Board	装运港船上交货
CFR	Cost and Freight	成本加运费
CIF	Cost, Insurance and Freight	成本加运保费

小看板

国际商会

当人们一提到《国际贸易术语解释通则》就不可避免地会联想到国际商会。这是因为，长期以来，不同国家和地区对于国际贸易术语有多种不同的解释，而国际商会则把国际贸易术语解释予以统一规范，制订、普及和推广使用国际贸易术语解释通则。

国际商会(International Chamber of Commerce, ICC)是具有重要影响的世界性民间商业组织，于 1919 年在美国亚特兰大成立，现总部设在法国巴黎，下设商业惯例委员会、银行委员会、仲裁院等专业委员会和专门机构。国际商会是为世界商业服务的非政府间组织，是联合国等政府间组织的高级咨询机构，其设立的目的是为开放的国际商业交流服务，在经济和法律领域里以有效的行动促进国际贸易和投资的发展。目前，国际商会的会员已扩展到 140 多个国家和地区，由数万个具有国际影响力的商业组织和企业组成，已在 59 个国家中成立了国家委员会或理事会，组织和协调国际范围内的商业活动。

想一想：我国与国际商会有什么样的渊源？

任务二 《2010 通则》中的常用贸易术语

本任务可分解为 3 个教学程序：FOB、CFR、CIF 术语；FCA、CPT、CIP 术语；两组贸易术语的对比。

在国际贸易使用的 11 种贸易术语中，以装运港交货的 3 种术语 FOB、CFR 和 CIF 最为常用。同时，随着集装箱、多式联运业务等运输方式的不断普及，欧盟等区域经济一体化的发展，向承运人交货的 3 种术语 FCA、CPT 和 CIP 也越来越为国际贸易从业人员所常用。下面着重介绍《2010 通则》对这 6 种常用贸易术语的解释及使用中应注意的问题。

程序一　FOB、CFR、CIF 术语

一、FOB 术语

(一)FOB 的含义

FOB 的全文是 Free on Board (…named port of shipment),即装运港船上交货(……指定装运港)。此术语是指卖方在约定的装运港将货物交到买方指定的船上。按照《2010 通则》规定,FOB 只能适用于海运和内河航运。

(二)买卖双方义务

按国际商会对 FOB 的解释,买卖双方各自承担的基本义务,概括起来,可作如下划分:

1. 卖方义务

①在合同规定的时间或期限内,在装运港按照习惯方式将货物交到买方指派的船上,并及时通知买方。

②取得出口许可证或其他官方批准证件,办理货物出口所需的一切海关手续。

③负担货物在装运港装上船之前一切费用和风险。

④提供货物已交至船上的运输单据及其他相关单据。如果买卖双方约定采用电子通信,则所有单据均可被具有同等效力的电子数据交换(EDI)信息所代替。

2. 买方义务

①负责租船订舱,支付运费,并给予卖方关于船名、装船地点和要求交货时间的充分通知。

②自负风险和费用,取得进口许可证或其他官方批准的证件,办理货物进口以及经由他国过境的一切海关手续,并支付有关费用及过境费。

③负担货物在装运港装上船之后一切费用和风险。

④接受卖方提供的有关单据,受领货物,并按合同规定支付货款。

值得注意的是,在《2000 通则》中,大家熟知的 FOB,CFR 和 CIF3 个术语中的风险划分点,是以越过船舷为界;《2010 通则》改成将货物装运上船则风险转移,这个改变更准确地反映了现代商业现实,避免了以往风险围绕船舷这条虚拟垂线来回摇摆而发生货物的损失或纠纷。

小看板

《1941 年美国对外贸易定义修订本》对 FOB 的解释

(1)美国惯例把 FOB 笼统地解释为在某处某种运输工具上交货,其适用范围很广,因此,在同美国、加拿大等国的商人按 FOB 订立合同时,除必须标明装运港名称外,还必须在 FOB 后加上"船舶"(Vessel)字样。如果只订为"FOB San Francisco"而漏写"Vessel"字样,则卖方只负责把货物运到旧金山城内的任何处所,不负责把货物运到旧金山港口并交到船上。

(2)在风险划分上,不是以装运港船舷为界,而是以船舱为界,即卖方负担货物装到船舱为

止所发生的一切丢失与损坏。

(3)在费用负担上,规定买方要支付卖方因协助提供出口单证的费用以及出口税和因出口而产生的其他费用。

想一想:我天津某公司与美商签订进口合同,规定在旧金山的船上交货,应采用(　　)

A. FOB Tianjin

B. FOB San Francisco

C. FOB Vessel San Francisco

D. FOB Vessel Tianjin

(三)FOB的变形

在按FOB条件成交时,卖方要负责支付货物装上船之前的一切费用。但各国对于"装船"的概念没有统一的解释,有关装船的各项费用由谁负担,各国的惯例或习惯做法也不完全一致。如果采用班轮运输,船方管装管卸,装卸费计入班轮运费之中,自然由负责租船的买方承担;而采用程租船运输,船方一般不负担装卸费用。这就必须明确装船的各项费用应由谁负担。

为了说明装船费用的负担问题,双方往往在FOB术语后加列附加条件,这就形成了FOB的变形,主要包括以下几种。

1. FOB班轮条件(FOB Liner Terms)

按FOB的班轮条件成交,是指装货费按班轮办法处理,并不是指FOB成交的货物一定要用班轮装运,买卖双方商订合同时,如卖方不愿负担装货费,可以在FOB后要求加"Liner Terms"字样,以明确卖方不负担装货费,至于装货费究竟由买方还是船方负担,则取决于买方租船时采用何种租船条件。

2. FOB吊钩下交货(FOB Under Tackle)

按此条件成交,卖方仅将货物交到买方指定船舶的吊钩所及之处,以后的装货费用,卖方不予负担,至于以后的装货费用究竟由买方或由船方负担,则取决于租船合同的规定。按此术语成交时,如载货船舶因港口吃水浅而不能靠岸时,则卖方应将货物驳运到载货船舶的吊钩所及之处,凡属驳运货物的费用,仍由卖方负担。这一术语,在实际业务中使用得不多。

3. FOB理舱费在内(FOB Stowed)

为了使船上装载的货物放置妥善和分布合理,货物装船后,需要进行垫隔和整理,此项作业叫做理舱。理舱费用由谁负担,各国港口有不同的规定和解释。为了明确责任和避免引起争议,买卖双方商订合同时,应对理舱费由谁负担作出明确规定;如买方不愿负担装运费和理舱费,则可按FOB Stowed条件成交。按此条件成交,卖方不仅应负担装货费,而且还要将装到船上的货物堆好、码好并进行垫隔和整理,即还须负担理舱费;如在FOB后未加"Stowed"字样,而租船合同又规定船方不负担装货费时,则理舱费由买方负担。

4. FOB平舱费在内(FOB Trimmed)

货物装船后,为了保持船舶承受压力均衡和航行安全,对成堆装入船舱的散装货物,如煤炭、粮谷等,需要进行调动和平整,这项作业叫平舱。按此条件成交,装货费和平舱费,概由卖方负担。按一般惯例,如在FOB后未加"Trimmed"字样,则卖方不负担平舱费用,平舱费用究竟由买方还是船方负担,则取决于租船合同的规定,当租船合同规定船方不负担装货费时,则平舱费由买方支付。

5. FOB 理舱和平舱费在内(FOB Stowed and Trimmed)

当装到船上的货物,既有理舱又有平舱时,则就应该明确这两项费用由谁负担。凡在 FOB 后加列"Stowed and Trimmed"字样,则卖方不仅要负担装货费且要负担理舱和平舱的费用。按一般惯例,凡 FOB 后未加"Stowed and Trimmed"字样者,则理舱和平舱的费用,卖方不予负担。

在许多标准合同中,为表明由卖方承担包括理舱费和平舱费在内的各项装船费用,常采用 FOBST(FOB Stowed and Trimmed)方式。

FOB 的上述变形,只是为了表明装船费用由谁负担而产生的,并不改变 FOB 的交货地点以及风险划分的界限。

(四)FOB 的通知问题

FOB 术语中涉及两个充分通知。一个是买方租船后,应将船名、装货时间、地点给予卖方以充分通知;另一个是卖方在货物装船后要给买方以充分通知。在第一种情况下,如买方未给予充分通知,指定的船舶未按时到达或未能按时受载货物,或比规定的时间提前停止装货,由此产生的货物灭失或损失应由买方承担。在第二种情况下,由于风险是在货物装上船时由卖方转移给买方,因此卖方在货物装船时必须通知买方,以便买方投保,否则由此造成买方受到的损失,卖方应当负责。

小看板

我某公司与外商达成了一笔按 FOB 术语成交的进口合同。后因战争爆发使原定航线禁运,我方船只只能绕道行,以至未能如期到装运港接货,这时合同支付货币美元贬值,于是卖方以我方未按期接货为由,除要求涨价外,还要求我方赔偿其增加的仓储费。

想一想:我方该如何处理该事?

二、CFR 术语

(一)CFR 的含义

Cost and Freight(…named port of destination)——成本加运费(……指定目的港)。此术语是指卖方必须在合同规定的装运期内,在装运港将货物交至运往指定目的港的船上,负担货物装上船为止的一切费用和货物灭失或损坏的风险,并负责租船或订舱,支付抵达目的港的正常运费。在《2010 通则》中,明确规定 CFR 术语只能适用于海运和内河航运。

(二)买卖双方义务

按国际商会对 CFR 的解释,买卖双方各自承担的基本义务,概括起来,可作如下划分:

1. 卖方义务

①签订从指定装运港承运货物运往指定目的港的运输合同,在买卖合同规定的时间和港口,将货物装上船并支付至目的港的运费,装船后及时通知买方。

②取得出口许可证或其他官方批准的证件,办理货物出口所需的一切海关手续,并支付相

关费用。

③承担货物在装运港装上船之前一切费用和风险。

④向买方提供运输单据及相关单据，如买卖双方约定采用电子通信，则所有单据均可被同等效力的电子数据交换（EDI）信息所代替。

2. 买方义务

①办理保险，支付保险费，取得进口许可证或其他官方批准的证件，办理海关手续，并支付有关费用。

②承担货物在装运港装上船之后一切费用和风险。

③接受卖方提供的有关单据，受领货物，并按合同规定支付货款。

④支付在运输途中所产生的各项费用以及包括驳运费和码头费在内的卸货费。

（三）CFR的变形

CFR的变形均是为了解决货到目的港后由卖方还是买方负担卸货费用问题而产生的。因为按照这两种术语成交，卖方要负责将货物运往合同规定的目的港，并支付正常的运费。但货到目的港后由谁负担卸货费用却是需要买卖双方考虑的问题。如果采用班轮运输，运费中已包括了装卸费用，所以在装卸费的负担问题上不会引起争执。而在采用程租船运输的情况下，船方通常不负担装卸费用，这就需要双方在合同中订明卸货费用由谁负担，以避免争议。为解决大宗货物的租船运输中的卸货费用负担问题，产生了CFR的变形。业务中常见的变形有以下几点。

1. CFR班轮条件（CFR Liner Terms）

这是指卸货费按班轮办法处理，即卖方负责卸货，买方不负担卸货费。

2. CFR卸到岸上（CFR Landed）

这是指由卖方负担卸货费，其中包括驳运费在内。

3. CFR吊钩下交货（CFR EX Tackle）

这是指卖方负责将货物从船舱吊起卸到船舶吊钩所及之处（码头上或驳船上）的费用。在船舶不能靠岸的情况下，租用驳船的费用和货物从驳船卸到岸上的费用，概由买方负担。

4. CFR舱底交货（CFR Ex Ship's Hold）

这是指货物运到目的港后，由买方自行起舱，并负担货物从舱底卸到码头的费用。

CFR术语的以上变形只是为了解决卸货费用的负担问题，一般来讲，它们并不改变交货地点和风险划分的界限，但如果双方有相反的意思，应在合同中作出明确的规定。

（四）使用CFR的注意事项

1. 卖方的装运义务

采用CFR贸易术语成交时，卖方要承担将货物由装运港运往目的港的义务。为了保证能按时完成在装运港交货的义务，卖方应根据货源和船源的实际情况合理地规定装运期。当装运期一经确定，卖方就应及时租船订舱和备货，并按规定的期限发运货物。按照《联合国国际货物销售合同公约》的规定，卖方延迟装运或者提前装运都是违反合同的行为，并要承担违约的责任。买方有权根据具体情况拒收货物或提出索赔。

2. 装船通知的重要作用

按照CFR条件达成的交易，卖方需要特别注意的问题是，货物装船后必须及时向买方发出装船通知，以便买方办理投保手续。因为一般的国际贸易惯例以及有些国家的法律规定各不相同，如英国《1893年货物买卖法》中规定："如果卖方未向买方发出装船通知，致使买方未能办理货物保险，那么，货物在海运途中的风险被视为卖方负担。"这就是说，如果货物在运输途中遭受损失或灭失，由于卖方未发出通知而使买方漏保，那么卖方就不能以风险在装船后转移为由免除责任。由此可见，尽管在FOB和CIF条件下，卖方装船后也应向买方发出通知，但CFR条件下的装船通知，具有更为重要的意义。

小看板

我某公司按CFR术语与英国某客户签约成交，合同规定保险由买方自理。我方于9月1日凌晨2点装船完毕，受载货轮于当日下午起航。因9月1日和2日是周末，我方未及时向买方发出装船通知。3日上班收到买方急电称：货轮于2日下午4时遇难沉没，货物灭失，要求我方赔偿全部损失。

想一想：对方的赔偿要求合理吗？为什么？

三、CIF术语

（一）CIF的含义

Cost, Insurance and Freight（…named port of destination），即成本、保险费加运费（……指定目的港）。此术语是指卖方必须在合同规定的日期或期间内在装运港将货物交至运往指定目的港的船上，负担货物装上船为止的一切费用和货物灭失或损坏的风险，负责租船订舱，支付从装运港到目的港的正常运费，并负责办理货运保险，支付保险费。在《2010通则》中，明确规定CIF术语只能适用于海运和内河航运。

（二）买卖双方义务

按国际商会对CIF的解释，买卖双方各自承担的基本义务，概括起来，可作如下划分：

1. 卖方义务

①签订从指定装运港承运货物运往指定目的港的运输合同，在买卖合同规定的时间和港口，将货物装上船并支付至目的港的运费，装船后及时通知买方。

②办理保险，支付保险费，并向买方提供保险单或其他保险证据。

③取得出口许可证或其他官方批准的证件，办理货物出口所需的一切海关手续。

④承担货物在装运港装上船之前一切费用和风险。

⑤向买方提供运输单据及相关单据。如买卖双方约定采用电子通信，则所有单据均可被同等效力的电子数据交换（EDI）信息所代替。

2. 买方义务

①取得进口许可证或其他官方批准的证件，办理货物进口所需的海关手续，并支付有关费用。

②承担货物在装运港装上船之后一切费用和风险。

③接受卖方提供的有关单据，受领货物，并按合同规定支付货款。

④支付货物在运输途中所产生的各项费用以及包括驳运费和码头费在内的卸货费。

小看板

CIF 是成本、保险费加运费，从表面上看，的确包括到岸的运费和保险费，人们经常称其为“到岸价”，仅仅是从价格构成来命名的。而实际上，称 CIF 为“到岸价”并不准确。原因有三点。

第一，从完成交货义务的界定来看：

按《国际贸易术语解释通则》的解释，CIF 价格条件下的卖方交货地点不是目的港，而是装运港。只要卖方按期在约定地点交货并提供合同约定的提单等单据就算完成了交货义务，至于货物何时抵港，除非卖方在合同中做了明确的承诺，否则不承担任何责任。

第二，从风险转移的界限来看：

按《国际贸易术语解释通则》的解释，CIF 条件下的风险转移是货物在装运港装上船后由卖方转移至买方。如果载货船舶在尚未驶离装运港就触礁沉没了，买方是无法向卖方提出索赔的，理由是货物装船后的风险已转移至买方，买方只能依据保险合同向保险公司进行索赔。

第三，从保险的性质来看：

在 CIF 条件下，由装运港至目的港的保险属代办性质，卖方只需按惯例承担正常的保险费用。如果没有特别规定，卖方只需投保最低的保险险别就算是完成了 CIF 的保险义务。

想一想：FOB 是“离岸价”的说法你认同吗？为什么？

（三）CIF 的变形

1. CIF 班轮条件（CIF Liner Terms）

这是指卸货费用按班轮条件处理，由支付运费的卖方负担。

2. CIF 舱底交货（CIF Ex ship's Hold）

这是指买方负担将货物从舱底起吊卸到码头的费用。

3. CIF 吊钩交货（CIF Ex Tackle）

这是指卖方负责将货物从船舱卸到轮船吊钩可及之处的费用，在轮船不能靠岸的情况下，驳船费及货物从驳船卸到岸上的费用，概由买方负担。

4. CIF 卸到岸上（CIF Landed）

这是指由卖方承担货物卸到岸上的各项有关费用，包括驳船费和码头捐税。

同样，CIF 术语的以上变形只是为了解决卸货费用的负担问题，一般来讲，它们并不改变交货地点和风险划分的界限，但如果双方有相反的意思，应在合同中作出明确的规定。

（四）使用 CIF 的注意事项

在我国出口贸易中，按 CIF 条件成交的较为普遍，为了正确运用 CIF 术语，应特别注意下列事项。

1. 必须认真核算运费

按 CIF 条件成交时，由于货价构成因素中包括运费，故卖方对外报价时，应认真核算运费，把运费因素考虑到货价中去。卖方核算运费时，主要应考虑下列因素：

①运输距离的远近，同一种货物，如运输距离不同，其运输费用必然有差别，所以在按 CIF

条件成交时，应当核算运输成本，以体现地区差价。

②是否需要转船，一般地说，直达运输比中途转船运输的费用低。所以按 CIF 条件成交时，不定期应考虑是否需要转船，如在成交量少而又无直达班轮运输的情况下，货物必须中途转船运输，这势必增加一笔转船的费用，此项费用，也应计入运输成本。

③运价变动的趋势，买卖双方按 CIF 条件成交时，在确定货价的同时，应考虑市场运价变动趋势以及各种附加费，把运价变动的风险放到货价中去。

2. 必须正确理解和处理风险与保险的关系

风险和保险是既有联系又有区别的两个不同的概念。在 CIF 条件下，如上所述买方应承担货物在运输途中的风险，买方为了转嫁风险，本应向保险公司办理保险。但买方为了省事，在洽商交易时，要求卖方代办保险，并商定保险费计入货价中。卖方为买方利益所进行的这种保险，纯属代办性质，如果事后发生承保损失，由买方凭卖方提交的保险单直接向保险公司索赔。如果双方未在合同中规定应投保的险别，则由卖方按惯例投保最低的险别，保险金额一般是在合同价格的基础上加成 10%。

3. 必须做好单证工作

CIF 属于象征性交货，卖方负有向买方提交约定的装运单据的义务，买方则负有凭装运单据付款的义务。也就是说，在 CIF 条件下，即使在卖方装船以后至交单这段时间内，货物发生灭失或损坏，只要其提交的单据符合要求，买方就不得拒收和拒付货款，而只能先付款赎单，然后凭所取得的有关单据向船方或保险公司提出索赔，追回损失。由此可见，CIF 实际上是一种单据买卖，装运单据具有特别重要的意义，应重视和搞好单证工作。

小看板

有一份 CIF 合同，出售一批小麦。合同规定："CIF 汉堡，卖方必须提交提单、保险单和商品检验证书三项单据，买方凭单据付款。"事后卖方向买方提交上述三项单据，但买方发现提单和检验证书有擦改的痕迹，买方提出异议并暂停付款。事后查明，擦改的是配舱的舱位号，并且是在单据签字前擦改的。

想一想：在上述情况下，买方能否坚持拒受单据和拒付货款？为什么？

(五)FOB、CFR、CIF 的具体比较

1. 相同点

①这三种术语的风险都是以货物装上船之前应由卖方负责，货物装上船之后应由买方负责。

②这三种术语都是出口国装运港交货价。虽然 CFR 和 CIF 卖方还要负责运费和保险，但是这种运费和保险费纯属代理性质的。三种价格术语都是在出口国装运港交货，绝对不能认为 CFR 和 CIF 卖方要负责运往目的港的运费和保险费，就误认为是货到目的港交货价。

③这三种术语都是象征性交货方式。所谓象征性交货(Symbolic Delivery)是指卖方按合同规定在装运港将货物装上船并提交全套合格单据，就算完成了交货义务，而无须保证到货。即使货物在运输途中全部灭失，卖方也无须承担责任，买方持保险单与保险公司或其他有关的机构洽商索赔事宜。因而"象征性交货"是一种单据的买卖，卖方凭单交货，收取货款，买方则凭

单付款，收取货物。

2. 主要不同点

①术语的价格构成不同，CFR 价等于 FOB 价加上运费，CIF 价等于 CFR 价加上保险费。

②办理运输的责任方不同，CIF 和 CFR 下由卖方办理运输，FOB 下由买方办理。

③办理保险的责任方不同，CIF 下由卖方办理保险，FOB 和 CFR 下由买方办理保险。

主要不同点见表 1.3

表 1.3 FOB、CFR、CIF 异同一览表

<table>
<tr><th colspan="2"></th><th>卖方</th><th>买方</th></tr>
<tr><td colspan="2" rowspan="2">相同点</td><td>1. 装货
2. 办理出口手续
3. 交单</td><td>1. 接货
2. 办理进口手续
3. 受单、付款</td></tr>
<tr><td colspan="2">4. 运输方式相同，都仅适合于海洋和内河运输
5. 风险划分相同，都是以货物装船为界
6. 交货地点相同，都是装运港交货
7. 交货性质相同，都是象征性交货</td></tr>
<tr><td rowspan="3">不同点</td><td>FOB</td><td></td><td>租船订舱、支付运费
办理保险、支付保险费</td></tr>
<tr><td>CFR</td><td>租船订舱、支付运费</td><td>办理保险、支付保险费</td></tr>
<tr><td>CIF</td><td>租船订舱、支付运费
办理保险、支付保险费</td><td></td></tr>
</table>

程序二 FCA、CPT、CIP 术语

一、FCA 术语

(一)FCA 的含义

FCA 的全文是 Free Carrier(…named place)，即货交承运人(……指定地点)。

采用这一交货条件时，买方要自费订立从指定地点起运的运输契约，并及时通知卖方。如果买方有要求，或者根据商业习惯，买方又没有及时提出相反意见，卖方也可代替买方按通常条件订立运输契约，但费用和风险要由买方承担。卖方在规定的时间、地点把货物交给买方指定的承运人或其他人，如运输代理人，并办理了出口手续后，就算完成了交货义务。

FCA 术语适用于各种运输方式，包括公路、铁路、江河、海洋、航空运输以及多式联运。无论采用哪种运输方式，卖方承担的风险均于货交承运人时转移。风险转移之后，与运输、保险相关的责任和费用也相应转移。

（二）买卖双方义务

1. 卖方义务

①在合同规定的时间、地点，将合同规定的货物置于买方指定的承运人控制下，并及时通知买方。

②承担将货物交给承运人控制之前的一切费用和风险。

③自负风险和费用，取得出口许可证或其他官方批准证件，并办理货物出口所需的一切海关手续。

④提交商业发票或具有同等作用的电子信息，并自费提供通常的交货凭证。

2. 买方义务

①签订从指定地点承运货物的合同，支付有关的运费，并将承运人名称及有关情况及时通知卖方。

②根据买卖合同的规定受领货物并支付货款。

③承担受领货物之后所发生的一切费用和风险。

④自负风险和费用，取得进口许可证或其他官方证件，并且办理货物进口所需的海关手续。

（三）使用 FCA 术语应注意的问题

1. 关于承运人交货地点

在 FCA 条件下，通常是由买方安排承运人，与其订立运输合同，并将承运人的情况通知卖方。该承运人可以是拥有运输工具的实际承运人，也可以是运输代理人或其他人。按照《2010 通则》的解释，交货地点的选择直接影响到装卸货物的责任划分问题。如果双方约定的交货地点是在卖方所在地，卖方负责把货物装上买方安排的承运人所提供的运输工具即可；如果交货地点是在其他地方，卖方就要将货物运交给承运人，在自己所提供的运输工具上完成交货义务，而无须负责卸货。如果在约定地点上没有明确具体的交货点，或者有几个交货点可供选择，卖方可以从中选择为完成交货义务最适宜的交货点。

2. FCA 条件下风险转移的问题

在采用 FCA 术语成交时，买卖双方的风险划分是以货交承运人为界。由于 FCA 与 F 组其他术语一样，通常情况下是由买方负责订立运输契约，并将承运人名称及有关事项及时通知卖方，卖方才能如约完成交货义务，并实现风险的转移。而如果买方未能及时给予卖方上述通知，或者他所指定的承运人在约定的时间未能接受货物，其后的风险是否仍由卖方承担呢？《2010 通则》的解释是，自规定的交付货物的约定日期或期限届满之日起，由买方承担货物灭失或损坏的一切风险，但以货物已被划归本合同项下为前提条件。可见，在 FCA 条件下，风险转移的界限问题也不能简单片面地理解为一概于交承运人处置货物时转移。因为在一般情况下，的确是在货交承运人时，风险由卖方转移给买方，但如果由于买方的原因，使卖方无法按时完成交货义务，只要货物已被特定化，那么风险转移的时间可以前移。

3. 有关责任和费用的划分问题

FCA 适用于包括多式联运在内的各种运输方式，卖方交货的地点也因采用的运输方式不同而异。有时，卖方须在出口国的内陆，如车站、机场或内河港口，办理交货。不论在何处交货，根据《2010 通则》的解释，卖方都要自负风险和费用，取得出口许可证或其他官方批准证件，并办理货物出口所需的一切海关手续。这一规定对一些在出口国的内地口岸就地交货和交单结汇的做法是十分适宜的。

按照FCA术语成交，一般是由买方自行订立从指定地点承运货物的合同，但是，如果买方有要求，并由买方承担风险和费用的情况下，卖方也可以代替买方指定承运人并订立运输合同。当然，卖方也可以拒绝订立运输合同，如果拒绝，应立即通知买方，以便买方另行安排。

小看板

我方以FCA贸易术语从意大利进口布料一批，双方约定最迟的装运期为4月12日，由于我方业务员的疏忽，导致意大利出口商在4月15日才将货物交给我方指定的承运人。当我方收到货物后，发现部分货物有水渍，据查是货交承运人前两天大雨淋湿所致。据此，我方向意大利出口商提出索赔，但遭到拒绝。

想一想：我方进行索赔是否合理？为什么？

二、CPT术语

（一）CPT的含义

CPT的全文是Carriage Paid to(…named place of destination)，即运费付至(……指定目的地)。此术语是指卖方支付货物运至指定目的地的运费。在货物被交由承运人保管时，货物灭失或损坏的风险以及货物交给承运人后发生的事件而引起的额外费用，即从卖方转移至买方。CPT术语适用于各种运输方式，包括多式联运。

（二）买卖双方义务

1. 卖方义务

①订立将货物运往指定目的地的运输合同，并支付有关运费。

②在合同规定的时间、地点，将合同规定的货物置于承运人控制之下，并及时通知买方。

③承担将货物交给承运人控制之前的风险。

④自负风险和费用，取得出口许可证或其他官方批准证件，并办理货物出口所需的一切海关手续，支付关税及其他有关费用。

⑤提交商业发票和自费向买方提供在约定目的地提货所需的通常的运输单据，或具有同等作用的电子信息。

2. 买方义务

①接受卖方提供的有关单据，受领货物，并按合同规定支付货款。

②承担自货物在约定交货地点交给承运人控制之后的风险。

③自负风险和费用，取得进口许可证或其他官方证件，并办理货物进口所需的海关手续，支付关税及其他有关费用。

（三）使用CPT术语应注意的事项

1. 风险划分的界限问题

按照CPT术语成交，虽然卖方要负责订立从起运地到指定目的地的运输契约，并支付运费，但是卖方承担的风险并没有延伸至目的地。按照《2010 通则》的解释，货物自交货地点至目的地的运输途中的风险由买方承担，卖方只承担货物交给承运人控制之前的风险。在多式联运情况下，卖方承担的风险自货物交给第一承运人控制时即转移给买方。

2. 责任和费用的划分问题

采用 CPT 术语时，由卖方指定承运人，自费订立运输合同，将货物运往指定的目的地，并支付正常运费。正常运费之外的其他有关费用，一般由买方负担。

卖方将货物交给承运人之后，应向买方发出货物已交付的通知，以便于买方在目的地办理货运保险和受领货物。如果双方未能确定买方受领货物的具体地点，卖方可以在目的地选择最适合其要求的地点。

小看板

菲律宾一进口公司与我国江西一出口公司签订了买卖工程陶瓷的合同，合同中规定采用 CPT 贸易术语，价格为 20 元每只。由于起运地距港口较远，故不得不先采用汽车运输，再用海洋运输，但在海洋运输途中由于波浪太大，货物摆放得又不是很好，所以造成部分货物受损，当货物到达目的地的后，买方发现货物残损，要求我方承担损失费用。

想一想：损失到底应由哪方承担？请陈述你的理由。

三、CIP 术语

（一）CIP 的含义

CIP 的全文为 Carriage and Insurance Paid to(…named place of destination)，即运费保险费付至(……指定目的地)。此术语是指卖方支付货物运至目的地的运费，并对货物在运输途中灭失或损坏的风险进行保险，订立保险合同，并支付保险费，在货物被交由承运人保管时，货物灭失或损坏的风险以及货物交给承运人后发生的事件而引起的额外费用，即从卖方转移至买方。CIP 术语适用于各种运输方式，包括多式联运。

（二）买卖双方义务

1. 卖方义务

①订立将货物运往指定目的地的运输合同，并支付有关运费。

②在合同规定的时间、地点，将合同规定的货物置于承运人的控制之下，并及时通知买方。

③承担将货物交给承运人控制之前的风险。

④按照买卖合同的约定，自负费用投保货物运输险。

⑤自负风险和费用，取得出口许可证或其他官方批准证件，并办理货物出口所需的一切海关手续，支付关税及其他有关费用。

⑥提交商业发票和在约定目的地提货所需的通常的运输单据或具有同等作用的电子信息，并且自费向买方提供保险单据。

2. 买方义务

①接受卖方提供的有关单据，受领货物，并按合同规定支付货款。

②承担自货物在约定地点交给承运人控制之后的风险。

③自负风险和费用,取得进口许可证或其他官方证件,并且办理货物进口所需的海关手续,支付任何进口关税及其他有关费用。

(三)使用CIP术语应注意的事项

1. 正确理解风险和保险问题

按CIP术语成交的合同,卖方要负责办理货运保险,并支付保险费,但货物从交货地运往目的地的运输途中的风险由买方承担。所以,卖方的投保仍属于代办性质。保险金额的确定与CIF相似。

2. 应合理确定价格

与FCA相比,CIP条件下卖方要承担较多的责任和费用。他要负责办理从交货地至目的地的运输,承担有关运费;办理货运保险,并支付保险费。这些都应反映在货价之中。所以,卖方对外报价时,要认真核算成本和价格。在核算时,应考虑运输距离、保险险别、各种运输方式和各类保险的收费情况,并要预计运价和保险费的变动趋势等。从买方来讲,也要对卖方的报价进行认真分析,做好比价工作,以免接受不合理的报价。

程序三　两组贸易术语的对比

"新三种"FCA、CPT、CIP贸易术语,分别是在"老三种"FOB、CFR、CIF贸易术语的基础上发展起来的,其责任划分原则相同,但也有区别,主要表现在以下几方面。

一、适用的运输方式不同

"老三种"仅适用于海洋和内河运输,其承运人一般只限于船运公司。而"新三种"则不仅适用于海洋和内河运输,也适用于陆运、空运等各种运输方式以及两种或两种以上不同运输方式相结合的多式联运。其承运人可能是船公司、铁路公司、航空公司,也可能是安排多式联运的联合运输经营人等。

二、交货和风险转移地点不同

"老三种"的交货地点均为装运港,风险也以货物在装运港是否装上船时从卖方转移至买方;而"新三种"的交货地点,则须视不同的运输方式和不同的约定而定。它可以是卖方所在的承运人提供的运输工具上,也可以是在铁路、公路、航空、内河、海洋运输承运人或多式联运承运人的运输站,或其收货点的卖方的送货运输工具上。至于货物灭失或损坏的风险,也于卖方将货物交给承运人时转移给买方。

三、使用的运输单据不同

在"老三种"贸易术语下,提交的已装船提单是物权凭证。而在"新三种"贸易术语下,提交的运输单据则视不同的运输工具而定,如在铁路、公路、航空运输方式下,则应分别提供铁路运单、公路运单、航空运单,后者往往不是物权凭证(表1.3)。

表 1.3 FCA、CPT、CIP 与 FOB、CFR、CIF 的比较

比较项目	FOB、CFR、CIF	FCA、CPT、CIP
运输方式	海洋运输和内河运输	各种运输方式
承运人	船公司	船公司、铁路公司、航空公司或多式联运承运人
交货地点	装运港船上	视不同运输方式而定
风险转移界限	货装船后	货交承运人监管后
运输单据	已装船清洁提单	提单、海运单、铁路运单、航空运单、多式联运单据
装卸货费用	贸易术语变形	装卸货费用均由支付运费的一方承担

任务三 《2010 通则》中的其他贸易术语

本任务可分解为两个教学程序：EXW、FAS 术语；DAT、DAP、DDP 术语。

程序一 EXW、FAS 术语

一、EXW 术语

EXW 的全文为 EX Works(…named place)，即工厂交货(……指定地点)。本条规则与当事人所选择的运输方式无关，即便当事人选择多种运输方式，亦可适用该规则。

“工厂交货(……指定地点)”是指当卖方在其所在地或其他指定的地点，如工厂、车间或仓库等将货物交给买方处置时，即完成交货义务。

EXW 是卖方承担责任最小的术语。卖方不需要办理出口清关手续，不负责将货物装上任何运输工具。买方必须承担在卖方所在地受领货物的全部费用和风险。

在 EXW 条件下，应特别注意以下两个方面的问题：

①卖方对买方没有装货的义务，如果卖方装货，也是由买方承担相关风险和费用。当卖方更方便装货物时，FCA 一般更合适，因为该术语要求卖方承担装货义务以及与此相关的风险和费用。

②以 EXW 为成交的条件买方需要注意，卖方只有在买方要求下，才有义务协助买方办理出口通关手续。因此，如果买方不能直接或间接地办理出口清关手续时，不建议使用该术语。

小看板

有一份出售茶叶的合同，按 EXW 贸易术语成交，数量为 10 公吨，总值为 2.5 万美元。合同规定买方应于 10 月份提取货物。卖方于 10 月 10 日已将提货单交给了买方，买方也付清了

货款。但是买方直到11月1日尚未提走货物，于是卖方将货物转移至另一地方存放。由于茶叶与牛皮存放同一地方，当买方于11月10日提取货物时，发现有20%的茶叶已与牛皮串味而失去销售价值，双方因此发生争议。

想一想：该案例中的责任归属是在哪一方？

二、FAS术语

FAS的全文是Free Alongside Ship(…named port of shipment)，即船边交货(……指定装运港)。这项规则仅适用于海运和内河运输。

“装运港船边交货”是指卖方在指定装运港将货物交到买方指定的船边(例如码头上或驳船上)，即完成交货。若买方所派船只不能靠岸，卖方应负责用驳船把货物运至船边，卖方在船边完成交货义务。

在FAS条件下，应特别注意以下两个方面的问题：

1. 船货衔接问题

买方要及时将船名和要求装货的具体时间、地点通知卖方，以便卖方按时做好备货出运工作。卖方也应将货物交至船边的情况及时通知买方，以利于买方办理装船事项。

如果买方指派的船只未按时到港接受货物，或者比规定的时间提前停止装货，或者买方未能及时发出派船通知，只要货物已被清楚地划出，由此而产生的风险和损失均由买方承担。

2. 驳船费用的负担

如果买方所派的船不能靠岸，仍在船边交货物。卖方要负责用驳船把货物运至船边，但期间的责任和费用由买方负担。

小看板

我某公司按照FAS条件从加拿大某木材商进口一批木材，在装运完成后，国外卖方来电要求我方支付货款，并要求支付装船时的驳船费。

想一想：对卖方的要求我方应如何处理？

程序二　DAT、DAP、DDP术语

一、DAT术语

《国际贸易术语解释通则2010》新添加的一种术语，DAT的全文是“Delivered at Terminal”，即运输终端交货。

“运输终端交货”是指当卖方在指定港口或目的地的指定运输终端将货物从抵达的载货运输工具上卸下，交由买方处置时，即为交货。如适用时，DAT要求卖方办理出口清关手续。但卖方无义务办理进口清关、支付任何进口税或办理任何进口海关手续。

在DAT条件下，应特别注意以下两个方面的问题：

①正确理解运输终端的含义，运输终端意味着任何地点，而不论该地点是否有遮盖，例如码头、仓库、集装箱堆积场或公路、铁路、空运货站。卖方承担将货物送至指定港口或目的地的运

输终端并将其卸下的一切风险。

②由于卖方承担在特定地点交货前的风险，特别建议买卖双方尽可能确切地约定运输终端，如果可能的话，确切到约定港口或目的地的运输终端内特定的点。

二、DAP 术语

DAP 是《国际贸易术语解释通则 2010》新添加的一种术语，DAP 的全文是“Delivered at Place”，即目的地交货。

“目的地交货”是指当卖方在指定目的地将仍处于抵达的运输工具之上，且已作好卸载准备的货物交由买方处置时，即为交货。卖方承担将货物运送到指定地点的一切风险。如适用时，DAP 要求卖方办理出口清关手续。但是卖方无义务办理进口清关、支付任何进口税或办理任何进口海关手续。

在 DAP 条件下，应特别注意以下两个方面的问题：

①由于卖方承担在特定地点交货前的风险，特别建议买卖双方尽可能清楚地约定指定目的地内的交货点。建议卖方取得完全符合该选择的运输合同。如果卖方按照运输合同在目的地发生了卸货费用，除非双方另有约定，卖方无权向买方要求偿付。

②如果买方希望卖方办理进口清关、支付所有进口关税，并办理所有进口海关手续，则应当使用 DDP 术语。

三、DDP 术语

DDP 的全文是 Delivered Duty Paid(…named place of destination)即完税后交货(……指定目的地)。“完税后交货”是指当卖方在指定目的地将仍处于抵达的运输工具上，但已完成进口清关，且已作好卸载准备的货物交由买方处置时，即为交货。卖方承担将货物运至目的地的一切风险和费用，并且有义务完成货物出口和进口清关，支付所有出口和进口的关税和办理所有海关手续。

与 EXW 相反，DDP 是卖方承担的义务最多的贸易术语。在 DDP 条件下，应特别注意以下两个方面的问题：

①如卖方不能直接或间接地完成进口清关，则不要使用 DDP。

②除非买卖合同中另行明确规定，任何增值税或其他应付的进口税款由卖方承担。

任务四 国际贸易术语的运用

本任务可分解为两个教学程序：选用国际贸易术语应考虑的主要因素；扩大 FCA、CPT 和 CIP 术语的应用。

程序一 选用国际贸易术语应考虑的主要因素

在国际贸易中，贸易术语是确定合同性质、决定交货条件的重要因素，选定适当的贸易术语对促进合同的订立和履行，提高企业的经济效益具有重要的意义。作为交易的当事人，在选择贸易术语时主要应考虑以下因素：

一、使用的运输方式

国际贸易中可供选用的贸易术语有多种，据统计，各国使用贸易术语频率较高的主要有FOB、CIF和CFR等术语。近年来，随着国际贸易的发展和运输方式的变化，FOB、CIF和CFR术语只适用海洋运输和内河运输，而不适用空运、铁路和公路运输。如买卖双方拟使用空运、铁路和公路运输，则应选用FCA、CPT和CIP术语。在我国，随着使用集装箱运输和多式联运方式的不断扩大和发展，为适应这种发展趋势，可以适当扩大使用FCA、CPT和CIP术语。采用FCA、CPT和CIP术语对卖方有两个优势：一是货交承运人风险即转移买方，减轻卖方责任；二是可提前取得运输单据，缩短交单收汇时间，加快资金周转速度和减少利息支出。

二、运费、保险费的因素

一般来说，在出口贸易中，我方应争取选用CIF或CFR术语。在进口贸易中，应争取选用FOB术语。对FCA、CPT和CIP术语的选用也应按上述原则掌握。这样有利于节省运费和保险费的外汇支出，并有利于促进我国对外运输事业和保险事业的发展。在选用贸易术语时，还应注意运费变动的趋势。当运费看涨时，为避免承担运费上涨的风险，出口时应选用FOB术语，进口时应选用CIF或CFR术语。如因某种原因，采用由我方安排运输的贸易术语时，则应对货价进行调整，将运费上涨的风险考虑到货价中去。

三、成交货物的特点

在国际贸易中，进出口货物的品种繁多，不同类别的货物具有不同的特点，对运输方面的要求各不相同，运费开支的大小也有差异。有些货物价值较低，但运费占货价的比重较大，对这类货物，出口应选用FOB术语，进口选用CIF或CFR术语。此外，成交量的大小，也涉及运输安排的难易和经济核算的问题，当成交量太小，又无班轮通航的情况下，负责安排运输的一方势必会增加运输成本，故选用贸易术语时也应予以考虑。

四、办理进出口货物结关手续有无困难

在国际贸易中，关于进出口货物的结关手续，有些国家规定只能由结关所在国的当事人安排或代为办理，有些国家则无此项限制。因此，当某出口国政府规定，买方不能直接或间接办理出口结关手续，则不宜按EXW条件成交，而应选用FCA条件成交；若进口国当局规定，卖方不能直接或间接办理进口结关手续，此时则不宜采用DDP，而应选用D组的其他术语成交。

五、国外港口装卸条件和港口习惯

各国港口的装卸条件不同，收费标准各异，港口的装卸作业习惯也有差别。对于装卸条件较差、装卸费用较高和习惯上须由买方承担装船费、卖方承担卸货费的港口，我国进口时应采用FOB Stowed或FOB Trimmed或FOBST贸易术语，出口时应采用CIF Ex ship's hold或CFR Ex ship's hold贸易术语。

总之，随着我国对外开放的扩大和对外贸易的发展，可以采用更加灵活的贸易做法。除上

述所提到的经常使用的贸易术语外，也可视不同的交易情况，适当选择其他贸易术语。

程序二　扩大 FCA、CPT 和 CIP 术语的应用

在我国，随着使用集装箱运输和多式联运方式的不断扩大和发展，为适应这种发展趋势，可以适当扩大使用 FCA、CPT 和 CIP 术语，以代替传统的 FOB、CFR 和 CIF 术语。

一、FCA、CPT 和 CIP 适用多种运输方式

FCA、CPT 和 CIP 可适用于海运、陆运、空运等各种运输方式，还适用于国际多式联运，其承运人可以是铁路、航运、航空运输公司，也可以是安排多式联运的经营人。多式联运在国际贸易中已被广泛运用，而且必将进一步扩大。为了适应这一趋势，在我外贸运输机构能有效地承担“联合运输经营人”的前提下，我外贸企业应按具体交易情况，选用国际商会制定的适用多式联运的 FCA、CPT 和 CIP 术语，以代替传统的仅适用于海运和内河运输的 FOB、CFR 和 CIF 术语。

二、FCA、CPT 和 CIP 加速运输单据的出单时间

在 FOB、CFR、CIF 术语下，卖方一般应向买方提供已装船清洁提单。在 FCA、CPT、CIP 术语下，卖方提供的运输单据视不同运输方式而定，除了海运提单外，根据不同的运输方式或多式联运方式，可以相应提供铁路、公路、航空运单或多式联运提单。卖方只需将货物交付给承运人由其接管起，就可自承运人取得运输单据并凭此向买方或其指定的银行收取货款。由于出单时间的缩短，就有利于卖方的资金的周转。如果用传统的术语，从承运人接管货物到把货物运上船，通常需要几天时间，有时甚至多达十几天，显然对卖方是不利的。因此，在出口业务中，推广使用 FCA、CPT 和 CIP 术语，对我方是有利的。

三、FCA、CPT 和 CIP 装卸费用负担明确

FOB、CFR、CIF 术语还需用变形的方式，分别表明有关装货、卸货费用由谁负担的问题。而在 FCA、CPT 和 CIP 术语中，运费已包含了承运人接管货物后装运港的装船费用和目的港的卸货费用，而无须另行说明。

项目小结

本项目主要涉及《2010 通则》中的 11 种贸易术语，其中需重点掌握 FOB、CFR、CIF、FCA、CPT 和 CIP 6 种术语。对每一种贸易术语的掌握主要从交货地点、风险转移界限、办理运输和保险的义务及相关费用的负担、进出口报关的责任及费用的负担和适用的运输方式等方面进行考虑。注意在实务中灵活运用各种贸易术语。

增值阅读

INCOTERMS 2000《2000 通则》与 INCOTERMS 2010《2000 通则》

国际商会于 2010 年 9 月通过 INCOTERMS 2010，并规定该版本于 2011 年 1 月 1 日正式生效，是迄今为止的关于贸易术语的国际贸易惯例的最新版本。INCOTERMS 2010 与 INCOTERMS 2000 的区别如下：

1. 对贸易术语本身的调整

INCOTERMS 2000 将贸易术语分为 E、F、C、D 4 组共 13 种，且按照卖方责任逐步增加、买方责任逐步减少依次排列。而 INCOTERMS 2010 将 INCOTERMS 2000 中的 DAF、DES、DEQ 和 DDU 4 个术语删除，新增 DAT、DAP2 个术语，共解释了 11 种贸易术语的含义，且按照所适用的运输方式划分为两大类(适用于各种运输方式类和仅适用于水运类)，意在提醒使用者注意不要将仅适用于水运的术语用于其他运输方式。

2. 对货物风险转移界限的调整

INCOTERMS 2010 取消了 INCOTERMS 2000 中 FOB、CFR 和 CIF 术语下与货物有关的风险在装运港“船舷”转移的概念，不再规定风险转移的临界点，改为卖方承担货物在装运港装上船为止的一切风险，而买方则承担货物自装运港装上船之后的一切风险。

3. 对适用范围的调整

INCOTERMS 2000 规定适用于国际货物销售合同，而 INCOTERMS 2010 则考虑到了一些大的区域贸易集团内部贸易的特点，规定不仅适用于国际货物销售合同，也适用于国内货物销售合同，并且 INCOTERMS 2010 在解释买卖双方义务时在多处明确进出口商仅在需要时才办理进出口报关手续和支付相应费用。

4. 对贸易术语义务项目上的调整

INCOTERMS 2000 与 INCOTERMS 2010 对于其解释的每种贸易术语下的买卖双方各自的义务都分别列出 10 个项目。但是 INCOTERMS 2010 与 INCOTERMS 2000 不同之处在于，卖方在每一项目中的具体义务不再对应买方在同一项目中相应的义务，而是改为分别描述，并且各项目内容也有所调整。

5. 新增加了指导性说明

INCOTERMS 2010 对每个术语都新加了指导性说明。该说明主要解释了何时适用本术语以及在何种情形下适用其他术语，该术语合同下与货物有关的风险负担何时转移，买卖双方之间的成本或费用以及出口手续如何划分等事宜以及双方应当明确规定交货的具体地点和未能规定所引起的费用的负担等。需要注意的是在“指导性说明”中，通常要求双方当事人自行明确风险转移的临界点，而非由 INCOTERMS 2010 本身去规定这些临界点。这就需要买卖双方在订立合同时要考虑到该问题，必要时可在商定的基础上另行规定双方认可的风险临界点。

6. 新增连环贸易

INCOTERMS 2010 在 FAS、FOB、CFR 和 CIF 等几种适用水上运输的术语的指导性说明中，首次提及“String Sales”，在 CPT 和 CIP 中也有提及。大宗货物买卖中，货物常在一笔连环贸易下的运输期间被多次买卖，由于连环贸易中货物由第一个卖方运输，作为中间环节的卖方就无须装运货物，而是由获得所装运的货物的单据而履行其义务，因此，新版本对此连环贸易模式下卖方的交付义务做了细分，也弥补了以前版本中在此问题上未能反映的不足。

需特别注意的是，贸易商人仍可在 INCOTERMS 2010 实施后继续选择使用 INCOTERMS 2000 的解释，或者如果合同中出现了新版本中没有的术语如 DAF、DES、DEQ 等仍将被认为适用早期版本。因为目前世界上存在多种解释贸易术语含义的惯例及其不同年份的版本，为避免误解，2011 年 1 月 1 日以后签订的贸易合同中最好标明合同适用的贸易术语的惯例的名称及其版本。

说一说

(1)为什么 CIF 是一种典型的象征性交货？

(2)简述 FOB、CFR、CIF 与 FCA、CPT、CIP 的异同点。

(3)请比较 DAT 与 DAP 术语的区别。

(4)当买方要求卖方将货物交到进口国的内陆地点时，应选用何种贸易术语成交？

议一议

(1)我某出口公司对某日商出口大米，做出发盘，其中规定：每公吨 CIF 大阪 150 美元，装运港是大连，现日商要求我方改报 FOB 大连价，我出口公司对价格应如何调整？如果最后按 FOB 条件签订合同，买卖双方在所承担的责任、费用和风险方面有何差别？

(2)我国黑龙江某外贸公司以 FOB 条件签订了一批皮衣买卖合同，装船前检验时货物的品质良好且符合合同的规定。货到目的港后卖方提货检验时发现部分皮衣有发霉现象，经调查确认原因是由于包装不良导致货物受潮，据此买方向卖方提出索赔要求。但是卖方认为货物在装船前品质是合格的，发霉在运输途中发生的，因此拒绝承担赔偿责任。

问：对此争议应作何处理？

(3)我某外贸公司按照 CIF 伦敦向英商出售一批货物。卖方在规定的装运期内装船并取得相应单据。货物在运输途中恰逢埃以战争爆发，苏伊士运河关闭，只能绕道非洲南端。事后买方就航行途中发生的绕航费用、货物湿损以及未能按预计时间到达向我方提出索赔。

问：我方是否应当赔偿？为什么？

(4)我某出口企业按 FCA Shanghai Airport 条件向印度 A 商出口手表一批，货价 5 万美元，规定交货期为 8 月份。自上海运往孟买；支付条件：买方凭由孟买某银行转交的航空公司空运到货通知即期全额电汇付款。我出口企业于 8 月 31 日将该批手表运到上海虹桥机场交由航空公司收货并出具航空运单。我出口企业随即用电传向印商发出装运通知。航空公司于 9 月 2 日将该批手表空运至孟买，并将到货通知连同有关发票和航空运单交孟买某银行。该银行立即通知印商收取单据并电汇付款。此时，国际手表价格下跌，印商以我交货延期，拒绝付款、提货。我出口企业坚持对方必须立即付款、提货。双方争执不下，遂提交仲裁。

问：如果你是仲裁员，你认为应如何处理？并说明理由。

练一练

(1)印度孟买一家电视机进口商与日本京都电器制造商洽谈买卖电视机交易。从京都(内陆城市)至孟买,有集装箱多式运输服务,京都当地货运商以订约承运人的身份可签发多式运输单据。货物在京都距制造商5千米的集装箱堆场装入集装箱后,由货运商用卡车经公路运至横滨,然后再装上船运至孟买。京都制造商不愿承担公路和海洋运输的风险;孟买进口商则不愿承担货物交运前的风险。试对以下问题提出你的意见,并说明理由:

①京都制造商是否可以向孟买进口商按FOB、CFR、CIF术语报价?

②京都制造商是否应提供已装船运输单据?

③按以上情况,你认为京都制造商应该采用何种贸易术语?

(2)我国无锡某公司以FOB上海价向美国出口货物一批,装运期为5月份,集装箱装运。我方4月26日收到买方发来的装船通知,告知我方载货船舶将于5月15日到达装运港。为了及时装运,我公司业务员于5月10日将货物从无锡运至上海码头仓库,不料货物因当夜仓库发生火灾而全部损失。问:

①以上损失是否应该由我方承担?为什么?

②若采用FCA无锡交货,该损失是否应该由我方承担?为什么?

③采用FCA贸易术语和FOB贸易术语在交货地点、运输方式和单据、结汇时间等方面存在哪些不同?

项目二　商品的品名、品质、数量和包装

项目分解

任务一　商品的品名和品质

要求学生在了解商品命名方法、商品品质表示方法的基础上，弄清品名、品质条款的注意事项，学会订立国际货物买卖合同中的品名条款和品质条款。

任务二　商品的数量

要求学生能够选用恰当的计量单位和计量方法，合理订立国际货物买卖合同中的数量条款。

任务三　商品的包装

要求学生能够根据包装的种类、标志等内容，合理订立国际货物买卖合同中的包装条款。

实现目标

知识目标：掌握货物品质的表示方法，货物数量的确定方法及运输包装的标志等基本知识；理解品名、品质、数量和包装条款内容、规定办法及注意事项。

能力目标：能够正确订立国际货物买卖合同中品名、品质、数量和包装条款；能够掌握商品品质、数量、包装条款的写作技巧。

案例导入

我国东北一家出口公司向英国出口一批大豆，合同规定："水分最高为11%，杂质不超过2%。"在成交前，该出口公司曾向买方寄过样品，订约后该出口公司又电告买方成交货物与样品相似，当货物运至英国后买方提出货物与样品不符，并出示了当地检验机构的检验证书，证明货物的品质比样品低7%，但未提出品质不符合合同的品质规定。买方以此要求该出口公司赔偿其180 000英镑的损失。

请问：该出口公司是否应赔偿？

分析:该出口公司没有充分的理由拒绝赔偿。因为卖方行为已经构成双重保证。在国际贸易中,凡是既凭样品买卖,又凭说明买卖时,卖方所交货物必须既符合样品要求,同时又符合说明要求,否则,买方有权利拒收货物。本案中,合同规定水分为11%,杂质不超过2%。由此看来,双方是凭说明进行买卖,我方所交货物只要符合合同规定就算履行义务。但是,我方在成交前向对方寄送过样品,并且没有注明"参考样品"字样,签约后又电告对方所出运货物与样品相似,买方有理由认为这项业务既凭样品又凭说明进行交易。因而买方检验货物与样品不符,有权索赔。

国际货物买卖合同是转移标的物所有权的合同,合同首先要对标的物的具体情况有一个科学、明确的描述。因此双方要对商品的名称、品质、数量和包装等相关交易条件有一个明确的约定。若约定不明确,就会产生许多不必要的纠纷。在洽谈和订立合同时,必须根据货物的特性和实际情况,订明品名、品质、数量和包装条款。本项目主要涉及货物的命名方法,货物品质的表示方法,货物数量的确定方法,包装的选择等基本知识以及国际货物买卖合同中品名、品质、数量和包装的条款内容、规定办法及注意事项等。

任务一　商品的品名和品质

本任务可分解为两个教学程序:商品的品名;商品的品质。

程序一　商品的品名

品名(Name of Commodity)即商品的名称,是指能使某种商品区别于其他商品的一种称呼或概念。对商品的命名,在一定程度上要体现其自然属性、用途以及主要的性能特征。

一、约定商品名称的意义和方法

在国际贸易中,很少是一手交钱一手交货,即看货成交。买卖双方在贸易洽谈和签订合同时,通常不能见到具体的商品,一般是凭借对商品做出的描述和名称达成交易。可见对商品准确、恰当的命名至关重要。

对商品命名的方法很多,往往要根据商品某一方面的特点来确定其名称。比如,可以按商品的主要用途命名,像洗衣粉、自行车、电视机等;可以按商品所使用的主要原材料命名,像羊毛衫、玻璃杯等;可以按商品的外观造型命名,像绿豆、黑芝麻等;也可以按商品的制作工艺命名,像二锅头、精制油等。对商品恰当的命名体现在要高度概括其主要特征。

国际上为了便于对商品的统计征税时有共同的分类标准,海关合作理事会主持制定了《协调商品名称及编码制度》(The Harmonized Commodity Description and Coding System,简称《H.S.编码制度》)。该制度于1988年1月1日起正式实施,我国于1992年1月1日起采用该制度。

二、品名条款的主要内容及注意事项

合同中的品名条款无统一格式,可由交易双方酌情商定。通常都是在"商品名称"(Name of Commodity)的标题下,列明交易双方成交商品的名称。由于商品具有不同的品种、等级和型

号，因此，需要把有关具体品种、等级或型号的概括性描述包括进去，有的甚至将商品的品质规格也包括进去。在此情况下，它就不单是品名条款，而是品名条款与品质条款的合并。

①要尽可能使用国际上通行的名称——《联合国国际贸易标准分类 SITC》。如：我们常用的药品“病毒唑”，而国际通用名称为利巴韦林。

②必须实事求是，合理描述成交的商品，切实反映商品的实际情况。如：品名为优质红茶，大家对优质的理解各不相同，就不宜使用。

③内容应当清楚、明确、具体，能反映商品的性能、特点和用途，利于合同的履行，避免空泛、笼统或含糊的规定。如：品名为大米，就不够具体，应标明东北大米或其他产地的大米。

④应恰当选择商品的不同名称以减低关税、方便进出口，不同的商品可能存在同一商品因名称不同而支付的关税和运费不同，所受到的进出口限制也可能不同。

小看板

上海一家生产企业向澳大利亚客户出口汽车零配件，品名为 XW-8303R/L，但生产企业在交货时提供了 XW-8305R/L，两种型号的产品在外形上非常相似，但却用在不同的车型上，因此客户不能接受，要求我方调换产品或降低价格。我方考虑到退货相当麻烦，而且费用很高，因此最后只好降低价格 10%结案。

想一想：品名和品质有何对应关系？我方最终为何降价？

程序二　商品的品质

在国际贸易中，商品的品质是最为重要的问题，商品的品质优劣直接影响商品使用价值和价格，往往是买方最为关心的。根据《公约》的规定，若卖方的交货不符合约定的品质条件，买方有权要求损害赔偿，也可要求修理或交付替代货物，甚至拒收货物或撤销合同。

一、商品品质的含义及表示方法

品质(Quality of Goods)是商品满足消费者一定需要的内在素质和外观形态的综合。内在素质一般指商品的化学成分、物理和机械性能、生物特性等，需要借助仪器、设备进行分析测试获得；外观形态一般指商品的外形、结构、色泽、味觉等，可以通过感觉器官直接获得。

品质的优劣不仅影响商品的价格、销售数量和市场份额，而且关系到商品信誉、企业信誉甚至整个国家形象。在当前国际市场竞争日趋激烈的情况下，许多国家都把提高商品质量作为非价格竞争的一个重要组成部分。我国政府也把“以质取胜”作为扩大出口和发展对外贸易的基本战略之一。

二、商品品质的表示方法

既然商品的品质至关重要，买卖双方在进行贸易洽谈时，应当对成交的商品品质约定明确，这就要解决一个重要的问题，即通过什么方法来表明商品的品质。在国际贸易中，由于商品种类繁多，特点各异，表示商品品质的方法也各不相同。主要有以下几种：

(一)凭文字说明表示(Sale by Description)

1. 凭规格买卖(Sale by Specifications)

规格是指用以反映商品质量的若干主要指标,如成分、含量、纯度、容量、性能、大小、长短、粗细等。

如:东北大豆

水分(max): 14%

含油量(min): 18%

杂质(max): 1%

不完善率(max): 7%

用规格表示商品品质的方法简单易行、明确具体,而且可以根据每批货物的具体情况进行灵活调整,所以它在国际贸易中的应用非常广泛。

小看板

我国内蒙古一家羊绒企业同韩国一公司签订出口羊绒衫合同,共计 8 000 件,价值 80 万美元。合同规定羊绒含量为 100%,商标上也标明“100%羊绒”。当对方检验后,发现羊绒含量不符合合同规定因而提出索赔,要求我方羊绒企业赔偿 500 000 美元。最后以我方不得不赔偿近 100 000 美元结案。

想一想:我方应从此案中接受何种教训?

2. 凭等级买卖(Sale by Grade)

等级指同一类商品,按其规格上的差异,分为品质优劣不同的若干级别,用文字、数字或符号所做的分类。如特级、一级、二级等。商品的等级,通常是由制造商根据长期的生产经验,在掌握其具体品质的基础上制定出来的,它有助于满足各种不同的需要,也有利于根据不同需要来安排生产加工。

如:鲜鸡蛋

蛋壳呈浅棕色,品质新鲜,大小均匀

特级:每枚蛋净重 50g

超级:每枚蛋净重 45g

一级:每枚蛋净重 40g

二级:每枚蛋净重 35g

三级:每枚蛋净重 30g

3. 凭标准买卖(Sale by Standard)

标准指商品的规格和等级的标准化,商品的标准一般由标准化组织、政府机关、行业团体、商品交易所制定并予以公布。

在国际贸易中,对一些已经被广泛接受的标准,一般倾向于按该项标准进行交易。根据标准适用的范围和地域的不同可分为国际标准、国家标准、行业标准和企业标准。

从法律角度看,并非所有标准对各国进出口贸易都有约束力。目前,被广泛认同,影响最大的是国际标准化组织(ISO)制定的 ISO 9000 系列(质量管理体系)和 ISO 14000 系列(环境管理体系)。

我国在制定国家标准体系时也尽量参照了ISO 9000和ISO 14000标准系列。实施ISO的这两个一体化管理体系，有助于改善和提高我国企业和产品在国内外消费者及客户中的形象，降低经营及管理成本，使我国产品适应国际市场对于产品在质量上的新需求，提高我国产品的国际竞争能力。

采用标准的注意事项：

①出口商品一般应以我国标准为依据，如有可能和把握，可酌情采用国外标准。

②进口商品，一般采用国际标准并结合本国实际采用。

③采用标准，应注明版本年号。

此外，在进出口贸易中，有些农副土特产品及水产品的品质变化很大，难以确定统一标准，一般采用良好平均品质和上好可销品质来表示。

“良好平均品质”(Fair Average Quality, F. A. Q.)是指一定时期内某地出口货物的平均品质水平。一般指中等货物而言，在我国也叫“大路货”，是和“精选货”(Selected)相对而言的。合同中除表明“F. A. Q. ”外，最好订有具体规格指标。

例如：中国桐油

良好平均品质

游离脂肪不超过4%

“上好可销品质”(Good Merchantable Quality, G. M. Q.)是指品质上好，适合于销售。这在实际操作中难以把握，在国际贸易中很少使用，只适用于无法利用样品或无国际公认标准可循的货物买卖，如：木材、冷冻鱼虾。

4. 凭品牌或商标买卖(Sale by Brand or Trade Mark)

品牌是指厂商或销售商对所生产或销售的商品而惯用的名称或牌号，以便区别于其他企业的同类产品。一个品牌可用于一种商品，如“桑塔纳”；也可以用于企业的系列产品，如“海尔”。

商标是特定商品的标志，品牌的图案化，它通常由文字、图形组成。商标属于知识产权，商标与牌号受商标法保护，必须注册，防止侵权。

在国际市场上，产品质量稳定，知名度高、信誉好，并且为消费者所熟知和喜爱的产品，买卖双方在贸易洽谈时，可以凭品牌或商标来规定商品的质量。例如，诺基亚手机、长虹电视、雅戈尔衬衫等。

需要注意的是，若国外客户要求定牌生产，需注意该品牌是否合法，以免运往国外触犯进口国家的商标法而引起纠纷。

5. 凭说明书和图样买卖(Sale by Descriptions and Illustrations)

说明书是指详细说明商品构造、性能、用材以及使用方法的文字资料，它包括必要的图样和图片。在进出口贸易中，如机电产品、仪器仪表、大型成套设备等技术密集型产品，由于其构造和性能复杂，安装、使用和维修有一定操作规程，无法用样品，商标或几项指标来确定其质量。在这种情况下，必须使用说明书并附以图样、照片、分析表来确定商品的品质。

6. 凭原产地名称买卖(Sale by Name of Origin)

有些产品因其独特的自然条件或特有的传统加工工艺，使其品质具有独特的风格和特色。如景德镇陶瓷、金华火腿、北京烤鸭、法国香水、慕尼黑啤酒等。对于这类产品，一般用产地名称来表示其品质，以此显示这些产品具有特殊品质或品味。

(二)凭样品买卖(Sale by Sample)

样品通常是指从一批货物中抽出来的或由生产、使用部门设计加工出来的,足以反映和代表整批货物品质的少量实物。凭样品买卖就是用样品表示货物质量并以此作为交货依据的交易,多适用于工艺品、服装、土特产品、轻工业品等商品的交易。

样品可以由卖方或者买方提供,无论由哪一方提供,一经双方同意凭此成交便成为履行合同时交接货物的质量依据,卖方承担交付的货物质量与样品完全一致的责任,否则买方有权提出索赔甚至拒收货物。

1. 凭卖方样品买卖(Sale by Seller's Sample)

成交样品由卖方提供,称为"凭卖方样品买卖"。若样品由卖方提供,卖方选择样品时,应注意样品品质必须具有充分的代表性。若提供样品的质量高于整批货物的质量,可能会引起买方提出质量异议;若低于整批货物的质量,会使成交价格受影响。

卖方取样送交买方的同时,应留存与送交样品质量完全一致的另一样品,即留有复样(Duplicate Sample),以备将来组织生产,交货或处理质量纠纷时做核对使用。对留样的保存要妥善,要注明编号、取样以及交样日期,针对不同商品的样品要采取密封、防潮、防污染、防虫害等不同的保护措施。

2. 凭买方样品买卖(Sale by Buyer's Sample)

成交样品由买方提供,称为"凭买方样品买卖"。在实际操作中,为避免发生分歧,卖方在接到买方提供的样品后,进行仿制或选择质量相近的产品的样品提交买方确认,这称为对等样品(Counter Sample)。对等样品经买方确认,即成为双方交易的品质依据。这种做法比较谨慎,可以将买方样品变成卖方样品,变被动为主动。

想一想:如何将"凭买方样品买卖"转化成"凭卖方样品买卖"?为什么要这样转化?

3. 凭样品买卖应注意的事项

①提供的样品要有代表性。应在大批货物中选择中等的实物作为样品,避免由于样品与日后所交货物品质不一致,引起纠纷,造成经济损失。

②以样品表示品质的方法,只能酌情采用。凡能用科学的指标表示商品质量时,就不宜采用此法。

③应留存一份或数份同样的样品,作为复样,留有编号和日期,以备将来组织生产、交货或处理品质纠纷之用。

④卖方交货品质必须与样品完全一致,若对品质无把握时,可在合同条款中规定,"品质与样品大致相同"(Quality Shall be About Equal to the Sample)或"品质与样品相似"(Quality is Nearly Same as the Sample)。

(三)看货买卖(Sale by Actual Quality)

看货买卖是指买卖双方根据成交货物的实际品质进行交易。这种方法多半用于拍卖、寄售和展卖业务中,尤其适用于具有独特性质的商品,如珠宝、首饰、字画、雕刻及特定工艺制品。

看货买卖必须具备三个条件,即:卖方有足够的现货;有存货和交易的场所;买方或其代理人必须亲临现场。只要卖方交付的是买方查验过的商品,买方就不得对品质提出异议。

三、商品品质条款的规定及注意事项

(一)品质条款的基本内容

品质条款是合同中的一项主要条款,它是买卖双方对商品质量、规格、等级、标准、商标、牌号等的具体规定,基本内容是商品的品质、规格、等级、标准和商标、牌号等。在凭样品买卖时,应列明样品的编号和寄送日期,有时还加列交货品质与样品一致或相符的说明。在凭标准买卖时,一般应列明所采用的标准及标准版本的年份。

卖方应以双方约定的品质交货,否则买方有权提出索赔或拒收货物,以至撤销合同。合同中的品质条款也是商检机构进行品质检验、仲裁机构进行仲裁和法院解决品质纠纷案件的依据。

(二)规定品质条款的注意事项

1. 品质的文字要简明、切合实际,对某些商品可规定一定的品质机动条款

在国际贸易中,卖方所交货物的质量必须和合同规定相符合。但是,某些产品由于存在自然损耗,或受生产工艺、产品本身特点的影响,无法保证极为准确的指标数据,这就需要在签订合同时对商品的品质规定一定的品质公差或品质机动幅度。

品质公差(Quality Tolerance)是指国际上公认的产品品质的误差,允许卖方交付货物的特定质量指标有公认的误差。

例如:手表:允许每48小时误差1秒;

棉布:每匹可有0.1米的误差。

品质机动幅度是指卖方所交货物的品质指标在一定幅度内可以机动,只要在幅度范围内,货物即符合合同要求。品质机动幅度的规定有三种方法:

①规定范围即允许品质指标差异的范围。

例如:棉布幅阔35/36英寸(1英寸=25.4毫米),即棉布的幅阔在35到36英寸之间都符合要求。

②规定极限即对品质的指标规定出上限或下限,通常使用最大、最小、最多、最少、最高或最低来表示。

例如:芝麻水分最高7%,杂质最多3%。

③规定上下差异即允许品质指标上下变动幅度。

例如:鸭绒的含绒量为80%,允许±1%。

2. 正确运用各种表示品质的方法

在实际业务中,应视商品的特性选用表示商品品质的方法,尽量采用一种方法表示商品品质,避免对所交货物品质承担双重担保义务。一般地说,凡能用科学的指标说明其质量的商品,则适用于凭规格、等级或标准买卖;有些难以规格化和标准化的商品,则适用于凭样品买卖;有些质量好,并具有一定特色的名优产品,适用于凭商标或品牌买卖;有些性能复杂的机器、电器和仪表,适用于凭说明书和图样买卖;有些具有地方风味和特色的产品,可凭产地名称买卖。

3. 品质条件要有科学性和合理性,要考虑到生产加工、供货的可能性

重要指标——不能漏;次要指标——少订;无关紧要的指标——不订。

4. 尊重对方

尊重对方的贸易权利,了解对方所在国家风俗习惯,适应对方所在国家的有关法律与条例的规定。

任务二 商品的数量

本任务可分解为 3 个教学程序：约定商品数量的意义；计量单位和计量方法；合同中约定商品数量条款的注意事项。

程序一 约定商品数量的意义

商品的数量(Quantity of Goods)是指以一定的度量衡单位表示的商品的重量、个数、长度、面积、体积、容积等的多少。

商品的数量是国际贸易合同中不可缺少的主要条件之一，买卖双方交易总是针对一定数量的商品。数量是买卖双方交接货物的依据。卖方交付货物的数量必须与合同规定相符合，否则，买方有权提出索赔，甚至拒收货物。

《联合国国际货物销售合同公约》第 35 条规定，按约定的数量交付货物是卖方的一项基本义务，如卖方交付的货物数量大于合同规定的数量，买方可以收取也可以拒收多交部分的货物；如卖方交付的货物数量少于约定的数量，卖方应在规定的交货期届满前补交，但不得使买方遭受不合理的不便或承担不合理的开支。即使如此，买方也有保留要求赔偿的权利。因此，定好合同的数量条款，约定切实可行的成交数量，具有十分重要的意义。

小看板

某公司向国外某客商出口 70 吨小麦，卖方实际交货时多交了 1 吨。

想一想：买方可做出如下哪种决定？

①收取 71 吨货物

②收取多交货物中的半吨

③拒收 71 吨货物

④拒收多交的 1 吨货物

程序二 计量单位和计量方法

在进出口贸易中，由于商品的种类繁多，特性各异，所以计量单位和计量方法也多种多样。加上各国所采用的度量衡制度也不相同。所以，在进出口业务中，了解各种度量衡制度，熟悉各种计量单位和计量方法十分重要。

一、国际贸易中常用的度量衡制度

目前，国际上通常使用的度量衡制度有四种：

(一)公制(Metric System)

它以十进位制为基础,"度量"与"衡"之间有内在的联系,相互之间的换算比较方便。

(二)英制(British System)

曾经在世界上有较大影响,特别是在纺织品等交易中,但使用不方便。

(三)美制(U. S. System)

以英制为基础,多数计量单位的名称与英制的名称相同,但含义有差别,主要体现在重量单位和容量单位中。

(四)国际单位制(International System of Units,简称 SI)

它有利于计量单位的统一,标志着计量制度日趋国际化和标准化。

我国采用的是以国际单位制为基础的法定计量单位。《中华人民共和国计量法》第 3 条中明确规定:"国家采用国际单位制。国际单位制计量单位和国家选定的其他计量单位为国家法定计量单位。"

二、计量单位

国际市场上商品的计量单位很多,选择什么单位计量主要取决于商品的种类和特点以及交易的计量习惯。通常使用的计量单位如下:

(一)重量(Weight)

农副产品、矿产品和一些工业制成品按重量计算。

单位有:公吨(Metric Ton)、长吨(Long Ton)(1 长吨=1016 千克)、短吨(Short Ton)(1 短吨=907 千克)、千克(Kilogram, kg)、克(Gram, g)、磅(Pound)(1 磅=0.454 千克)、盎司(Ounce)(1 盎司=0.028 千克)、公担(Quintal)(1 公担=100 千克)。

(二)数量(Number)

大多数工业制成品,尤其是日用消费品、工业品、机械产品以及分土特产品,习惯于按数量进行买卖。

单位有:件(Piece)、双(Pair)、套(Set)、罗(Gross)(1 罗=12 打)、打(Dozen)(1 打=12 件)、卷(Roll)、令(Ream)(1 令=480 张)、头(Grass)、辆(Unit)、包(Bale)、袋(Bag)、桶(Drum)、箱(Case)。

(三)长度(Length)

长度通常在金属绳索、丝绸、布匹等商品的交易中采用。

单位有:米(Metre)、厘米(Centimetre)、盘(Plate)、英尺(Feet)(1 英尺=0.345 厘米)、英寸(Inch)、码(Yard)(1 码=3 英尺=0.914 米)。

(四)面积(Area)

面积适用于玻璃板、地毯、皮革等商品的交易。

单位有：平方码(Square Yard)(1 平方码＝0.836 平方米)、平方米(Square Meter)、平方英尺(Square Foot)(1 平方英尺＝0.093 平方米)、平方英寸(Square Inch)(1 平方英寸＝6.45×10^{-4}平方米)。

(五)体积(Volume)

体积仅用于木材、天然气和化学气体等。

单位有：立方米(Cubic Meter)、立方码(Cubic Yard)(1 立方码＝0.765 立方米)、立方英尺(Cubic Foot)(1 立方英尺＝0.028 立方米)、立方英寸(Cubic Inch)(1 立方英寸＝1.64×10^{-5}立方米)。

(六)容积(Capacity)

容积适用各种谷物和流体货物如酒类、汽油、石油等。

单位有：公升(litre)、加仑(Gallon)[1 加仑(美)＝4.546 升、1 加仑(英)＝3.785 升]、蒲式耳(Bushel)[1 蒲式耳(英)＝36.27 升、1 蒲式耳(美)＝35.24 升]。

三、重量的计量方法

在进出口贸易中，很多商品的数量是按重量来计量的，而在实际业务操作中，以重量计量又有不同的计量方法。

(一)毛重(Gross Weight)

毛重是指商品本身的重量加上包装的重量。有些单位价值不高的商品常常采用毛重计量，即以毛重作为计算价格的基础。这种方式被称为“以毛作净”(Gross for Net)。

毛重＝净重＋皮重(包装的重量)

(二)净重(Net Weight)

净重是指商品本身的重量，即毛重除去包装的重量。很多商品在按重量计价时，即以商品的净重为准来计量。因很难对包装一件件的称重，买卖双方可事先在合同中商定，按照什么方法除去包装的重量。若合同没注明是按净重还是毛重计价时，应以商品的净重来计价。

采用净重计重时，对于如何计算包装物重量，国际上有下列几种做法：

①按实际皮重(Actual Tare)计算，即各种商品的包装材料逐件过磅所得的重量总和。

②按平均皮重(Average Tare)计算，即从全部成交商品中抽出其中若干件包装材料称重，取其平均数。

③按习惯皮重(Customary Tare)计算，指某些商品的包装方式和包装材料在习惯上已有一定的标准，只要将习惯上已认定的皮重乘以该商品的总件数，即得这批商品的皮重。

④按约定皮重(Computed Tare)计算，指买卖双方预先商定以某种重量作为每件商品的皮重，或由同类装运的货物推定其皮重。推定出的皮重乘以总件数，即得这批商品的皮重。

(三)公量(Conditioned Weight)

对于羊毛、生丝、棉纱等经济价值较高而含水量极不稳定的商品，可采取计算公量的方法。即先用科学的方法计算，从商品中抽出所含水分，然后加入标准水分而得出的重量。

计算公式：

$$\text{公量}=\text{干量}+\text{标准含水量}=\frac{\text{商品净重}(1+\text{标准回潮率})}{1+\text{实际回潮率}}$$

其中：

$$\text{实际回潮率}=\frac{\text{实际含水量}}{\text{商品干净重}}\times 100\%$$

$$\text{标准回潮率}=\frac{\text{标准含水量}}{\text{商品干净重}}\times 100\%$$

（四）理论重量（Theoretical Weight）

理论重量适用于固定规格、固定体积，重量大体相同的货物，以其单个重量乘其件数而得出的重量，所以一般可以从其件数就能推算出总重量。如钢板，马口铁等。

（五）法定重量（Legal Weight）

法定重量是商品重量加上直接接触商品的包装物料的重量。按照一些国家海关法的规定，在征收从量税时，商品的重量是以法定重量计算的。

我国某出口公司向日本出口驴肉一批，合同规定：每箱净重 18.5 千克，共 1 500 箱，合计 27.75 吨。但货物到达国外后，经日本海关查验，每箱净重并非 18.5 千克，而是 20 千克，计 1500 箱，合计 30 吨，结果被海关扣押。

想一想：日本海关为何扣押我方出口商品？你认为其做法合理吗？

程序三　合同中约定商品数量条款的注意事项

一、数量条款的基本内容

数量条款作为合同重要条款之一，主要包括成交商品的数量的多少和计量单位的选择。按重量成交的商品，还需在合同中订明计算重量的方法。例如：

"中国大米 500 公吨，麻袋装，以毛作净，5%溢短装，由卖方选择，按合同价格计算。"

"China rice, 500M/T, with 5% more or less at seller's option."

二、订立数量条款的注意事项

（一）正确掌握好成交的进出口数量

对于出口数量，应注意国内外市场供求情况；价格变动情况；国外客户资信及经营能力等；对于进口数量要看国内实际需要；实际支付能力；市场行情变化。

（二）数量条款应当明确具体

例如："东北大米 500 公吨、单层新麻袋装，以毛作净"。

合同中一般不宜采用大约、近似、左右（Approximately or About）等字样，因为"约"数的含义在国际贸易中有不同解释，容易引起纠纷。如果买卖双方一定要使用"约"数条款时，双方应事先在合同中明确允许增加或减少的百分比，否则不宜采用。根据《跟单信用证统一惯例》规定：凡大约、近似、左右等类似意义的词语用于涉及信用证金额或信用证规定的数量或单价时，应解释为允许有关金额、数量或单价可有不超过 10%的增减幅度。

（三）合理规定数量机动幅度

在大宗商品，如散装谷物、粮食、矿砂等的交易中，它们存在着自然耗损，由于商品特性、生产条件、船舱容量、装载技术和包装方式等因素的影响，交货数量难以符合合同约定的某一具体数量。

为便于合同履行，减少争议，双方在合同中规定数量条款时，确定一个机动幅度，即通常采用溢短装条款的方式，允许卖方交货数量可以在一定的范围内灵活掌握。

溢短装条款（More or Less Clause）就是在规定具体数量的同时，再在合同中规定允许多装或少装一定的百分比。卖方交货只要在允许增减的范围内，即为符合合同规定的数量。例如：

"500M/T, with 5% more or less at seller's option."

"买卖双方约定成交数量 500 公吨，卖方可溢装或短装 5%。"

按此规定，卖方交货数量在 475 至 525 公吨的范围内都符合合同规定。

规定溢短装条款应注意的问题：

①数量机动幅度的大小要适当，通常都以百分比表示。

②机动幅度选择权的规定要合理。

数量机动幅度根据实际情况可由卖方选择，也可由买方选择，还可由船方选择。大多数情况下，由卖方决定（at Seller's Option）；当买方派船装运时，由买方决定（at Buyer's Option）；当租船运输时，由承运人决定（at Shipper's Option）。

一笔出口矿砂的合同规定："200M/T，2% more or less at seller's option."卖方准备交货时，矿砂的国际市场价格突然上涨。

想一想：

①作为卖方，应交付多少？为什么？

②如果你是买方，在磋商合同条款时，应注意哪些方面？

3. 溢短装数量的计价方法要公平合理。

对机动幅度范围内的多装和少装部分，一般按合同价格结算。但为防止对方利用数量机动幅度条款和行市的变化获得好处，可以在合同中规定，多装和少装部分按装船时或到货时的市价结算，以示公平。

任务三　商品的包装

本任务可分解为5个教学程序:约定商品包装的意义;包装的种类;包装的标志;中性包装与定牌;国际货物买卖合同中的包装条款。

程序一　约定商品包装的意义

商品的包装(Package of Goods)是指按一定的技术方法,采用一定的包装容器、材料及辅料捆扎货物。

在国际贸易中,除少数裸装商品外,绝大多数商品都需要有适当的包装。许多商品只有经过包装才能进入市场。良好的包装不仅有效的保护商品品质完好和数量完整,还能宣传和美化商品,提高商品身价,吸引顾客,扩大销路,并在一定程度上显示出出口国家的科技、文化艺术水平。所以,包装在商品的生产和销售中起着举足轻重的作用。

按照一些国家的法律解释,如果一方违反了所约定的包装条件,另一方有权提出索赔,甚至可以拒收货物。可见,包装条件是买卖合同中的重要交易条件。

《联合国国际货物销售合同公约》规定,卖方须按照合同规定的方式装箱或包装;如果合同未规定,货物按照同类货物通用方式装箱或包装,如果没有此种通用方式,则按照足以保全和保护货物的方式装箱或包装。

小看板

在英国伦敦某一超级市场上有茶叶一批,黄色竹制罐装的,罐的一面刻有中文"中国茶叶"四字,另一面刻有我国古装仕女图,看上去精致美观,颇具民族特点和中国特色,但国外消费者少有问津。

想一想:国外消费者对我国茶叶少有问津的原因何在?

程序二　包装的种类

商品的包装,按其在流通领域中所起作用的不同分为运输包装和销售包装。此外,还有中性包装与定牌等。

一、运输包装(外包装,Outer Packing)

又称为外包装或大包装,主要作用在于保护商品,便于装卸、储存、运输和统计。

(一)分类

①按包装方式的不同,可分为单件运输包装和集合运输包装。

单件运输包装有箱(Case)、包(Bale)、桶(Drum;Barrel)、袋(Bag)、罐(Can)、篓(Basket)、瓶(Bottle)。

集合运输包装(成组化运输包装)有集装箱(Container)、托盘(Pallet)、集装袋(Flexible Container)等。

②按包装的造型不同,可分为箱、袋、桶、捆等。

③按包装材料的不同,可分为纸制包装、金属包装、木制包装、塑料包装、麻织品包装、玻璃制品包装、陶瓷制品包装以及竹、柳、草制品包装等。

④按包装质地的不同,可分为软性包装、半硬性包装和硬性包装。

(二)对运输包装的要求

①必须适应商品的特性和各种不同运输方式的要求。

②必须考虑有关国家的法律规定和客户的具体要求。

③要便于物流运输各环节有关人员进行操作,便于对商品进行运输、装卸、搬运、储存、保管、清点和检查。

④在保证包装牢固的前提下节省费用。

二、销售包装(内包装,Inner Packing)

销售包装又称小包装或内包装,是直接接触商品并随商品进入零售网点和消费者直接见面的包装。销售包装除具有保护商品外,还要具有便于消费者识别、选购、携带和使用等功能。

条形码(Bar Code):是由一组配有数字的黑白及粗细间隔不等的平行条纹所组成,它是一种利用光电扫描阅读设备为计算机输入数据的特殊代码语言。

在国际上通用的包装上的条形码有两种:一种是由美国、加拿大组织的统一编码委员会编制,其使用的物品标识符号为 UPC 条码(Universal Product Code);一种是由欧洲 12 国组成的欧洲物品编码协会编制,该组织后改为国际物品编码协会(International Article Numbering Association),其使用的物品标识符号为 EAN 条码(European Article Number)。目前,EAN-13 条形码国际上使用最广泛,前 3 位数字为国别码,中间 4 位数字为厂商代码,后 5 位数字为产品代码,最后一位为校验码。

1991 年 7 月我国正式加入国际物品编码协会,该协会分配给我国的国别号为 690,凡标有 690、691、692 条形码的商品,即表示是中国出产的商品。

程序三　包装的标志

多家货物同时进入车站或码头,装载同一运输工具,为了装卸、运输、交接工作顺利进行,以保证货物安全、迅速、准确的运交收货人,就需要在运输包装上书写、刷制有关标志,以识别和提醒人们注意操作。包装标志可分为运输标志、指示性标志和警告性标志,其中运输标志是运输包装标志中最重要的标志,在实际业务中使用较多。

一、运输标志(Shipping Mark)

又叫"唛头"(图 2.1),在运输过程中,便于有关人员辨认和识别货物,便于核对单证,防止错发、错运,在货物的运输包装上书写、压印或刷制的字母、图形、文字和数字的标志,使货物顺利和安全地运抵目的地。

为方便运输标志的使用，联合国欧洲经济委员会简化国际贸易程序工作组，在国际标准化组织和国际货物装卸协调协会的支持下，制定了一项标准运输标志向各国推荐使用。该标准运输标志包括：

收货人：买方名称的英文缩写字母或简称。

参考号：（运单号、订单号、发票号）。

目的地：货物最终目的地或目的港的名称。

件号（批号）：包装货物的每件货物的顺序号和总件数均需标上。

例如：ABC……………………收货人代号

1234……………………参考号

LONDON……………目的地

1/25……………………件数代号

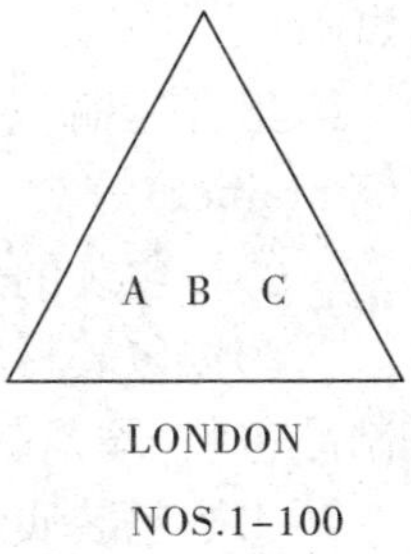

图 2.1 运输标志

二、指示性标志(Indicative Mark)

根据商品的特性，对一些容易破碎、残损、变质的商品，提示人们在搬运装卸、运输和存放保管过程中需要注意的事项，一般都是以简单、醒目的图形和文字在包装上标出(图 2.2)，如小心轻放(Handle With Care)、向上(This Way Up)等。

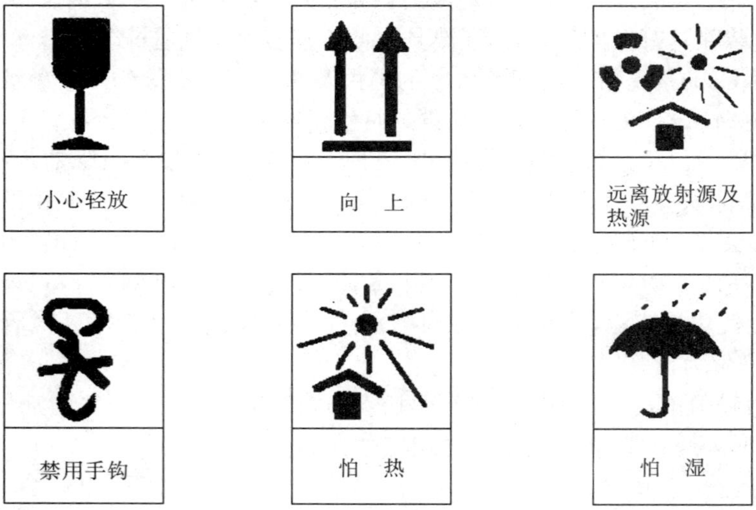

图 2.2 指示性标志

三、警告性标志(Warning Mark)

又称危险货物包装标志，凡在运输包装内装有爆炸品、易燃物品、有毒物品、腐蚀物品、氧化剂和放射性物品等危险货物时，都必须在运输包装上标明用于各种危险品的标志，以示警告，便于装卸、运输和保管人员按货物特性采取相应的防护措施，以保护物品和人身的安全。如有毒气体、自燃物品等。现列举几种警告性标志(图 2.3)。

图 2.3　警告性标志

程序四　中性包装与定牌

采用中性包装和定牌生产，是国际贸易中常用的习惯做法。

一、中性包装(Neutral Packing)

中性包装是指在商品本身及其包装上不注明生产国别、地名和厂商名称，也不标明原有商标或牌号的包装。

中性包装包括无牌中性包装和定牌中性包装两种。前者是指包装上既无生产地名和厂商名称，又无商标、品牌；后者是指包装上仅有买方指定的商标或品牌，但无生产地名和出口厂商的名称。

采用中性包装，可以打破某些进口国家与地区的关税和非关税壁垒以及适应某些交易(如转口销售等)的特殊需要，使我国商品能顺利进入这些国家和地区市场，是扩大商品出口的一种竞争手段。

二、定牌(Brand Designated by the Buyer)

定牌指卖方按买方要求在商品包装上采用买方指定的式样做商标或牌号。具体做法如下：

①只用买方指定的商标或品牌，而不加注生产国别和出口厂商的名称，即定牌中性包装。

②在定牌生产的商品或包装上，标明我国的商标或品牌，同时也加注国外买方商标或品牌的标记。

③接受国外商人指定的商标，但在商标牌号下标明“中国制造”。

小看板

一个意大利客户要购买我国某企业生产的儿童玩具，但要求改用买方商标，并在包装上不得注明“中国制造”字样。

想一想：

①我方可否接受客户要求？

②若买方拒收货物，我方可否将该批货物直接售给同一地区的其他客户？为什么？

程序五　国际货物买卖合同中的包装条款

一、包装条款的基本内容

进出口贸易合同中，包装条款内容一般包括包装材料、包装方式、包装规格、包装标志和包装费用负担等内容。例如：

“每件装一塑料袋，半打为一盒，十打装一木箱。”

“PACKING：EACH PIECE IN A POLYBAG，HALF DOZ. IN A BOX AND 10 DOZEN IN A WOODEN CASE.”

“单层新麻袋，每袋约 100 千克。”

“PACKING：IN NEW SINGLE GUNNY BAGS OF ABOUT 100KG EACH.”

二、订立包装条款注意事项

商品的包装条件会涉及买卖双方利益，包装方式对进口商在市场上销售有一定的影响。故买卖双方洽谈交易时必须谈妥包装问题，并在合同中订立明确。

(一)要考虑商品的特点和运输方式，适应不同运输方式的要求

进出口贸易商品大多需要远洋运输，一般要求包装要能防止泄漏，防止盗窃，适应气候变化，同时要根据具体商品的特点实施相应包装。

(二)对包装的规定必须明确具体

买卖双方在洽谈时，经充分意见交流，合同中有关包装条件明确具体，不要使用“海运包装(Seaworthy Packing)”、“习惯包装(Customary Packing)”等笼统术语。这些术语内容不明确，

各国理解不一，应避免使用。例如：某种商品包装条款订为：“进口纸箱包装，内塑料袋，每箱净重 10 千克。”这种规定太过笼统，不宜采用。

（三）运输标志的使用

按国际贸易习惯，运输标志一般由卖方确定，但也有买方要求由他自己确定。若由买方确定时，应在合同中具体规定运输标志的式样和内容，买方提供的时间；同时规定，逾期未收到买方通知时由卖方自定。

（四）何方负担包装费用

包装费用一般包括在货价内，不另计收，在包装条款中无须说明。但是，买方若要求特制包装，导致包装费用超出正常程度，使产品成本增加时，则需要明确超出的费用由谁负担。

（五）要考虑有关国家的法律规定、消费水平、消费习惯和客户的具体要求

图案和色彩应适应有关国家的民族习惯和爱好。如美国禁止利用干草、稻草作为包装填充材料；大象在英国和印度受到不同礼遇。

项目小结

商品的品名和品质、数量和包装是国际货物买卖合同中的主要条款之一。本项目主要介绍了合同中品名、品质、数量和包装条款的基本内容、规定办法以及订立商品品质、数量、包装条款时的注意事项。要求学生重点掌握商品品质表示方法、溢短装条款、运输标志以及合同中有关商品品质、数量、包装条款的写作技巧。

增值阅读

一些国家对食品包装的规定

颜色鲜艳的食品包装能吸引更多的消费者，但印在包装上五颜六色的图案，却可能危害健康。日本的《食品卫生法》明确要求，食品包装不能太花哨，而且印制食品包装时一定要使用专门的油墨。“食品包装袋上经常要印上名称、成分、图案、宣传语等信息。印在袋子上的这些物质，很可能污染食物，引起食品安全问题。”日本负责食品安全检验的一名工作人员告诉《生命时报》的记者，在日本，凡是食品包装，必须用醇溶油墨取代甲苯油墨，这种油墨比较稳定，不容易挥发产生有害物质。另外，儿童食品的包装颜色不能太多，这也是为了控制油墨使用量，并且包装内层要有一个隔离膜。记者注意到，日本不少儿童食品也附送玩具，但玩具都是在食品袋外面另外包装赠送的，绝对不会像国内一样，放到食品袋里面。日本的《食品卫生法》还规定，食品包装必须无味。此前一些商家为了吸引消费者，制造出一些有香味儿的包装袋，经检测其中含有过量的挥发性物质，因此，有关方面禁止用它来包装食品。

加拿大：塑料袋标明加热温度。“你的食物安全吗？先看看包装是否合格吧！”这是加拿大联邦食品检验局常用来提醒消费者的一句话。加拿大法律里对食品包装有着明确的规定：“食

品包装的物理指标和元素含量必须符合标准，可能危害健康的材料绝对不允许用来包装食品。”加拿大食品化学安全局负责各项物质的检测，食品与包装材料保健管理局对投入市场的包装进行监管，一旦发现包装出现问题，或因为包装可能导致安全问题，就会立即召回这些包装，并对生产者进行严格处罚。

与大多数国家一样，加拿大的塑料包装也很多，尤其是超市里，人们常吃的速食品，很多都是用塑料托盘加上一层塑料薄膜来包装的。对此，加拿大食品与包装材料保健管理局要求，一个包装里所装的食物必须在规定的重量内。此外，普通的食品塑料袋，不能用来装温度在50℃以上的食物。食品包装上必须注明可以达到的最高温度。

加拿大还注意从一些细节上保证食品包装的安全。例如，一些加拿大人常将塑料托盘里的速食品加热食用，但老式塑料包装托盘在常温下品质不稳定，加热后更容易释放有害物质。对此，食品与包装材料保健管理局要求生产厂商在食品上打上鲜明的标签，注明哪些包装可以用微波加热，哪些可以用常规灶具加热，哪些绝对不能带着包装加热。

由于对包装材料的要求严格，加拿大科学界不断推出新的包装材料，如能检测细菌的食品包装，可以延长食品保质期的新型耐高温食品包装等。食品包装材料的进步，又反过来推动了加拿大食品包装安全的发展。

英国：吃的必须装纸袋。露西是记者的一位英国朋友，每周六她都要去超市进行采购。刚到英国时记者注意到，露西每次从超市回来，总是提着三五个大纸袋，里面的食物也几乎都是“纸外衣”，这让用惯了塑料袋的记者很是诧异。后来熟悉环境了，记者才发现，英国人对食品包装十分讲究，安全和环保是他们对食品包装的首要要求。“食品要选纸包装”，这在英国已经成了一种生活时尚。超市里，纸盒、纸袋、纸筒、纸罐琳琅满目，谷物加工制品、面粉、大米、土豆粉、点心都放在纸袋、纸罐里；现场制作的熟食，如烤鸡、猪肘子等也都是用纸袋来装的；各种饮料，如果汁、蔬菜汁、牛奶、酸奶等，则是使用纸盒来装的。餐馆里，食品打包从来不用塑料餐盒，用的是单张的食品纸和纸袋。

英国食品标准局负责食品包装的一位负责人告诉记者，纸是最安全的食品包装，相对于塑料包装来说，纸包装性能比较稳定，不易因为环境、温度的改变产生危害身体的化学物质，而且可以回收利用，减少环境污染。英国的食品纸包装都是经过专门研制的，具有良好的防湿性、保鲜性、避光性，能够有效防止细菌侵入和延缓食品变质，还有耐水、耐油、耐酸、除臭等特性。此外，英国食品标准局有专门的部门对食品包装进行监控，要求包装必须印上“合格标签”，并注明耐热温度。

当然，塑料包装在英国也有不少，为了保证安全，英国把关十分严格。以矿泉水瓶为例，每个瓶子都要分成瓶身、瓶盖、标签三个部分，分别检测其铅、镉、汞、铬等化学物质的含量，有一部分超标就不能使用。当然，这些塑料包装大都选用可降解的材料，因此成本也比较贵，与卫生、安全的纸包装相比，显得稍逊一筹。

美国：食品是用来填饱肚子的，但它首先要安全。在美国人眼中，食品包装安全与食品质量同样重要。所有与食物相接触的物质，必须遵守“安全第一”的原则。这是美国食品和药品管理局(FDA)对食品包装的基本要求。凡是食品可能接触到的材料都属于食品包装，这不仅包括普通的塑料袋、纸袋，而且包括罐头内的涂层、容器盖子、开口处的密封材料等。记者注意到，美国对婴儿使用的产品检查尤其严格。例如一些婴儿奶瓶是用塑料制成的，每个奶瓶在上市前都要进行化学物质检测，每一项都必须在合格范围内。过去，有研究称，用塑料袋装奶粉，塑料中的一些物质可能破坏婴儿的神经系统。所以美国的奶粉多是用锡罐装的，一来可以防止受潮、变质；二来保质时间长，不易因为环境改变产生有害物质。锡罐内还都有一层专门的涂层，起到隔离和保护作用。美国食品生产厂家必须对包装负责。食品上市之前，厂家要向 FDA 提供包装材料安全性能、化学成分及对环境造成多大影响等相关信息。FDA 的科学家要对包装材料进行一系列的实验，包括包装中的化学物质在加热、冷藏、高压等条件下，如何向食物中转移、积累，食用者到底可能会接触或者吸收多少这类物质，含量在什么水平以下才不至于影响健康等。之后他们会出炉包装安全报告，通过这些数据决定是否批准此类包装上市。如果没有 FDA 的证明，擅自使用食品包装，就会受到重罚。

德国：封箱不许用胶带。在德国，食品包装不仅注重美观，更注重安全。为此，德国对食品包装有着严格的规定。雷阿尔超市是德国最大的连锁食品超市。《生命时报》记者看到，这里的食品包装各种各样，因物而异。如块茎类蔬菜都用有机小网袋包装。“这样既方便节省，又有助于保持蔬菜、水果的营养与新鲜。”雷阿尔超市负责食品安全的奥托先生说。瓜果蔬菜在运输中都采用硬纸箱包装。德国对此有严格规定：外箱不能有蜡纸或油质锡纸；外包装箱要尽可能用脱色水封箱，不能用 PVC 或其他塑料胶带；如果不得不用塑料胶带，也不能含有 PE 和 PB 等化学成分；同时，不能用塑料制成的钉子或夹板，只能用胶水粘牢纸箱的各面。难怪，记者在超市里看到，他们的食品纸箱都有两个特点：一是都有透气孔；二是尽量用物理手段组合纸箱，如密封纸箱不是胶带，而是两排齿扣，打开时只要一掰就行。奥托先生还说，这种纸箱都是可降解的生物包装，主要用淀粉制成。而在肉类处，分别有冷冻、真空和含气等包装形式。值得一提的是，无论是蔬菜、瓜果，还是鲜鱼、肉类，从产地或加工厂再到销售网点，只要进入流通领域，这些食品始终在一个符合产品保质要求的冷藏链的通道中运行。正在超市选购的一位顾客对记者说，购买食物时，除了食品的质量外，她也特别注意选择环保、有机的外包装。

说一说

(1)什么是溢短装条款？约定溢短装条款需注意哪些方面？

(2)什么是中性包装？国际贸易中为何会出现中性包装？

(3)运输包装与销售包装有何不同？

(4)如何结合商品的特点，合理选择和运用各种表示品质的方法？

(5)标准运输标志包括哪些内容？

(6)何谓“条形码”？在我国出口商品包装上使用条形码标志的意义何在？

议一议

(1)某公司出口羊毛，买卖双方约定标准回潮率为 8%，现有羊毛 3500 公吨，经过测定，回潮率为 10%，符合双方约定回潮率的重量应为多少？

(2)国内某粮油进出口公司从国外进口小麦，合同数量 500 万公吨，允许溢短装 10%，而外商装船时共装了 600 万吨，对多装的 50 万吨，我方该如何处理？

(3)某出口公司与国外成交红枣一批，合同与信用证均列明的是三级品，但到发货装船时才发现三级红枣库存告急。于是该公司改以二级品交货，并在发票上加注“二级红枣仍按三级计价”。这种以好顶次、原价不变的做法妥当吗？交货后能否顺利收回货款？

(4)某出口合同规定商品名称为“手工制造书写纸”(Hand Writing Paper)。买方收到货物后，经检验发现该货物部分工序为机械操作，而我方提供的所有单据表示均为手工制造，按该国法律应属“不正当表示”和“过大宣传”，遭用户退货，致使买方蒙受巨大损失，于是买方要求我方赔偿，我方拒赔。试分组讨论此案该如何处理。

练一练

(1)假设你是进口商，需要向出口商提供某批货(箱数为 200 件)的唛头，请设计该唛头。

(2)试根据以下资料拟定英文版包装条款：

①纸箱装，每箱净重 50 千克。

②国际标准茶叶纸箱装，10 箱一托盘，10 托盘一集装箱。

③木箱装，每箱 30 匹，每匹 40 码。

④塑料袋包装，25 磅装一袋，4 袋装一密封的木箱，木箱用金属条加固。包装费用由卖方承担。

项目三　进出口商品的价格

项目分解

任务一　商品作价与成本核算

要求学生依据商品价格的作价原则、作价方法及价格构成，能够顺利完成出口商品换汇成本、盈亏率、外汇增值率的计算以及常用贸易术语的价格换算等工作。

任务二　合理选择计价货币

要求学生在对计价货币进行分类的基础上，合理选择计价货币，并能够对计价货币进行汇率折算，合理防范外汇风险。

任务三　合理运用佣金与折扣

要求学生能够熟练计算含佣价及含折扣价。

任务四　合理制订国际贸易合同中的价格条款。

要求学生能够根据相关注意事项，制订合理的价格条款。

实现目标

知识目标：了解进出口商品价格的作价原则、作价方法和价格构成，掌握成本核算的几个重要指标和主要贸易术语间的价格换算，合理进行计价货币的选择，掌握佣金与折扣的计算方法。

能力目标：能够运用恰当的价格术语进行报价和成本核算；能够利用货币保值条款规避外汇风险；能够根据客户要求报含佣价与含折扣价；正确订立进出口合同中的价格条款。

案例导入

某年10月，中国某出口公司按CIF价格条件和信用证付款的方式向中东地区某商人出售一批服装。该公司寄出的结算单据遭开户行拒付，其理由是，在商业发票上所列价格条件仅标明目的港名称，而其前面却漏打"CIF"字样。经与议付行洽商并由议付行向开证行交涉，说明提单上注明"运费已付"，又有保险单证明已投保货运险，就整套单据而言，是符合CIF价格条件的，但开证行仍然坚决拒付，并将不符合点通知开证人。开证人则以市况不佳为由，要求减价

15%才接受单据。几经交涉之后，开证行通知议付行称："买方只能按90%付款赎单。"议付行就此与出口公司联系后，先按90%收汇，未收部分则继续与开证行交涉，但终未成功。

分析：本案既然是按CIF价格条件和信用证付款方式达成交易的，则价格条件就是商业发票内的主要项目，贸易术语是商品单价的一个组成部分。制单人不应该在发票的单价项下漏打"CIF"字样。而且在信用证付款条件下，银行是凭单据付款，制单人漏打"CIF"字样，使单据表面上与信用证规定不符，开证银行有权拒绝付款。

任务一　商品作价与成本核算

本任务可分解为5个教学程序：商品作价原则；商品作价方法；商品价格构成；商品成本核算；常用贸易术语的价格换算。

程序一　商品作价原则

国际市场价格受供求变化的影响而上下波动，有时甚至出现瞬息万变的情况，因此，在确定成交价格时，必须考虑供求状况和价格变动的趋势。当市场商品供不应求时，国际市场价格就会呈上涨趋势；反之，当市场商品供过于求时，国际市场价格就会呈下降趋势。由此可见，切实了解国际市场供求变化状况，有利于对国际市场价格的走势作出正确判断。也有利于合理地确定进出口商品的成交价格，该涨则涨，该降则降，避免价格掌握上的盲目性。

一、按照国际市场价格水平作价

国际市场价格是以国际价值为基础，反映国际市场供求关系，在市场竞争中形成并为交易双方所接受的价格。

二、结合购销意图，以高于或低于市场价格作价

就出口商品来讲，库存积压、滞销商品或有待打开销路的新产品，可采取较低价格推销；独一无二的高科技产品或紧俏产品可略高于市场价格水平。

三、确定进出口商品价格还应考虑的因素

（一）交货地点和交货条件

在国际贸易中，由于交货地点和交货条件不同，买卖双方承担的责任、费用和风险也不同，在确定进出口商品价格时，必须首先考虑这一因素。例如，在同一距离内成交的同一商品，按CIF条件成交与按DES（目的港船上交货）条件成交，其价格应当不同。

（二）运输距离

国际商品买卖，一般都要经过长途运输，运输距离的远近直接关系到运费和保险费的多少，从而影响商品价格。因此，在确定商品价格时，必须核算运输成本，做好比价工作。

(三)商品的品质和档次

在国际市场上,一般都是按质论价,即优质高价,劣质低价。品质的优劣,包装装潢质量的好坏,款式的新旧程度,商标、牌名的知名度都会影响商品价格。

(四)季节因素

在国际市场上,某些节令性商品,如赶在节令前到货,抢先入市,即能卖上好价。过了节令商品往往售价很低,甚至会以低于成本的价格出售。因此,应充分利用节令因素,争取以有利的价格成交。

(五)成交量

按国际贸易的习惯做法,成交量的大小直接影响价格,成交量大,在价格上应给予适当优惠,也可采用数量折扣办法。反之,成交量小,可适当提价。

(六)支付条件和汇率变动的风险

支付条件是否有利和汇率变动风险的大小,都会影响到商品的价格。例如,在其他条件相同的情况下,采取预付货款同采取凭信用证付款方式,其价格应有区别。同时,确定商品价格时,一般应采用对自身有利的货币成交,如采用不利货币成交,应把汇率风险考虑到商品价格中去。

程序二　商品作价方法

一、固定价格

固定价格是指在交易磋商过程中,买卖双方将价格确定下来之后,任何一方不得擅自改动。这是业务中常见做法,它意味着双方都要承担从订约到交货付款期间国际市场价格变动的风险。

二、非固定价格

非固定价格,即业务上所说的"活价"。具体分为以下三种:

(一)具体价格待定

有两种做法;一是规定定价时间和定价方法,例如,装运月份前50天,参照当地及国际市场价格水平,确定正式价格;二是只规定作价时间,例如,双方在××年××月××日协商确定价格。

(二)暂定价格

订立一个初步价格,作为开证和初步付款的依据,双方确定最后价格之后再进行清算,多退少补。

(三)部分固定价格,部分非固定价格

近期交货的商品采用固定价,远期交货的商品采用非固定价,可以在交货前一定期限内由双方另行通知。这种方法主要用于分期分批交货或者外商长期包销商品。相对于固定价格来说,非固定价格是先订约后作价。

三、价格调整条款

价格调整条款(Price Adjust Clause)是按照原料价格和工资的变动来计算合同的最后价格,若最后价格与初步价格之间差额不超过约定的范围(如5%),初步价格可不作调整。例如,如果卖方与其他客户的成交价高于或低于合同价格的5%,对本合同未执行的数量,双方可协商调整价格。此种做法旨在把价格变动的风险固定在一定的范围内。联合国欧洲经济委员会已将此项条款订入一些标准合同,且应用范围已从加工周期较长的机械设备交易扩展到一些初级产品交易。

程序三　商品价格构成

在国际货物买卖中,出口商品的价格包括成本、费用(人民币费用、外币费用)和预期利润三方面。

一、成本

成本(Cost)主要是指进货成本。它是贸易商向供货商采购商品的价格或者对于生产型外贸企业而言的产品出厂价。它在出口价格中所占比重最大,是价格的主要组成部分。

出厂价=生产成本+税金+利润

二、费用

出口商品价格中的费用(Expenses/Charges)主要是指商品流通费。费用内容繁多,且计算方法各不相同,是价格核算中较为复杂的因素。费用有如下几种:

1. 包装费(Packing Charges)

通常包括在进货成本中,如果客户有特殊要求,则须另加。

2. 仓储费(Warehousing Charges)

提前采购或另外存仓的费用。

3. 国内运输费(Inland Transport)

装货前发生的内陆运输费用,如公路运输费、内河运输费、路桥费、过境费及装卸费等。

4. 认证费(Certification Charges)

出口商办理出口许可证、配额证、产地证以及其他证明所支付的费用。

5. 港区港杂费(Port Charges)

货物装运前在港区码头支付的各项费用。

6. 商检费(Inspection Charges)

出口商品检验机构根据国家有关规定或出口商请求对货物进行检验所发生的费用。

7. 捐税(Duties and Taxes)

国家对出口商品征收、代收或退还的有关税费。通常有出口关税、增值税等。

8. 垫付利息(Interest)

出口商买进卖出垫付资金支付的利息。

9. 业务费用(Operating Charges)

出口商经营过程中发生的有关费用,也称经营管理费,如通信费、交通费、交际费等。出口商可根据商品、经营、市场等情况确定一个费用率,这个比率为5%至15%不等。

10. 银行费用(Banking Charges)

出口商委托向国外客户收取货款、进行资信调查所支出的手续费。

11. 出口运费(Freight Charges)

货物出口须支付的海运、陆运、空运及多式联运费用。

12. 保险费(Insurance Premium)

出口商向保险公司购买货运保险或信用保险支付的费用。

13. 佣金(Commission)

出口商向中间商支付的报酬。

三、预期利润

预期利润(Expected Profit)是出口商的收入,是经营好坏的主要指标。

程序四　商品成本核算

出口业务的基本任务是组织商品出口,换取外汇,因此,应特别注意成本的核算。成本核算主要有三种:出口商品盈亏率的计算、出口商品换汇成本的计算以及出口创汇率的计算。

一、出口总成本与出口销售净收入

出口总成本是指出口商品的进货成本加上出口前的一切费用和税金,即:

出口总成本=进货成本+出口前的一切费用和税金

出口销售外汇净收入是指出口商品按FOB价出售所得的外汇净收入。

出口销售人民币净收入是指出口商品的FOB价按当时外汇牌价折成人民币的数额。

根据出口商品成本的这些数据,可以计算出口商品盈亏率、出口商品换汇成本和出口创汇率。

二、出口盈亏额和出口盈亏率

出口盈亏额是指出口销售人民币净收入与出口总成本的差额。前者大于后者为盈利;反之为亏损,其计算公式如下:

出口盈亏额=出口销售人民币净收入-出口总成本

出口商品盈亏率是指出口商品盈亏额与出口总成本的比率,其计算公式如下:

$$出口商品盈亏率=\frac{出口销售人民币净收入-出口总成本}{出口总成本}\times 100\%$$

小看板

我某公司向新加坡A公司出售一批货物，出口总价为200 000美元CIF新加坡。其中从大连港到新加坡的海运运费为8 000美元，保险按CIF总价的110%投保一切险，保险费率为1%。这批货物的出口总成本为1 440 000元人民币。结汇时，银行外汇买入价为1美元=8.30元人民币。

算一算：该商品的出口盈亏额和出口盈亏率分别是多少？

解：出口销售外汇净收入(即按FOB价计算的外汇净收入)

=CIF－F－I=200 000－8 000－200 000×110%×1%=189 800(美元)

出口销售人民币净收入=189 800×8.3=1 575 340(元人民币)

出口盈亏额=出口销售人民币净收入－出口总成本

=1 575 340－1 440 000=135 340(元人民币)

$$出口盈亏率=\frac{出口盈亏额}{出口总成本}\times 100\%$$

$$=\frac{135\ 340}{1\ 440\ 000}\times 100\%\approx 9.40\%$$

答：该商品的出口盈亏额是135 340元人民币，出口盈亏率是9.40%。

三、出口换汇成本

出口商品换汇成本是用来反映出口商品盈亏的一项重要指标，它是指以某种商品的出口总成本与出口所得的外汇净收入之比，得出用多少人民币换回一美元。换汇成本越低，出口的经济效益越好，如果出口商品换汇成本高于银行的外汇牌价，则出口为亏损。

$$出口商品换汇成本=\frac{出口总成本(人民币)}{出口销售外汇净收入(美元)}$$

小看板

我外贸公司出口某商品1 000箱，该货每箱收购价100元人民币，国内费用为收购价的15%。出口后每箱可退税7元人民币，外销价每箱19美元CFR曼谷，每箱货应付海运运费1.20美元。

算一算：如何计算该商品的换汇成本？若当时的外汇市场牌价是1美元(USD)=7.90元人民币(RMB)，该笔交易的出口效益如何？

解：出口总成本=1 000×100×(1+15%)－1 000×7=108 000(元人民币)

出口销售外汇净收入(即按FOB价计算的外汇净收入)

=1 000×(19－1.2)=17 800(美元)

$$换汇成本=\frac{出口总成本}{出口销售外汇净收入}$$

$$=\frac{108\ 000}{17\ 800}=6.067(元人民币/美元)$$

答：该商品的换汇成本是 6.067 元人民币/美元，即出口该商品时，需用 6.067 元人民币才能换回 1 美元的外汇收入。由于它低于当时的外汇市场牌价 1 美元＝7.90 元人民币，该笔交易的出口效益较好。

四、成品出口创汇率

出口创汇率是指加工后成品出口的外汇净收入与原料外汇成本的比率。如果原料为国产的，其外汇成本可按原料的 FOB 出口价计算。如果原料是进口的，则按该原料的 CIF 价计算。通过出口的外汇净收入和原料外汇成本的对比，则可看出成品出口的创汇情况，从而确定出口成品是否有利。特别是在进料加工的情况下，核算出口创汇率这项指标，更有必要。其计算公式如下：

$$出口创汇率=\frac{成品出口外汇净收入-原料外汇成本}{原料外汇成本}\times100\%$$

小看板

某公司进口塑料一批，每公吨 1 250 元人民币 CIF 广州。可加工塑料鞋 100 打，出口价为每打 24 元人民币 CIF 新加坡。广州至新加坡运费为每打人民币 0.40 元，保险费率为 5‰，汇率为 USD 1＝RMB 7.00。

算一算：该商品的出口创汇率是多少？

解：成品出口外汇净收入＝(24--0.4－24×0.005)×0.144＝3.237(美元)

$$原料外汇成本=\frac{1\ 250}{100}\times0.144=1.788(美元)$$

$$出口创汇率=\frac{3.237-1.788}{1.788}\times100\%=81.04\%$$

答：该商品的出口创汇率是 81.04%，表明在进料加工情况下，出口成品有利于创汇。

此外，在出口商品价格的掌握上，还要防止盲目坚持高价或随意削价竞销的偏向。在这方面，我们是有教训的。出口商品价格过高，不仅会削弱我国出口商品的竞争能力，而且还会刺激其他国家发展生产或增加代用品来同我国产品竞销，从而产生对我不利的被动局面。反之，不计成本，削价竞销，盲目出口，不仅在外销价格方面会出现混乱，造成肥水外流，给国家带来经济损失，而且还会使一些国家借此对我国出口产品采取限制措施，致使反倾销案件增多。在当前形势下，主要应防止后一种偏向。

程序五　常用贸易术语的价格换算

一、FOB、CFR 和 CIF 三种术语的换算

在国际贸易中，不同的贸易术语表示其价格构成因素各不同，即包括不同的从属费用。例如，FOB 术语中不包括从装运港至目的港的运费和保险费；CFR 术语中则包括从装运港至目的港的通常运费；CIF 术语中除包括从装运港至目的港的通常运费外，还包括保险费。在对外洽商交易过程中，有时一方按某种贸易术语报价时，对方要求改报其他术语所表示的价格，如一方

按FOB报价，对方要求改按CIF或CFR报价。为了把生意做活和有利于达成交易，也可酌情改报价格，这就涉及价格的换算问题。了解贸易术语的价格构成及其换算方法，乃是从事国际贸易人员所必须掌握的基本知识和技能。

（一）FOB价换算为其他价格

$$CFR=FOB+F$$

$$CFRC=\frac{FOB+F}{1-\text{佣金率}}$$

（二）CFR价换算为其他价格

$$FOB=CFR-F$$

$$CFRC=\frac{CFR}{1-\text{佣金率}}$$

$$CIF=\frac{CFR}{1-\text{投保加成}\times\text{保险费率}}$$

（三）CFRC价换算为其他价格

$$CFR=CFRC\times(1-\text{佣金率})$$

$$FOB=CFRC\times(1-\text{佣金率})-F$$

$$CIF=CFRC\times\frac{1-\text{佣金率}}{1-\text{投保加成}\times\text{保险费率}}$$

（四）CIF价换算为其他价格

$$FOB=CIF-F-I$$

$$CFR=CIF\times(1-\text{投保加成}\times\text{保险费率})$$

$$FOB=CIF\times(1-\text{投保加成}\times\text{保险费率})-F$$

$$CIFC=\frac{CIF}{1-\text{佣金率}}$$

小看板

某公司出口货物一批，原报价为每公吨2000美元CIFC 3%科威特，客户要求改报CFRC 5%科威特价。查原报价保险险别为水渍险并附加钩损险，其费率分别为0.8%和0.4%，按CIF价加成10%投保。

算一算：如何向客户报CFRC 5%科威特价？

解：$CIF=CIFC\times(1-\text{佣金率})=2\,000\times(1-3\%)=1\,940$（美元）

$I=CIF\times\text{投保加成}\times\text{保险费率}$

$=1\,940\times(1+10\%)\times(0.8\%+0.4\%)=25.61$（美元）

$CFR=CIF-I$

$=1\,940-25.61=1\,914.39$（美元）

$$\text{CFRC}=\frac{\text{CFR}}{(1-\text{佣金率})}$$

$$=\frac{1\ 914.39}{1-5\%}=2\ 015.15(\text{美元})$$

答:该公司最终对外报价 CFRC 5%科威特每公吨 2 015.15 美元。

(五)CIFC 价换算为其他价格

FOB=CIFC×(1－投保加成×保险费率－佣金率)－F

CFR=CIFC×(1－投保加成×保险费率－佣金率)

CFRC=CIFC×(1－投保加成×保险费率)

CIF=CIFC×(1－佣金率)

小看板

天亿公司收到澳大利亚某客户来电,询购 1 000 只睡袋,要求按下列条件报出每只睡袋的 C1FC 3%悉尼的美元价格:睡袋国内购货成本为每只 50 元人民币,国内其他费用总计为 5 000 元人民币,天亿公司的预期利润为 10%。该睡袋为纸箱装,每箱 20 只。从装运港至悉尼的海运运费为每箱 20 美元。海运出口保险按 CIF 价加成 10%投保一切险及战争险,费率为 0.8%(注:人民币兑美元汇率为 8 元人民币兑换 1 美元)。

算一算:如何向客户报 CIFC 3%悉尼价?

解:FOB =成本+费用+利润

$$=\left(50+\frac{5000}{1000}\right)\times 110\%=60.50(\text{元/只})=7.56(\text{美元/只})$$

$$\text{运费 F}=\frac{20}{20}=1\ \text{美元/只}$$

$$\text{CFR}=\text{FOB}+\text{F}$$

$$=7.56+1=8.56(\text{美元/只})$$

$$\text{CIF}=\frac{\text{CFR}}{1-\text{投保加成}\times\text{保险费率}}$$

$$=\frac{8.56}{1-110\%\times 0.8\%}=8.64(\text{美元/只})$$

$$\text{CIFC}3\%=\frac{\text{CIF}}{1-\text{佣金率}}$$

$$=\frac{8.64}{1-3\%}=8.91(\text{美元/只})$$

答:每只睡袋的 CIFC 3%价为 8.91 美元。

二、FCA、CPT和CIP三种术语的换算

(一)FCA换算为其他价格

FCA＝进货成本价＋国内费用＋净利润

CPT＝FCA＋F

$$\text{CIP}=\frac{\text{FCA}+\text{F}}{1-\text{投保加成}\times\text{保险费率}}$$

(二)CPT换算为其他价格

CPT＝进货成本价＋国内费用＋国外运费＋净利润

FCA＝CPT－F

$$\text{CIP}=\frac{\text{CPT}}{1-\text{投保加成}\times\text{保险费率}}$$

(三)CIP换算为其他价格

CIP＝进货成本价＋国内费用＋国外运费＋国外保险费＋净利润

FCA＝CIP×(1－投保加成×保险费率)－F

CPT＝CIP×(1－投保加成×保险费率)

小看板

我某外贸公司以每箱10 000英镑CIP伦敦(按加成10%投保,保险费率为1%),向英商报盘出售一批货物。该外商拟自行投保,要求改报CPT价。

算一算:应报CPT伦敦价多少?

解:CPT ＝CIP×(1－投保加成×保险费率)

＝10 000×(1－110%×1%)

＝9 890(英镑)

答:我方应报价为每箱9890英镑CPT伦敦。

任务二　合理选择计价货币

本任务可分解为4个教学程序:对计价货币进行分类;选择计价货币的原则;计价货币的汇率折算;合理防范外汇风险。

程序一　对计价货币进行分类

计价货币(Money of Account)是指合同中规定用来计算价格的货币。如果合同中的价格

是用一种双方当事人约定的货币(如美元)来表示的,没有规定用其他货币支付,则合同中规定的货币,既是计价货币,又是支付货币(Money of Payment)。如在计价货币之外,还规定了其他货币(如英镑)支付,则英镑就是支付货币。

一般进出口合同都是采用可兑换的、国际上通用的或双方同意的支付手段进行计价和支付。但是这些货币的软硬程度并不相同,发展趋势也不一致。出口业务中,应尽可能争取使用硬币;进口业务中,应尽可能争取使用软币。所谓硬币,是指汇率相对稳定而且具有升值潜力的货币,出口企业应尽量争取硬币结算。软币是指汇率波动幅度大,且具有贬值趋势的货币,进口付汇及一笔债务支付,都应尽量选择软币。当然,软与硬是个相对概念,在某一特定时期,某种货币表现为硬币,但另一时期它又表现为软币,二者的地位变化,关键要立足于准确的汇率预测和分析。软硬币的选择还与贸易条件有关,当某一时期市场以买方为主时,进口商占据有利条件,可以选择有利货币;如果是卖方市场,则出口商有权选择有利货币(表 3.1)。

表 3.1 国际贸易中常用的计价货币名称表

国家或地区	货币名称		货币符号
中国	人民币	China Yuan	CNY
香港(地区)	港元	Hong Kong Dollar	HKD
新加坡	新加坡元	Singapore Dollar	SGD
英国	英镑	Great Britain Pound	GBP
瑞士	瑞士法郎	Confederation Helvetica Franc	CHF
美国	美元	United States Dollar	USD
欧盟	欧元	European Dollar	EUR
日本	日元	Japanese Yen	JPY
加拿大	加拿大元	Canadian Dollar	CAD
澳大利亚	澳大利亚元	Australian Dollar	AUD

小看板

想一想:

①人民币是自由可兑换货币吗?

②欧元是怎么来的? 欧元取代了多少种货币?

程序二 选择计价货币的原则

在一般的国际货物买卖合同中,价格都表现为一定量的特定货币(如每公吨为 300 美元),通常不再规定支付货币。根据国际贸易的特点,用来计价的货币,可以是出口国家货币,也可以是进口国家货币或双方同意的第三国货币,由买卖双方协商确定。由于世界各国的货币价值并不是一成不变的，特别是在世界许多国家普遍实行浮动汇率的条件下，通常被用来计价的各种主要货币的币值更是严重不稳。通常国际货物买卖的交货期都比较长，从订约到履行合同，往往需要一段时间。在此期间，计价货币的币值很有可能发生变化，甚至会出现大幅度的起伏，其结果必然直接影响进出口双方的经济利益。

因此，如何选择合适的计价货币就具有重要的经济意义，是买卖双方在确定价格时必须注意的问题。在计价货币的选择上，应考虑以下几个原则。

一、选用本国货币计价

在国际贸易结算中，交易风险是一种相对风险，如果选用本国货币计价，交易风险由对方承担；如果选用对方国货币计价，交易风险由本国企业承担；如果选用第三国货币计价，双方均要承担交易风险。因此，如果能够在国际贸易和非贸易交易中选用本国货币计价，无论汇率如何变动，对本国企业来说都不存在交易风险问题。同时，选择本国货币计价不仅能够避免外汇风险，而且有利于企业的稳定经营，企业经营计划不会直接源于汇率波动的进口成本上升和出口价格下跌而受到冲击。这对一国企业的稳定发展是十分重要的。

二、只能选择外币的做法

（一）选择可自由兑换货币

可自由兑换货币的流动性较好，其风险自然也相对较小。可自由兑换货币，是指对国际间经常往来的付款和资金转移不施加限制、不施行歧视性货币措施或多种货币汇率，在另一国要求下，随时有义务换回对方在经常往来中所结存的本国货币。使用可自由兑换货币，有利于调拨和运用，也有助于在必要时转移货币汇价风险。当然，在使用可自由兑换货币时还要考虑其安全性和稳定性。

（二）根据业务需要选用

在出口业务中，一般应尽可能争取多使用从成交至收汇这段时期内汇价比较稳定且呈上浮趋势的货币，即所谓“硬币”，这样在结算时可以换回更多的本币。在进口业务中，一般应尽可能使用币值不稳定且具有下浮趋势的“软币”，这样在结算时可以少付本币就能买到合同商品。

（三）根据选用货币调整价格

如果在合同中对方坚持要求使用对我方不利的货币，我方可调整价格。如出口时使用“软币”应提高价格，进口时使用“硬币”应压低价格，以弥补损失。

（四）防范风险

要注意订立外汇保值条款，以减少外汇汇兑风险。

小看板

我某公司出口一批货物以港元为结算货币，总金额为 7 500 港币。为避免因港币贬值减少收汇，在合同中订立了保值条款："如计价币值发生波动，本合同签约时 USD 1＝HKD 15，发票和汇票均须以美元开立"或"如计价币值发生波动，本合同项下港币金额按合同订立日中国银行公布的牌价比例 USD 1＝HKD 15 计算，总计 500 美元，在议付时，将应付的全部美元按中国银行当天公布的港币和美元的牌价折算成港元支付。"假如议付货款时 USD 1＝HKD 20，可见此时港币已经贬值，但由于订立了保值条款，就可避免汇率变动带来的风险。

算一算：按此合同规定有哪两种收取货款的方法？是否可有效避免汇率变动带来的风险？

解：按订立合同时美元与港币的比价，计算美元金额：

$\frac{7500}{15}=500$(美元)(与现行汇价无关)

按现行的美元与港币的比价，计算港元金额：

$500\times 20=10\ 000$(港元)

计算结果表明，由于订立了外汇保值条款，避免了 2 500 港元的损失。

程序三　计价货币的汇率折算

汇率是用一个国家的货币折算成另一个国家的货币的比率。在外汇市场上，汇率的标价有两种方法：直接标价法和间接标价法。

一、直接标价法

是以一定单位的外国货币为标准，折成若干单位的本国货币(如某日我国挂牌 100 美元等于 683.55 元人民币)，外国货币的数额固定不变。如果需要比原来更多的本国货币才能兑换这一固定数额的外币，叫做外汇汇率上涨，说明外国货币币值上升，本国货币币值下降。

二、间接标价法

是以一定单位的本国货币为标准，折成若干单位的外国货币，本国货币的数额固定不变。如果一定数量的本国货币兑换比原来较少的外币，叫做外汇汇率上涨，说明外币币值上升，本币币值下降。

这两种汇率的标价方法，虽然基础不同，但所表示的一国货币对外币汇率的高低，意义并无不同。除了英国、美国、澳大利亚和新西兰等国之外，世界上绝大多数国家，包括我国在内，都采用直接标价法来表示汇率。

小看板

外汇有多种分类法，按其能否自由兑换，可分为自由和记账外汇；按其来源和用途，可分为贸易外汇和非贸易外汇；按其买卖的交割期，可分为即期外汇和远期外汇。在我国外汇银行业务中，还经常要区分外币现钞和外币现汇。

外币现钞是指外国钞票、铸币。外币现钞主要由境外携入。

外币现汇是指其实体在货币发行国本土银行的存款账户中的自由外汇。所谓自由外汇，是指在国际金融市场上可以自由买卖，在国际结算中广泛使用，在国际上可以得到承认，并可以自由兑换成其他国家货币的外汇。外币现汇主要由国外汇入或由境外携入、寄入的外币票据，经银行托收，收妥后存入。

各种外汇的标的物，一般只有转化为货币发行国本土银行的存款账户中的存款货币，即现汇后，才能进行实际上的对外国际结算。

外国钞票不一定都是外汇。外国钞票是否称为外汇，首先要看它能否自由兑换，或者说这种钞票能否重新回流到它的国家，而且可以不受限制地存入该国的任意一家商业银行的普通账户上，并在其需要时可以任意转账，这样才能称之为外汇。

想一想：外汇有哪些分类？全球主要外汇市场有哪些？

三、汇率的折算

外汇牌价一般分买入价、卖出价两栏。买入价是银行买入外汇的价格，卖出价是银行卖出外汇的价格。在直接标价法下，是买入价/卖出价（如我国银行公布的 100 美元=683.55/683.65 元人民币，前者是银行买入外币的价格，后者是银行卖出外币的价格）。在间接标价法下，是卖出价/买入价。

（一）在实际业务中，将本币折算成外币用买入价

出口商在对外报价时，必须知道要把多少外汇卖给银行才会换回所需的本币。因此，出口商应采用银行买入价进行外币与本币的换算。

小看板

我国某服装厂出口西服原报价 10 000 元/套，现外国进出口商要求改报美元价，当时外汇牌价为 1 美元=8.2664/8.2694 元人民币。

算一算：应向外商报美元价多少？

解：$\frac{10\,000(\text{元人民币})}{8.2664(\text{元人民币/美元})}=1\,209.72(\text{美元})$

答：应向外商报美元价 1 209.72（美元/套）

（二）将外币折算成本币用卖出价

在进口业务中，企业需向银行购买外汇，因此，要用银行的卖出价来进行进口价格的核算。在有些出口业务中，出口商原报价为外币，现根据进口商的要求改报本币，也同样要用银行的卖出价将本币与外币进行核算。

小看板

（1）某公司进口一批价值 10 000 美元的货物，当时美元/人民币外汇牌价为 8.2721/8.2969。

算一算：付汇时需向银行支付多少人民币？

解：10 000×8.2969=82 969（元人民币）

(2)我国香港出口机床原报价为 20 000 美元，当时美元/港元汇率为 7.7910/7.7950，现外商要求改报港元价。

算一算：应报港元价多少？

解：港元报价＝20 000×7.7950＝155 900(港元)

(三)将一种外币折算成另一种外币

在业务中，有时需将一种外币折算成另一种外币。例如，当我国出口商报出某种外币(设为A 国货币)时，国外进口商可能要求出口商改为其所希望的货币报价(设为 B 国货币)。这时出口商应遵循的原则是：按照外汇市场牌价(用买入价则均用买入价)将两种外币折算成人民币，然后间接算出两种外币的兑换率。

我国某出口商，对外报价为每公吨 400 英镑 CIF 纽约，外商现要求改报美元价，当时外汇市场上美元/人民币的汇率是 8.266 4/8.269 4，英镑/人民币的汇率为 16.185 4/16.216 5。

算一算：应报多少美元？

解：将该英镑报价折算成人民币，用银行英镑买入价：

400×16.185 4＝6 474.16(元人民币)。

将算出的人民币报价折算成美元，用银行美元买入价：

$\frac{6\ 474.16}{8.2664}\approx 783.19$(美元)。

程序四　合理防范外汇风险

按国际上的一般习惯做法，如果两种货币的汇率是按付款时的汇率计算，则不论计价和支付用的是什么货币，都可以按计价货币的量收回货款。对卖方来说，如果计价货币是硬币，支付货币是软币，基本上不会受损失，可起到保值的作用；如果计价货币是软币，支付货币是硬币，他所收入的硬币就会减少，这对卖方不利，而对买方有利。

因此，对进出口企业来讲，能否有效防范外汇风险直接关系到其盈利的多少。在业务中，主要采用以下几种防范方法。

一、货币保值措施

货币保值措施主要是指货币保值条款。这种方法是在合同中规定“一篮子货币”作为保值货币，预先规定支付货币与各保值货币的汇率和调整幅度。到结算日，如果汇率变动在调整幅度内，则按原定汇率计价；若超过调整幅度，则按当日汇率折算成支付货币。这种方法属于狭义弥补法，它是用“一篮子货币”对支付货币进行保值。支付货币对“一篮子货币”的汇率变动反映了支付货币对“一篮子货币”的各成分货币的平均汇率变动水平，因此，其汇率风险应小于支付货币对某种货币的汇率风险。但采用此种方法防范风险，应将本国货币计入“一篮子货币”或以本国货币为支付货币，否则其效果将大打折扣。

此外,货币保值措施还有黄金保值条款和硬货币保值条款。这两种方法是用黄金或硬货币对支付货币进行保值,其原理与上述货币保值条款相同。

二、提前或延期结汇法

提前或延期结汇法,是根据结算货币与本国货币汇率的变动趋势,通过调整货款收付日期以避免外汇风险或希望从汇率变动中获得收益的方法。具体做法是:在从国外进口商品时,若预测计价货币的汇率看涨,应尽量提前进口和提前付汇;反之,则尽量推迟进口和付汇。在向国外出口商品时,若用软货币计价,应尽量提前出口和收汇;若以硬货币计价则尽量延缓收汇日期。

三、远期交易法

利用远期交易防范外汇风险,即通过预卖或预买某种外汇以便同这种外汇的预期收入或支出、债权或债务相抵来避免外汇风险。常用的防范远期汇率变动的方法有远期外汇合同、外汇期权交易和外汇期货交易。

任务三　合理运用佣金与折扣

本任务可分解为两个教学程序:佣金;折扣。

程序一　佣　　金

一、佣金的含义

在国际贸易中,有些交易是通过中间代理商进行的。因中间商介绍生意或代买代卖而需收取一定的酬金,此项酬金叫佣金(Commission)。凡在合同价格条款中,明确规定佣金百分比的叫做"明佣"。如不标明佣金的百分比,甚至连"佣金"字样也不标示出来,有关佣金的问题由双方当事人另行约定,这种暗中约定佣金的做法,叫做"暗佣"。佣金直接关系到商品的价格,货价中是否包括佣金和佣金比例的大小,都影响商品的价格。显然,含佣价比净价要高。正确运用佣金,有利于调动中间商的积极性和扩大交易。

二、佣金的规定方法

(一)以文字来说明

例如:"每公吨 200 美元 CIF 旧金山,包括 2%佣金"(US＄200 per M/T CIF San Francisco including 2% commission)。

(二)在贸易术语后加注佣金的缩写英文字母"C"和佣金的百分比来表示

例如:"每公吨 200 美元 CIFC 2%旧金山"(USD 200 per M/T CIF San Francisco including

2% commission)。

（三）用绝对数来表示

例如："每公吨付佣金 25 美元。"

如果中间商为了从买卖双方获取"双头佣金"或为了逃税，有时要求在合同中不规定佣金。而另按双方暗中达成的协议支付。佣金的规定应合理，其比率一般掌握在 1%至 5%之间，不宜过高。

三、佣金的计算方法

在国际贸易中，计算佣金的方法不一，有的按成交金额约定的百分比计算，也有的按成交商品的数量来计算，即按每一单位数量收取若干佣金。在我国进出口业务中，计算方法也不一致，按成交金额和成交商品的数量计算的都有。在按成交金额计算时，有的以发票总金额作为计算佣金的基数，有的则以 FOB 总值为基数来计算佣金。如果按 CIFC 成交，而以 FOB 值为基数计算佣金时，则应从 CIF 价中减去运费和保险费，求出 FOB 值，然后以 FOB 值乘佣金率，即得出佣金额。

关于计算佣金的公式如下：

佣金额＝含佣价×佣金率

净价＝含佣价－佣金额＝含佣价×(1－佣金率)

假如已知净价，则含佣价的计算公式应为：

$$含佣价=\frac{净价}{1-佣金率}$$

在这里，值得注意的是，如果在洽商交易时，我方报价为 10 000 美元，对方要求 3%的佣金，在此情况下，我方改报含佣价，按上述公式算出应为 10 309.3 美元，这样才能保证实收10 000美元。

我某公司就某商品对外报 CIF 价 1 200 美元，外商要求改报含佣价 CIFC 4%。

算一算：我方应报含佣价多少？

解：
$$含佣价=\frac{净价}{1-佣金率}=\frac{1200}{1-4\%}=1250(美元)$$

其中：

佣金＝1250×4%＝50(美元)

净价＝1250－50＝1200(美元)

佣金的支付一般有两种做法：一种是由中间代理商直接从货价中扣除佣金；另一种是在委托人收清货款之后，再按事先约定的期限和佣金比率，另行付给中间代理商。在支付佣金时，应防止错付、漏付和重付等情况的发生。

按照一般惯例，在独家代理情况下，如委托人同约定地区的其他客户达成交易，即使未经独家代理过手，也得按约定的比率付给其佣金。

程序二　折　　扣

一、折扣的含义

折扣(Discount)是指卖方按原价给予买方一定百分比的减让，即在价格上给予适当的优惠。国际贸易中使用的折扣，名目很多，除一般折扣外，还有为扩大销售而使用的数量折扣(Quantity Discount)、为实现某种特殊目的而给予的特别折扣(Special Discount)以及年终回扣(Turnover Bonus)等。凡在价格条款中明确规定折扣率的，叫做“明扣”；凡交易双方就折扣问题已达成协议，而在价格条款中却不明示折扣率的，叫做“暗扣”。折扣直接关系到商品的价格，货价中是否包括折扣或折扣率，都影响商品价格。折扣率越高，则价格越低。折扣如同佣金一样，都是市场经济的必然产物，正确运用折扣，有利于调动采购商的积极性和扩大销路。在国际贸易中，它是加强对外竞销的一种手段。

二、折扣的规定方法

在国际贸易中，折扣通常在合同价格条款中用文字明确表示出来。例如，“CIF 伦敦每公吨 200 美元，折扣 3%”(USD 200 per Metric ton CIF London including 3% discount)。此例也可这样表示：“CIF 伦敦每公吨 200 美元，减 3%折扣”(USD 200 per Metric ton CIF London Less 3% discount)。此外，折扣也可以用绝对数来表示。例如，“每公吨折扣 6 美元”。

在实际业务中，也有用“CIFD”或“CIFR”来表示 CIF 价格中包含折扣。这里的“D”和“R”是“Discount”和“Rebate”的缩写。鉴于在贸易往来中加注的“D”或“R”含义不清，可能引起误解，故最好不使用此缩写语。

交易双方采取暗扣的做法时，则在合同价格中不予规定。有关折扣的问题，按交易双方暗中达成的协议处理。这种做法属于不公平竞争。公职人员或企业雇佣人员拿“暗扣”，应属贪污受贿行为。

三、折扣的计算方法

折扣通常是以成交额或发票金额为基础计算出来的。例如，CIF 伦敦，每公吨 2 000 美元，折扣 2%，卖方的实际净收入为每公吨 1 960 美元。其计算方法如下：

货物折扣额＝原价(或含折扣价)×折扣率

卖方实际净收入＝原价－货物折扣额

折扣一般是在买方支付货款时预先予以扣除。也有的折扣金额不直接从货价中扣除，而按暗中达成的协议另行支付给买方，这种做法通常在给“暗扣”或“回扣”时采用。

小看板

某公司出口某种商品，数量为 10 000 件，单价为 CIF 利物浦每件 12 美元。含 3%的折扣。

算一算：如何计算单位商品的折扣额和卖方的实际净收入？

解：单位货物折扣额＝原价×折扣率

＝12×3%＝0.36（美元）

单位净收入＝原价－单位货物折扣额

＝12－0.36＝11.64（美元）

卖方的实际净收入＝11.64×10 000＝116 400（美元）

答：单位商品的折扣额为 0.36 美元，卖方的实际净收入总额为 116 400 美元。

任务四　合理制订国际贸易合同中的价格条款

本任务可分解为两个教学程序：约定合理的价格条款；规定价格条款的注意事项。

程序一　约定合理的价格条款

国际贸易合同中的价格条款，一般包括商品的单价和总值两项基本内容。在进出口业务中使用的单价要比国内贸易中使用的单价复杂，它通常由四个部分组成，即包括计量单位（如公吨）、单位价格金额（如 200）、计价货币（如美元）和贸易术语（如 CIF 伦敦）。例如，在价格条款中可规定："每公吨 200 美元，CIF 伦敦"（USD 200 per M/T CIF London）。总值是指单价同成交商品数量的乘积，即一笔交易的货款总金额。

小看板

价格条款实例如下：

（1）HKD 5.00 per dozen net CIF Hong Kong.

每打 5 港元 CIF 香港净价。

（2）USD 40 per set FOB Dalian including your commission 3% on FOB basis.

每套 40 美元 FOB 大连，在 FOB 的基础上包含 3%的佣金。

（3）Exchange risks, if any, for buyer's account.

如果有任何汇率风险，则由买方承担。

（4）USD 5 000.00 per M/T FOB Shanghai including 5% commission. The commission shall be payable only after the seller has received the full amount of all payment due to the seller.

想一想：该条款的中文含义。

（5）The seller reserves the right to adjust the contracted price, if prior to delivery, there is any variation in the cost of labor or raw material or component parts.

想一想：该条款的中文含义。

程序二 规定价格条款的注意事项

为了使价格条款的规定明确合理，必须注意下列事项：

一、合理确定商品的单价，防止作价偏高或偏低

商品应以国际市场价格为基础按质论价。本着“质优价高，质次价低”的原则随行就市。另外，在交易过程中还应根据成交数量的多少确定价格。若对方购买数量大，可考虑给予一定的数量折扣，适当降低价位；若购买数量小，则可适当提价。

二、根据经营意图和实际情况，在权衡利弊的基础上选用适当的贸易术语

贸易术语不同，计价的基础就不同。CIF 价要高于 CFR 价，CFR 价比 FOB 价高。交易双方要根据自己的经营意图和船源、货源等实际情况选择适合自己的贸易术语。

三、争取选择有利的计价货币

争取选择有利的计价货币，以免遭受币值变动带来的风险，如果采用不利的计价货币时，应当加订保值条款。

计价货币的软硬程度，直接影响到出口商的利润。因此在定价时应争取有利的货币计价。当采用软币定价时，应适当提高价格，并加订货币保值条款，如以软币计价硬币保值或以软币计价黄金保值等。

四、灵活运用各种不同的作价办法，以避免价格变动的风险

对于即期交货的商品，可采用固定作价法；对于远期交货的商品可采用非固定作价法，或订立价格调整条款。

五、合理运用佣金和折扣

参照国际贸易的习惯做法，注意佣金和折扣的合理运用。

六、交货品质和数量约定有一定的机动幅度，则对机动部分的作价也应一并规定

一般来说，对溢短装部分按合同价格计算，但为避免当事人趁市价涨落之机故意少装或多装，也可规定溢短装部分按装运时的市价计算。

七、注意包装材料和包装费

如包装材料和包装费另行计价时，对其计价办法也应一并规定。

八、合同有关项目清晰明确

单价中涉及的计量单位、计价货币、装卸地名称，必须书写正确、清楚，以利于合同的履行。

在选用计量单位以及计价货币时，一定要使用国际规范的标准单位。不能把“公吨”仅写成“吨”，也不能把“美元”、“日元”等仅写成“元”。如果港口名称在国际上有重名港，一定要注明国别，防止在履行合同中出现争议。

小看板

天喜公司向英国 D 公司出口中国产绿茶 10 000 包，装运港为上海，目的港为伦敦，请根据上述业务分别按 FOB、CFR 和 CIF 模拟订立合同中价格条款。（条款描述与要求：合同价格条款要包括单价和总值以及佣金、折扣等内容。）

分析：在进出口合同中价格条款是合同的要件，必须具体明确。合同的价格条款包括单价和总值，单价由四个部分组成。此例中的绿茶价格可采用固定作价的方法。操作步骤如下：

单价：85.5 USD per Box FOB Shanghai；总值：USD 855 000.00。

单价：87.8 USD per Box CFRC2 London；总值：USD 878 000.00。

单价：90.6 USD per Box CIFC2 London；总值：USD 906 000.00。

项目小结

本项目主要介绍了国际贸易商品价格的相关知识。国际贸易商品在作价时可采用不同的作价方法，如固定价格、非固定价格和价格调整条款。同时，为了避免汇率波动给进出口当事人造成风险，可采用货币保值措施、提前或延期结汇法、远期交易法来规避和防范风险。对外报价时要考虑不同贸易术语的价格构成，根据不同贸易术语合理报价，必要时进行不同贸易术语之间的价格换算。另外，也要考虑到佣金和折扣因素对报价的影响。国际贸易的当事人要综合上述所有因素订立价格条款。

增值阅读

全球主要外汇市场

目前，世界上有 30 多个主要的外汇市场，它们遍布于世界各大洲的不同国家和地区。根据传统的地域划分，可分为亚洲、欧洲、北美洲三大部分，其中，最重要的有伦敦、纽约、东京、新加坡、法兰克福、苏黎世、香港、巴黎、洛杉矶、悉尼等。另外，一些新兴的区域性外汇市场，如巴拿马、开罗和巴林等，也大量涌现，并逐渐走向成熟。

从 20 世纪 70 年代以来，由于亚太地区的香港、新加坡等外汇市场的兴起，从时差上使世界各地外汇市场的营业时间相互衔接，加上现代化通信设备和电子计算机大量应用于国际金融业，从而使全球外汇市场一天 24 小时都在开放，可以连续不断地进行交易，形成一个统一的市场。

每个市场都有其固定和特有的特点，但所有市场都有共性。各市场被距离和时间所隔，它们敏感地相互影响又各自独立。一个中心每天营业结束后，就把订单传递到别的中心，有时就为下一市场的开盘定下了基调。这些外汇市场以其所在的城市为中心，辐射周边的其他国家和地区。由于所处的时区不同，各外汇市场在营业时间上此开彼关，相继挂牌营业，它们相互之间通过先进的通信设备和计算机网络连成一体，市场的参与者可以在世界各地进行交易，外汇资金流动顺畅，市场间的汇率差异极小，形成了全球一体化运作、全天候运行的统一的国际外汇市场。

具体讲，由于英国与欧洲各国开始共用欧洲标准时间，英国与欧洲各国间的一小时时差消失，从而欧洲各国形成了一个大规模的统一市场。从欧洲上午 9 时开始营业起，至欧洲时间 14 时，纽约外汇市场开始营业。以后是旧金山、东京、香港、新加坡、孟买、中东外汇市场陆续开业，每天东京、香港外汇市场即将收盘时，伦敦等欧洲外汇市场又重新开市了。如此周而复始，世界外汇市场形成一个遍布全球各地的相互间有机联系的巨大网络，使国际外汇市场获得空前的拓展。由于电子通信技术的现代化，世界各地的外汇市场都能畅通无阻地进行交易。只要拨出对方的电传号码，就可以立即与对方国家的银行进行交易，更可以通过电脑操作传递行情。这样，一个外汇市场的汇率变动就会立即波及其他市场。

伦敦外汇市场的参与者主要是经营外汇业务的银行及外国银行分行、外汇经纪商、其他经营外汇业务的非银行金融机构和英格兰银行。交易时间由 9:00 至 17:00 左右(北京时间17:00 至次日 1:00)。伦敦外汇市场上的交易货币几乎包括所有的可兑换货币，规模最大的是英镑对美元的交易，其次是英镑对欧元及日元的交易。

纽约外汇市场的参与者主要是在纽约的美国各大商业银行、外国银行在纽约的分支行以及一些专业的外汇经纪商。纽约外汇市场不仅是美国国内外汇交易的中心，同时也是重要的国际性外汇市场。交易时间由 9:00 至 16:00 (北京时间约 22:00 至次日 5:00)。纽约外汇市场是除美元以外所有货币的第二大交易市场，这些货币所占的交易比重依次是欧元、英镑、加拿大元和日元等。

东京外汇市场的参与者主要是外汇银行、外汇经纪商、非银行客户以及日本银行。交易时间 9:00 至 12:00 和 13:30 至 15:30(北京时间 8:00 至 14:30)。东京外汇市场的交易货币比较单一，主要是日元兑美元和欧元的交易。

说一说

(1)进出口商品的作价原则是什么？在确定进出口商品价格时应考虑哪些因素？
(2)我国进出口货物的作价办法有哪几种？在选用各种作价办法时应注意什么问题？
(3)在进出口贸易中为什么要正确选择计价货币？
(4)进出口合同中的价格条款包括哪些内容？规定此条款时应注意什么问题？

议一议

(1)中国某出口公司按 CFRC 5%的价格条件出售一批货物,合同总金额为 52 500 美元。外商开来的信用证金额为 49 875 美元,并注明"议付时扣 5%系给某中间商的佣金"。由于卖方审单时,忽视核对信用证金额,故在缮制发票和汇票时,都以合同金额 52 500 美元为准。议付时,中国银行扣除 5%的佣金,即按 49 875 美元借记开证行北京账户。开证行接单后,以发票金额超过信用证金额为由拒付。后经与开证行及中间商多次交涉无效,只好在信用证有效期内另行按信用证金额 49 875 美元,再扣除 5%的佣金,赶制发票与汇票,结果重复支付了一笔佣金。

试分析,通过本案应吸取什么教训?

(2)我某出口公司拟出口化妆品去中东某国。正好该国某中间商主动来函与该出口公司联系,表示愿为推销化妆品提供服务,并要求按每笔交易的成交金额给予 5%佣金。不久,经该中间商介绍,与当地进口商达成 CIFC 5%总金额 50 000 美元的交易,装运期为订约后 2 个月内从中国港口装运,并签订了销售合同。合同签订后,该中间商即来电要求我出口公司立即支付佣金 2 500 美元。我出口公司复电称:佣金需待货物装运并收到全部货款后才能支付。于是,双方发生了争议。

试问:这起争议发生的原因是什么?我出口公司应接受什么教训?

练一练

(1)我某进出口公司外销某种商品,对外报价为每箱 450 美元 FOB 大连,后外商要求改报 CIF 汉堡。

问:我方报价应改为多少(运费每箱 50 美元,保险费率为 0.8%,投保加成率 10%)?

(2)我方某公司对外报 FOB 价 500 美元,外商来电要求改报 CIF 纽约含佣金 3%,保险费率合计为 0.8%,国外运费 60 美元,我方应如何报价?

(3)我国甲公司某商品对外报价为每箱 CIF 100 美元,佣金率 5%,英方要求改报 FOB 大连,佣金率不变。已知每箱货物运费为 10 美元,投保加 1 成,保险费率为 0.5%。

请问甲公司应如何报价?

(4)我国某公司对某种商品报价为:CIF 鹿特丹,每公吨人民币 1 950 元。应荷兰某公司请求,改报美元,应报多少(汇率为 USD 100=RMB 826.74/829.22)?

(5)某公司出口商品,价格为每公吨 USD 500 CIFC 3%鹿特丹。货物装运后,卖方按照合同的规定向中间商支付佣金。

请问卖方应支付多少佣金?

(6)某公司出口某种商品,数量为 10 000 件,单价为 CIF 利物浦每件 12 美元,含 3%的折扣。

请计算单位商品的折扣额和卖方的实际净收入。

项目四　国际贸易货物运输

项目分解

任务一　运输方式

要求学生能够熟知海洋运输、铁路运输、公路运输、航空运输、内河运输、邮政运输、管道运输、集装箱运输、国际多式联运等各种运输方式及特点。

任务二　合同中的装运条款

要求学生熟知合同中的装运条款，如：装运时间、装运港和目的港、分批装运和转运、装运通知、装卸时间和装卸率、滞期与速遣条款等。

任务三　缮制主要运输单据

要求学生能够缮制海运提单、铁路运单、航空运单等主要运输单据。

实现目标

知识目标：了解各种国际运输方式及特点，掌握国际货物买卖合同中的各项装运条款的意义，熟知主要运输单据的缮制要点。

能力目标：能够计算运输成本，并能根据实际情况选择合适的运输方式；能够正确缮制海运提单等主要运输单据；正确订立国际货物买卖合同中的装运条款。

案例导入

我某公司对南非出口一批化工产品 2 000 公吨，采用信用证支付方式。国外来证规定："禁止分批装运，允许转运"。该证并注明：按《UCP 600》办理。现已知：装期临近，已订妥一艘驶往南非的"黄石"号货轮，该船先停靠新港，后停靠青岛港。但此时，该批化工产品在新港和青岛港各有 1 000 公吨尚未集中在一起。如果你是这笔业务的经办人，将采取什么样的处理方法？

分析：应选择新港、青岛港各装 1 000 公吨。本案中该出口公司如果在新港、青岛港各装 1 000公吨于同一船（黄石号）、同一航次上，提单虽注明不同装运港和不同装运期限，但不视作分批装运。因为根据《UCP 600》的规定，只要运输单据表面上注明是使用同一运输工具装运并经同一线路运输的，即使运输单据上注明的装运日期或装运港不同，但只要运输单据注明是同一目的地，就不视为分批装运。

国际贸易中的商品流通是通过国际物流实现的，国际货物运输是国际物流系统中的核心，是实现商品从发货人到收货人空间位移的实际操作阶段，是完成出口、实现安全收汇的关键。国际货物运输是国内运输的跨国延伸和扩展，又是衔接出口国货物运输与进口国货物运输的桥梁和纽带。

国际货物运输的主体是承运人(Carrier)、进出口货物收发货人(Shipper & Consignee)和货运代理企业(Freight Forwarder)，这三方面的业务构成了国际货物运输的整体业务。从广义角度看三者关系，进出口收发货人在国际货物运输中举足轻重，因为他们即是货主，又是托运人。货运代理是货主与承运人之间的桥梁和纽带，有时候也是货物托运人。从狭义角度看三者关系，进出口收发货人和货运代理都属于托运人的范畴，国际货运关系就是托运人与承运人之间的关系。因为承运人既接受进出口收发货人的直接托运，也接受进出口收发货人所委托的货运代理的间接托运。

相对于国内运输，国际货物运输要复杂得多，国际货物运输路线长、港口多，涉及国际国内操作环节多、单证多，要求也越来越高。

任务一 运输方式

本任务可分解为9个教学程序：海洋运输、铁路运输；公路运输；航空运输；邮政运输；管道运输；内河运输；集装箱运输；国际多式联运。

在国际贸易中，货物从卖方国家转移到买方国家必须通过运输来实现。国际货物运输(International Cargos Transportation)是指在国家与国家、国家与地区之间的货物运输。国际货物运输包括国际贸易物资运输和国际非贸易物资(如：展览品、援外物资、行李物品等)运输。其中国际贸易物资运输占主要地位，而国际非贸易物资运输往往只是贸易物资运输部门的附带业务。因此，国际货物运输通常又称为“国际贸易运输”。

国际货物运输有多种方式，其中包括海洋运输、铁路运输、公路运输、航空运输、邮政运输、管道运输、集装箱运输及由各种运输方式组合的国际多式联运等，每种运输方式都有其各自的特点。在实际业务中，应根据进出口货物的性质、货运量大小、距离远近、风险程度、运费高低、自然条件和装卸港口的具体情况等因素，合理地选择运输方式和工具，安全、快捷、高效地完成进出口货物的交付。

程序一 海洋运输

一、海洋运输的含义与特点

海洋运输(Ocean Transport)是指使用船舶通过海上航道在不同的国家和地区的港口之间运送货物的一种运输方式。这是一种发展较早的运输方式，由于海洋运输有其自身的优点，因而至今在国际货物运输中仍占据着重要地位。海洋运输有以下特点。

（一）运输量大

国际货物运输是在全世界范围内进行的商品交换，地理位置和地理条件决定了海洋运输是国际货物运输的主要方式。国际贸易总运量的75%以上是利用海洋运输来完成的，有的国家的对外贸易运输海运占运量的90%以上。主要原因是船舶向大型化发展，如50万～70万吨的巨型油船，16万～17万吨的散装船以及集装箱船的大型化，船舶的载运能力远远大于火车、汽车和飞机，是运输能力最大的运输工具。

（二）通过能力大

海洋运输利用天然航道四通八达，不像火车、汽车要受轨道和道路的限制，因而其通过能力要超过其他各种运输方式。如果因政治、经济、军事等条件的变化，还可随时改变航线驶往有利于装卸的目的港。

（三）运费低廉

船舶的航道天然构成，船舶运量大，港口设备一般均为政府修建，船舶经久耐用且节省燃料，所以货物的单位运输成本相对低廉。据统计，海运运费一般为铁路运费的1/5，公路汽车运费的1/10，航空运费的1/30，这就为低值大宗货物的运输提供了有利的竞争条件。

（四）对货物的适应性强

由于上述特点使海洋运输基本上适应各种货物的运输。如石油井台、火车、机车车辆等超重超大货物，其他运输方式是无法装运的，船舶一般都可以装运。

（五）运输的速度慢

由于商船的体积大，水流的阻力大，加之装卸时间长等其他各种因素的影响，所以货物的运输速度比其他运输方式慢。较快的班轮航行速度也仅30海里/小时左右。

（六）风险较大

由于船舶海上航行受自然气候和季节性影响较大，海洋环境复杂，气象多变，随时都有遭遇狂风、巨浪、暴风、雷电、海啸等人力难以抗衡的海洋自然灾害袭击的可能，遇险的可能性比陆地要大。同时，海洋运输还存在着社会风险，如战争、罢工、贸易禁运等因素的影响。为转嫁损失，海上运输的货物、船舶保险尤其应加以重视。

二、海洋运输的作用

（一）海洋运输是国际贸易运输的主要方式

国际海洋运输虽然存在速度较低、风险较大的不足，但是由于它的通过能力大、运量大、运费低以及对货物适应性强等长处，加上全球特有的地理条件，使它成为国际贸易中主要的运输方式。由于集装箱运输的兴起和发展，不仅使货物运输向集合化、合理化方向发展，而且节省了货物包装用料和运杂费，减少了货损货差，保证了运输质量，缩短了运输时间，从而降低了运输成本。

（二）海洋运输是国家节省外汇支付，增加外汇收入的重要渠道之一

在我国运费支出一般占外贸进出口总额10%左右，尤其大宗货物的运费占的比重更大，贸易中若充分利用国际贸易术语，争取我方多派船，不但节省了外汇的支付，而且还可以争取更多的外汇收入。目前，世界各国，特别是沿海的发展中国家都十分重视建立自己的远洋船队，注重发展海上货物运输。一些航运发达国家，外汇运费的收入成为这些国家国民经济的重要支柱。

（三）发展海上运输业有利于改善国家的产业结构和国际贸易出口商品的结构

海洋运输是依靠航海活动的实践来实现的，航海活动的基础是造船业、航海技术和掌握技术的海员。造船工业是一项综合性的产业，它的发展又可带动钢铁工业、船舶设备工业、电子仪器仪表工业的发展，促进整个国家的产业结构的改善。由于海上运输业的发展，不仅能改善国家产业结构，而且会改善国际贸易中的商品结构。

（四）海上运输船队是国防的重要后备力量

海上远洋运输船队历来在战时都被用作后勤运输工具。美、英等国把商船队称为“除陆、海、空之外的第四军种”，前苏联的商船队也被西方国家称之为“影子舰队”。可见，它对战争的胜负所起的作用。正因为海洋运输占有如此重要的地位，世界各国都很重视海上航运事业，通过立法加以保护，从资金上加以扶植和补助，在货载方面给予优惠。

小看板

海运航线按航行的范围可分为：

①大西洋航线。

②太平洋航线。

③印度洋航线。

④环球航线。

按船舶营运方式可分为：

①定期航线，是指使用固定的船舶，按固定的船期和港口航行，并以相对固定的运价经营客货运输业务的航线，主要装运杂货物。

②不定期航线，是临时根据货运的需要而选择的航线。船舶、船期、挂靠港口均不固定，是以经营大宗、低价货物运输业务为主的航线。

按航程的远近可分为：

①远洋航线（Ocean-Going Shipping Line）指航程距离较远，船舶航行跨越大洋的运输航线，如远东至欧洲和美洲的航线。我国习惯上以亚丁港为界，把去往亚丁港以西，包括红海两岸和欧洲以及南北美洲广大地区的航线划为远洋航线。

②近洋航线（Near-Sea Shipping Line），指本国各港口至邻近国家港口间的海上运输航线的统称。我国习惯上把航线在亚丁港以东地区的亚洲和大洋洲的航线称为近洋航线。

③沿海航线（Coastal Shipping Line），指本国沿海各港之间的海上运输航线，如上海/广州，青岛/大连等。

想一想：我国货物若出口到北美洲、欧洲、非洲和澳洲各国，有可能经过以上哪些类型的航线？

三、海洋船舶的营运方式

海洋运输按经营方式不同，可分为租船运输和班轮运输两种。

（一）租船运输

租船运输（Shipping by Chartering）又称不定期船运输，是指包租整船或部分舱位进行运输。租船方式主要有定期租船和定程租船两种：

1. 定期租船

定期租船（Time Charter）又称期租船，是指按一定期限租赁船舶的方式，即由船东（船舶出租人）将船舶出租给租船人在规定期限内使用，在此期限内由租船人自行调度和经营管理。租期可长可短，短则数月，长则数年。

定期租船的特点有：

①在租赁期内，船舶由租船人负责经营和管理。

②一般只规定船舶航行区域而不规定航线和装卸港。

③除另有规定外，可以装运各种合法货物。

④船东负责船舶的维修和机械的正常运转。

⑤不规定装卸率和滞期速遣条款。

⑥租金按租期每月（或 30 天）每载重吨计算。

⑦船东和租船人双方的权利和义务以期租船合同为依据。

2. 定程租船

定程租船（Voyage Charter; Trip Charter）又称程租船或航次租船，是指按航程租赁的方式。

定程租船的特点有：

①无固定航线、固定装卸港口和固定航行船期，而是根据租船人（货主）的需要和船东的可能，经双方协商，在程租船合同中规定。

②程租船合同需规定装卸率和滞期、速遣费条款。

③运价受租船市场供需情况的影响较大，租船人和船东双方的其他权利、义务一并在程租船合同中规定。

④定程租船以运输货值较低的粮食、煤炭、木材、矿石等大宗货物为主。

（二）班轮运输

班轮运输（Liner Transport）又称定期船运输，简称班轮（Liner），是指船舶在固定航线上和固定港口之间按事先公布的船期表和运费率往返航行，从事客货运输业务的一种运输方式。班轮运输比较适合于运输小批量的货物。

1. 班轮运输的特点

①“四定”。即固定航线、固定港口、固定船期和相对固定的运费率。

②“一负责”。即货物由班轮公司负责配载和装卸，运费内已包括装卸费用，班轮公司和托运人双方不计滞期费和速遣费。

③班轮公司和货主双方的权利、义务和责任豁免均以班轮公司签发的提单条款为依据。

2. 班轮运费

班轮运费(Liner Freight)是班轮公司为运输货物而向货主收取的费用,其中包括货物在装运港的装货费、在目的港的卸货费以及从装运港至目的港的运输费用和附加费用。

①基本运费。是指货物从装运港到目的港所应收取的费用,其中包括货物在港口的装卸费用,它是构成全程运费的主要部分。其计算标准主要有 6 种:

A. 按货物的毛重计收。即以重量吨(Weight Ton)计收,在运价表中以“W”表示。

B. 按货物的体积计收。即以尺码吨(Measurement Ton)计收,在运价表中以“M”表示。

按重量吨或尺码吨计收运费的单位统称运费吨(Freight Ton)。

C. 按货物的价格计收,又称从价运费。在运价表中以“A. V. ”或“Ad. Val. ”表示。一般按货物 FOB 价值的一定百分比收取。

D. 按收费高者计收。选择较高的一种作为计算运费的标准。例如,在运价表上注有“W/M or A. V. ”或“W/M”的,指在重量吨或尺码吨或从价运费三种,或在重量吨与尺码吨两种标准中,选择高的收费。此外,还有使用“W/M Plus A. V. ”的,是指先按货物重量吨或尺码吨从高计收后,另加收一定百分率的从价运费。

小看板

FOB 价值为 20 000 美元的货物由甲地运往乙地,基本费率为每吨运费 30 美元或从价费率 1.5%。体积为 6.8 立方米,毛重为 7 公吨,以“W/M” 或 “Ad. Val.” 选择法计费,以 1 立方米或 1 公吨为 1 运费吨。

算一算:如何计算运费?

解:按“W”计算的运费为:

30 美元×7=210(美元)

按“M”计算的运费为:

30 美元×6.8=204(美元)

按“Ad. Val. ”计算的运费为:

20 000×1.5%=300(美元)

三者比较,按“Ad. Val. ”计算的运费最高,故实收运费为 300 美元。

E. 按货物的件数计收。如车辆按辆,活牲畜按头。

F. 由船、货双方议定。临时议定运价的办法,适用于运量较大、货价较低、装卸方便而快速的诸如粮食、矿石等货物的运输。临时议定的运费一般比较低。

②附加费。班轮运费中的附加费是指针对某些特定情况或需作特殊处理的货物在基本运费之外加收的费用。附加费名目很多,主要有:超重附加费、超长附加费、直航附加费、转船附加费、港口拥挤附加费、选港附加费。此外,还有港口附加费、燃油附加费、变更卸货港附加费、绕航附加费等。

③班轮运费的计算方法:

当附加费为绝对值时:

班轮运费=基本费率×运费吨+附加费

当附加费是百分比时：

班轮运费＝基本费率×运费吨×(1＋附加费百分比)

A. 从有关运价表中查出该货物的计费标准及运价等级；

B. 找出该等级货物的基本费率；

C. 找出各附加费的费率及计算方法；

D. 据以上内容，按班轮运费计算公式进行计算。

小看板

以 CIF 价格条件出口加拿大温哥华罐头一批，共计 1 000 箱。每箱毛重为 40 千克，体积 0.045 立方米。

算一算：如何计算该批货物的运费？

解：(1)从货物分类表(Classification of Commodities)中查出罐头的运价等级是八级，计算标准是"W/M"，在重量法和体积法中选择。该批货物的单位尺码(0.045 立方米)比单位重量(40/1 000＝0.04 公吨)高，所以按尺码吨计算运费。

(2)再查中国——加拿大等级费率表得八级货物基本费率为每吨 210 元。

(3)查得燃油附加费为 12%。

(4)货物总运费＝1 000 箱×0.045 运费吨/箱×210 元/运费吨×(1＋12%)＝10 584(元)

程序二　铁路运输

一、铁路运输的含义

铁路运输(Rail Transport)是仅次于海运的一种主要运输方式。运量较大，速度较快，运输风险明显小于海洋运输，能常年保持准点运营。

(一)国际铁路联运

国际铁路联运，发货人由始发站托运，使用一份铁路运单，铁路方面便根据运单将货物运往终点站交给收货人。在由一国铁路向另一国铁路移交货物时，不需收、发货人参加，亚欧各国按国际条约承担国际铁路联运的义务。

我国通往欧洲的国际铁路联运线有两条：一条是利用俄罗斯的西伯利亚大陆桥贯通中东、欧洲各国；另一条是由江苏连云港经新疆与哈萨克斯坦铁路连接，贯通俄罗斯、波兰、德国至荷兰的鹿特丹。后者称为新亚欧大陆桥，运程比海运缩短 9 000 千米，比经由西伯利亚大陆桥缩短 3 000 千米，进一步推动了我国与欧亚各国的经贸往来，也促进了我国沿线地区的经济发展。

(二)对港澳地区的铁路运输

对港澳地区的铁路运输按国内运输办理，但又不同于一般的国内运输。货物由内地装车至深圳中转和香港卸车交货，为两票联运，由外运公司签发"货物承运收据"。京九铁路和沪港直达通车后，内地至香港的运输更为快捷，由于香港特别行政区系自由港。货物在内地和香港间进出，需办理进出口报关手续。对澳门地区的铁路运输，是先将货物运抵广州南站再转船运至澳门。

二、铁路运输的特点

（一）铁路运输的准确性和连续性强

铁路运输几乎不受气候影响，一年四季可以不分昼夜地进行定期的、有规律的、准确的运转。

（二）铁路运输速度比较快

铁路货运速度可达每昼夜几百千米，一般货车可达 100 千米/小时，远远高于海洋运输。

（三）运输量比较大

铁路一列货车一般能运送 3 000～5 000 吨货物，远远高于航空运输和汽车运输。

（四）铁路运输成本较低

铁路运输费用仅为汽车运输费用的几分之一到十几分之一；运输耗油约是汽车运输的二十分之一。

（五）安全可靠

铁路运输风险远比海洋运输小。

（六）初期投资大

铁路运输需要铺设轨道、建造桥梁和隧道，建路工程艰巨复杂；需要消耗大量钢材、木材；占用土地，其初期投资大大超过其他运输方式。

另外，铁路运输由运输、机务、车辆、工务、电务等业务部门组成，要具备较强的准确性和连贯性，各业务部门之间必须协调一致，这就要求在运输指挥方面实行统筹安排，统一领导。

三、铁路运输的作用

（一）有利于发展同欧亚各国的贸易

通过铁路把欧亚大陆连成一片，为发展中、近东和欧洲各国的贸易提供了有利的条件。自20 世纪 50 年代以来，我国与朝鲜、蒙古、越南、前苏联的进出口货物，绝大部分仍然是通过铁路运输来完成的；我国与西欧、北欧和中东地区一些国家也通过国际铁路联运来进行进出口货物的运输。

（二）有利于开展同港澳地区的贸易，并通过香港进行转口贸易

铁路运输是我国联系港澳地区，开展贸易的一种重要的运输方式。港澳地区所需的食品和生活用品多由内地供应，随着内地对该地区出口的不断扩大，其运输量逐年增加。做好对港澳

地区的运输工作，达到优质、适量、均衡、应时的要求，在政治上和经济上都非常重要。为了确保该地区的市场供应，从内地开设了直达地区的快运列车，对繁荣稳定港澳市场以及该地区的经济发展起到了积极作用。

（三）对进出口货物在港口的集散和各省、市之间的商品流通起着重要作用

我国幅员辽阔，海运进口货物大部分利用铁路从港口运往内地的收货人，海运出口货物大部分也是由内地通过铁路向港口集中，因此铁路运输是我国国际货物运输的重要集散方式。至于国内各省市和地区之间调运外贸商品、原材料、半成品和包装物料，主要也是通过铁路运输来完成的。我国国际贸易进出口货物运输大多都要通过铁路运输这一环节，铁路运输在我国国际货物运输中发挥着重要作用。

（四）利用欧亚大陆桥运输是必经之道

大陆桥运输是指以大陆上铁路或公路运输系统为中间桥梁，把大陆两端的海洋连接起来的集装箱连贯运输方式。我国目前开办的西伯利亚大陆桥和新欧亚大陆桥的铁路集装箱运输具有安全、迅速、节省的优点。这种运输方式为发展我国与中、近东及欧洲各国的贸易提供了便利的运输条件。为了适应我国经济贸易的发展需要，利用这两条大陆桥开展铁路集装箱运输也是必经之路，将会促进我国与这些国家和地区的国际贸易发展。

程序三　公路运输

公路运输（Road Transport）也是陆上运输的一种基本运输方式。公路运输指的是汽车运输，不仅是对外贸易货物运进或运出的手段，还是车站、港口和机场集散进出口货物的重要手段。尤其在目前“门到门”的运输业务中，公路运输发挥着不可替代的作用。公路运输也是现代交通运输体系中不可缺少的重要组成部分，任何一种货物运输方式，都离不开公路运输作为衔接。由于我国幅员辽阔，在陆地上与许多国家相邻，所以在我国边疆地区与邻国的进出口贸易中，公路运输占有重要地位。

公路运输在短途货物集散运转上，比铁路、航空运输具有更大的优越性，但公路运输也有一定的局限，如载重量小，不适宜装载重件和大件货物，不适宜长途运输，车辆运行中震动较大，易造成货损货差事故，且运输成本比铁路运输和水上运输高。

程序四　航空运输

一、航空运输的含义与特征

航空运输（Air Transport）是利用飞机运送进出口货物的一种现代化运输方式。它具有速度快，不受地形条件限制，货损率小，节省包装、保险和储存费用等特点。因此，某些急需物资，易损货物和体轻而贵重商品适用航空运输。

航空货运虽然起步较晚，但发展异常迅速，特别是受到现代化企业管理者的青睐，原因之一就在于它具有许多其他运输方式所不能比拟的优越性。概括起来，航空货物运输的主要特征有以下几点。

(一)运送速度快

从航空业诞生之日起,航空运输就以快速而著称。快捷的交通工具大大缩短了货物在途时间,对于那些易腐烂、变质的鲜活商品;时效性、季节性强的报刊、节令性商品;抢险、救急品的运输,这一特点显得尤为突出。运送速度快,在途时间短,也使货物在途风险降低,因此许多贵重物品、精密仪器也往往采用航空运输的形式。

(二)不受地面条件影响

航空运输利用天空这一自然通道,不受地理条件的限制。对于地面条件恶劣交通不便的内陆地区非常合适,有利于当地资源的出口,促进当地经济的发展。航空运输使本地与世界相连,对外的辐射面广,而且航空运输相比较公路运输与铁路运输占用土地少,对寸土寸金、地域狭小的地区发展对外交通来说无疑是十分适合的。

(三)安全、准确

与其他运输方式比航空运输的安全性较高。航空公司的运输管理制度也比较完善,货物的破损率较低,如果采用空运集装箱的方式运送货物,则更为安全。

(四)节约包装、保险、利息等费用

由于采用航空运输方式,货物在途时间短,周转速度快,企业存货可以相应的减少。一方面有利资金的回收,减少利息支出;另一方面企业仓储费用也可以降低。又由于航空货物运输安全、准确,货损、货差少,保险费用较低。与其他运输方式相比,航空运输的包装简单,包装成本减少。这些都使企业隐性成本下降,收益增加。

当然,航空运输也有自己的局限性,主要表现在航空货运的运输费用较其他运输方式更高,不适合低价值货物;航空运载工具(如飞机)的舱容有限,对大件货物或大批量货物的运输有一定的限制;飞机飞行安全容易受恶劣气候影响等。

二、航空运输方式

航空运输方式主要有班机运输、包机运输、集中托运和航空快递业务。

(一)班机运输

班机运输(Scheduled Airline)指具有固定开航时间、航线和停靠航站的飞机。通常为客货混合型飞机,货舱容量较小,运价较贵,但由于航期固定,有利于客户安排鲜活商品或急需商品的运送。

(二)包机运输

包机运输(Chartered Carrier)是指航空公司按照约定的条件和费率,将整架飞机租给一个或若干个包机人(包机人指发货人或航空货运代理公司),从一个或几个航空站装运货物至指定目的地。包机运输适合于大宗货物运输,费率低于班机,但运送时间则比班机要长。

(三)集中托运

集中托运(Consolidation)可以采用班机或包机运输方式,是指航空货运代理公司将若干批

单独发运的货物集中成一批向航空公司办理托运，填写一份总运单送至同一目的地，然后由其委托当地的代理人负责分发给各个实际收货人。这种托运方式，可降低运费，是航空货运代理的主要业务之一。

（四）航空快递业务

航空快递业务（Air Express Service）是由快递公司与航空公司合作，向货主提供的快递服务，其业务包括：由快速公司派专人从发货人处提取货物后以最快航班将货物出运，飞抵目的地后，由专人接机提货，办妥进关手续后直接送达收货人，称为“桌到桌运输”（Desk to Desk Service）。这是一种最为快捷的运输方式，特别适合于各种急需物品和文件资料。

程序五　邮 政 运 输

邮政运输又称邮包运输（Parcel Post Transport），是指通过邮局寄交进出口货物的一种运输方式。邮政运输比较简便，只要卖方根据买卖合同中双方约定的条件和邮局的有关规定，向邮局办理寄送包裹手续，付清邮费，取得收据，就完成交货任务。

各国邮政部门之间订有协定和公约，从而保证了邮件包裹传递的畅通无阻、四通八达，形成了全球性的邮政运输网，遂使国际邮政运输得以在国际贸易中被广泛使用。

国际邮政运输分为普通邮包和航空邮包两种，对每件邮包的重量和体积都有一定的限制。如一般规定每件长度不得超过 1 米，重量不得超过 20 千克，但各国规定也不完全相同，可随时向邮局查问。邮政运输一般适合于量轻体小的货物，如精密仪器、机械零配件、药品、样品和各种生产上急需的物品。

近年来，特快专递业务迅速发展。目前快递业务主要有国际特快专递（International Express Mail Service，简称 EMS）和 DHL 信使专递（DHL Courier Service）。

程序六　管 道 运 输

管道运输（Pipeline Transport）是一种特殊的运输方式，是货物在管道内借助于高压气泵的压力推动向目的地输送的一种运输方式，主要适用于运输气体和液体货物。

管道运输有许多突出的优越性，具体表现在以下几方面。

一、效率高

它是一种连续运输技术，每天 24 小时可连续不断运输，效率很高。

二、运输受外界影响小

管道一般埋在地下，不受地理、气象等外界条件限制，可以穿山越河，跨越沙漠大海，不怕炎热和冰冻。

三、环境效益好

封闭式地下运输不排放废气、粉尘，不产生噪音，减少了环境污染。但是铺设管道的技术较为复杂、成本高，而且要求有长期稳定的货源。

程序七 内河运输

内河运输(Inland Water Transport)是水上运输的重要组成部分,具有成本低、运量大、投资少等特点,是连接内陆腹地与沿海地区的纽带,在运输和集散进出口货物中起着重要的作用。

目前,我国有着广阔的内河航运网,长江、珠江等一些主要河流的内河港口已经对外开放,我国同一些邻国还有国际河流相连通,这就为发展我国对外贸易内河运输提供了十分有利的条件。

程序八 集装箱运输

一、集装箱简介

(一)集装箱的含义

所谓集装箱(Container),是指具有一定强度、刚度和规格,专供周转使用的大型装货容器。使用集装箱转运货物,可直接在发货人的仓库装货,运到收货人的仓库卸货,中途更换车、船时,无须将货物从箱内取出换装。

(二)集装箱的分类

1. 按所装货物种类分

有杂货集装箱、散货集装箱、液体货集装箱、冷藏箱集装箱等;

2. 按制造材料分

有木集装箱、钢集装箱、铝合金集装箱、玻璃钢集装箱、不锈钢集装箱等;

3. 按结构分

有折叠式集装箱、固定式集装箱等,在固定式集装箱中还可分密闭集装箱、开顶集装箱、板架集装箱等;

4. 按总重分

有 30 吨集装箱、20 吨集装箱、10 吨集装箱、5 吨集装箱、2.5 吨集装箱等。

(三)集装箱计算单位

集装箱计算单位(Twenty-Feet Equivalent Units,简称 TEU)又称 20 英尺换算单位,是计算集装箱箱数的换算单位。目前各国大部分集装箱运输,都采用 20 英尺和 40 英尺长的两种集装箱。为使集装箱箱数计算统一化,把 20 英尺集装箱作为一个计算单位,40 英尺集装箱作为两个计算单位,以利统一计算集装箱的营运量。

二、集装箱运输

(一)集装箱运输的含义与特点

集装箱运输(Container Transport)是以集装箱为运输单位进行运输的一种现代化的先进的运输方式,它可适用于各种运输方式的单独运输和不同运输方式的联合运输。集装箱运输的优点是加速货物装卸,提高港口吞吐能力,加速船舶周转,减少货损货差,节省包装材料,减少运杂费用,降低营运成本,简化货运手续和便利货物运输等。集装箱运输是运输方式上的一大革命,它的出现和广泛运用,对国际贸易产生了很大的影响。

(二)集装箱货物装箱方式

根据集装箱货物装箱数量和方式可分为整箱和拼箱两种。

1. 整箱

整箱(Full Container Load,FCL)是指货方自行将货物装满整箱以后,以箱为单位托运的集装箱。这种情况通常在货主有足够货源装载一个或数个整箱时采用,除有些大的货主自己置备有集装箱外,一般都是向承运人或集装箱租赁公司租用一定的集装箱。空箱运到工厂或仓库后,在海关人员的监管下,货主把货装入箱内、加锁、铅封后交承运人并取得站场收据,最后凭收据换取提单或运单。

2. 拼箱

拼箱(Less Than Container Load,LCL)是指承运人(或代理人)接受货主托运的数量不足整箱的小票货运后,根据货物性质和目的地进行分类整理。把去同一目的地的货,集中到一定数量拼装入箱。由于一个箱内有不同货主的货拼装在一起,所以叫拼箱。这种情况在货主托运数量不足装满整箱时采用。拼箱货的分类、整理、集中、装箱(拆箱)、交货等工作均在承运人码头集装箱货运站或内陆集装箱转运站进行。

(三)集装箱货物交接方式

如上所述,集装箱货运分为整箱和拼箱两种,因此在交接方式上也有所不同,纵观当前国际上的做法,大致有以下四类:

1. 整箱交,整箱接(FCL/FCL)

货主在工厂或仓库把装满货后的整箱交给承运人,收货人在目的地同样以整箱接货,换言之,承运人以整箱为单位负责交接。货物的装箱和拆箱均由货方负责。

2. 拼箱交、拆箱接(LCL/LCL)

货主将不足整箱的小票托运货物在集装箱货运站或内陆转运站交给承运人,由承运人负责拼箱和装箱,运到目的地货站或内陆转运站,由承运人负责拆箱,拆箱后,收货人凭单接货。货物的装箱和拆箱均由承运人负责。

3. 整箱交,拆箱接(FCL/LCL)

货主在工厂或仓库把装满货后的整箱交给承运人,在目的地的集装箱货运站或内陆转运站由承运人负责拆箱后,各收货人凭单接货。

4. 拼箱交,整箱接(LCL/FCL)

货主将不足整箱的小票托运货物在集装箱货运站或内陆转运站交给承运人。由承运人分类调整,把同一收货人的货集中拼装成整箱,运到目的地后,承运人以整箱交,收货人以整箱接。

上述各种交接方式中,以整箱交、整箱接效果最好,也最能发挥集装箱的优越性。

(四)集装箱货物交接地点

集装箱货物的交接,根据贸易条件所规定的交接地点不同一般有两种分类方式。

1. 9 种交接方式

(1)门到门(Door to Door)

从发货人工厂或仓库至收货人工厂或仓库。

(2)门到场(Door to CY)

从发货人工厂或仓库至目的地或卸箱港的集装箱堆场。

(3)门到站(Door to CFS)

从发货人工厂或仓库至目的地或卸箱港的集装箱货运站。

(4)场到门(CY to Door)

从起运地或装箱港的集装箱堆场至收货人工厂或仓库。

(5)场到场(CY to CY)

从起运地或装箱港的堆场至目的地或卸箱港的集装箱堆场。

(6)场到站(CY to CFS)

从起运地或装箱港的集装箱堆场至目的地或卸箱港的集装箱货运站。

(7)站到门(CFS to Door)

从起运地或装箱港的集装箱货运站至收货人工厂或仓库。

(8)站到场(CFS to CY)

从起运地或装箱港的集装箱货运站至目的地或卸箱港的集装箱堆场。

(9)站到站(CFS to CFS)

从起运地或装箱港的集装箱货运站至目的地或卸箱港的集装箱货运站。

2. 4 种交接方式

以上 9 种交接方式,进一步可归纳为以下 4 种方式:

(1)门到门

这种运输方式的特征是,在整个运输过程中,完全是集装箱运输,并无货物运输,故最适宜于整箱交、整箱接。

(2)门到场站

这种运输方式的特征是,由门到场站为集装箱运输,由场站到门是货物运输,故适宜于整箱交、拆箱接。

(3)场站到门

这种运输方式的特征是,由门至场站是货物运输,由场站至门是集装箱运输,故适宜于拼箱交、整箱接。

(4)场站到场站

这种运输方式的特征是,除中间一段为集装箱运输外、两端的内陆运输均为货物运输,故适宜于拼箱交、拆箱接。

程序九　国际多式联运

一、国际多式联运的含义与特征

根据 1980 年《联合国国际货物多式联运公约》以及 1997 年我国交通部和铁道部共同颁布的《国际集装箱多式联运管理规则》的定义,国际多式联运(Multimodal Transport)是指“按照多式联运合同,以至少两种不同的运输方式,由多式联运经营人将货物从一国境内接管货物的地点运至另一国境内指定地点交付的货物运输”。它是一种以实现货物整体运输的最优化效益为目标的联运组织形式。它通常是以集装箱为运输单元,将不同的运输方式有机地组合在一起,构成连续的,综合性的一体化货物运输。通过一次托运、一次计费、一份单证、一次保险,由各运输区段的承运人共同完成货物的全程运输,即将货物的全程运输作为一个完整的单一运输过程来安排。

根据该定义,结合国际上的实际做法,可以得出,构成国际多式联运必须具备以下特征或基本条件:

①必须具有一份多式联运合同。该运输合同是多式联运经营人与托运人之间权利、义务、责任与豁免的合同关系和运输性质的确定,也是区别多式联运与一般货物运输方式的主要依据。

②必须使用一份全程多式联运单证。该单证应满足不同运输方式的需要,并按单一运费率计收全程运费。

③必须是至少两种不同运输方式的连续运输。

④必须是国际间的货物运输,这不仅是区别于国内货物运输,主要是因为涉及国际运输法规的适用问题。

⑤必须由一个多式联运经营人对货物运输的全程负责。该多式联运经营人不仅是订立多式联运合同的当事人,也是多式联运单证的签发人。当然,在多式联运经营人履行多式联运合同所规定的运输责任的同时,可将全部或部分运输委托他人(分承运人)完成,并订立分运合同。但分运合同的承运人与托运人之间不存在任何合同关系。

二、国际多式联运的特点

国际多式联运是货物运输的一种较高组织形式,它集中了各种运输方式的特点,扬长避短融汇一体,组成连贯运输,它比传统单一运输方式具有无可比拟的优越性,主要表现在:

①责任统一,手续简便。

②减少中间环节,缩短货运时间,降低货损货差,提高货运质量。

③降低运输成本,节省运杂费用,有利贸易开展。

④实现“门到门”运输的有效途径。

任务二 合同中的装运条款

本任务可分解为7个教学程序:装运时间;装运港和目的港;分批装运和转运;装运通知;装卸时间和装卸率;滞期与速遣条款;其他装运条款。

在国际货物买卖合同中,买卖双方必须对交货时间、装运地、目的地、分批装运、转运、装运通知、滞期、速遣条款等内容作出具体的规定。明确合理的规定装运条款,是保证装运合同顺利履行的重要条件。

程序一 装运时间

装运时间,又称装运期(Time of Shipment),即装运货物的时间。在实践中,习惯上以货物装运的时间，或运输单据的出单日期作为卖方履行交货的时间，于是就出现了把“装运”和“交货”两个概念等同起来的情形。但在采用实际交货贸易术语的合同中，“装运”和“交货”则是两个完全不同概念，装运期一般早于交货期，所以不能相互代替使用。

一、装运时间的规定方法

在国际贸易中规定装运时间的方法，通常有以下几种。

（一）明确规定具体期限

在合同中订明某年某月装运或某年跨月装运，如 5 月装运，即在 5 月份任何一天均可装运；或某年某季度装运；或跨年度、跨季度装运等。装运时间一般不确定在某一个日期上，而是确定在一段时间内。

（二）规定在收到信用证后若干天装运

如在合同中订明：收到信用证后 45 天内装运（Shipment within 45 days after receipt of L/C）并同时规定买方必须于某月某日前将信用证开到（The L/C must reach the seller not later than…），以便安排货船，并可防止客户不开证或不按期开证而给卖方造成损失。

（三）收到信汇、电汇或票汇后若干天装运

收到信汇、电汇或票汇后若干天装运。

（四）规定近期装运术语

如规定“立即装运”（Immediate Shipment），“即期装运”（Prompt Shipment）、“尽速装运”（Shipment as Soon as Possible）等，由于这些词语解释难以统一，容易造成分歧，故应慎用。国际商会制订的《跟单信用证统一惯例》也明确规定不宜使用此类词，如果使用，银行将不予置理。

二、规定装运时间的注意事项

（一）应考虑货源、运输和市场需求等实际情况

装运期规定远近，应和生产、库存情况相适应。如现货或加工需时较短，装运期可以规定近一些；加工费时较多，则远一些。在由我方负责租船订舱的条件下，对装运期的规定必须考虑有关的运输情况，还要注意市场的销售季节，装运时间如果能赶在销售季节之前，将是我方争取好价的因素之一。

（二）对装运期的规定要明确

在买卖合同中，应明确规定装运或交货的具体期限，凡“立即装运”、“即期装运”和“尽速装运”之类规定方法，应尽量避免使用。

（三）装运期限应适当，并考虑开信用证日期的规定是否合理

装运期规定过短或过长都是不适当的。过短将给船和货安排带来一定的困难；过长不但占压买方资金（开证占压的资金），影响买方订购的积极性，而且往往使卖方出口商品不能赶上有

利的销售时机，从而削弱卖方出口商品的竞争能力。装运期或交货期与开证日期是相互关联的，为了保证按期装运和及时交货，在规定装运期或交货期的同时，还应明确合理地规定开证日期，并使二者互相衔接起来。一般地说，信用证至少应在装运期或交货期开始前 15 天开到卖方，以便卖方有必要的时间安排船和货。

（四）应结合考虑交货港、目的港的特殊季节因素

如北欧、加拿大东海沿岸港口冬季宜封冻结冰，故装运时间不宜订在冰冻时期。反之，热带某些地区，则不宜订在雨季装运等。

程序二　装运港和目的港

一、装运港和目的港的规定方法

装运港（Port of Shipment）是指货物起始装运的港口。目的港（Port of Destination）是指最终卸货的港口。一笔交易达成必须确定装运港和目的港，主要是为了卖方安排装运，同时也为了买方接货。在进出口交易中，装运港和目的港不仅是价格术语不可缺少的组成部分，构成商品价格的因素，同时也与买卖双方承担的运输责任有关。因此在买卖合同中合理确定装运港和目的港具有重要意义。

装运港和目的港的规定方法主要有：

①在一般情况下，装运港和目的港分别规定一个。

②有时按实际业务的需要，也可分别规定两个或两个以上。如，CIF 伦敦/汉堡/鹿特丹。

③采用选择港（Optional Port）办法，在明确规定装运港或目的港有困难时，也可以采用这种办法。规定选择港有两种方式：

A. 在两个或两个以上港口中选择一个，这种方式与第二种规定方法相同，如 CIF 伦敦选择港汉堡或鹿特丹，CIF 伦敦/汉堡/鹿特丹。

B. 笼统规定某一航区为装运港或目的港，如“地中海主要港口”、“西欧主要港口”等，但采用这种方法应格外谨慎。

小看板

我某出口公司按 CFR 条件向日本出口红豆 250 吨，合同规定卸货港为日本口岸，发货物时，正好有一船驶往大阪，我公司打算租用该船，但在装运前，我方主动去电询问哪个口岸卸货，时值货价下跌，日方故意让我方在日本东北部的一个小港卸货，我方坚持要在神户、大阪。双方争执不下，日方就此撤销合同。

想一想：我方做法是否合适？日本商人是否违约？

二、规定国外装运港和目的港应注意的问题

（一）对国外装运港或目的港的规定应力求具体明确

一般情况下，出口不能笼统地订为“欧洲主要港口”、“非洲主要港口”等。由于哪些是主要

港并无统一解释,而且各港口距离远近不同,装卸条件、运费不一,极易发生纠纷。

但是在实际业务中,有时根据具体情况和需要,也可允许在同一航区规定两个或两个以上的邻近港口为装运港或目的港。例如,有些买方是中间商,他们在洽谈交易时明确指定具体目的港有困难,为了照顾买方的实际困难和促成交易起见,可允许买方在几个港口中任选其中一个港口作为目的港,但选择的目的港必须规定在同一航线。同时在合同中应明确规定:如所选目的港要增加运费、附加费应由买方负担;买方应在开信用证的同时宣布最后目的港。

(二)不能接受内陆城市为装运港或目的港的条件

不能接受内陆城市为装运港或目的港的条件。

(三)必须注意国外装卸港的具体运输和装卸条件

例如,有无直达班轮航线、港口装卸设备、码头泊位的深度、冰冻期和对船舶国籍有无限制与港口的规章制度以及运费、附加费的水平等。

(四)应注意国外港口有无重名问题

例如,世界上名字是维多利亚(Victoria)的港口就有 12 个之多,波特兰(Portland)、波士顿(Boston)、的黎波里(Tripoli)等也各有数个。为了防止发生差错,如果有重名港,在买卖合同中要注明装卸港所在国家或地区的名称。

三、规定国内装运港和目的港应注意的问题

①在出口业务中,对装运港的规定主要应考虑货源比较接近的港口,同时也应考虑港口和国内运输的条件和费用水平。对统一对外成交而分口岸交货的某些商品,由于成交时还不能最后确定装运港,也可规定为"中国口岸",或两个以上具体港口为装运港,这样比较灵活主动。

②在进口业务中,对国内卸货港的规定,一般要选择接近用户或用货单位的港口为宜。但是为了避免港口拥挤产生堵塞现象,卸货港也可规定为"中国口岸"。

小看板

中国某公司曾按 FOB 条件从北欧进口一批大宗商品。双方约定的装运港原是一个比较偏僻的小港,大船不能直接进港装货。签约后,买方才了解该港条件,便要求变更装运港,但卖方不同意更改。买方只好租用小船,将货物运至汉堡集中,然后再装海洋巨轮运回国内,这不仅延误了时间,而且增加了运杂费用,给国家和企业造成了不该发生的经济损失。

想一想:导致本案损失的原因在哪里?

程序三　分批装运和转运

一、分批装运

分批装运(Partial Shipment)又称分期装运,是指一个合同项下的货物分若干批或若干期

装运。买卖合同中作出这一规定时，称为分批装运条件。造成分批装运的原因是多方面的，除了成交量较大外，还有运输工具的限制、目的港装卸条件差、船源紧张、市场销售的需要，一次备货有困难、期货成交后需逐批生产等。

国际上对分批装运的解释和运用有所不同。按有些国家的合同法规定，如合同对分批装运不作规定，买卖双方事先对此也没有特别约定或习惯做法，则卖方交货不得分批装运。国际商会制订的《跟单信用证统一惯例》规定，除非信用证另有规定，否则允许分批装运。

根据《跟单信用证统一惯例》规定："运输单据表面上注明货物是使用同一运输工具装运并经同一路线运输的，即使每套运输单据注明的装运日期不同及/或装运港、接受监管地不同，只要运输单据注明的目的地相同，也不视为分批装运。"

小看板

大连某公司向新加坡出口一批水果，共 6 000 千克。国外开来信用证规定："不允许分批装运，在 9 月 30 日之前装船。"我方于 9 月 8 日和 9 月 10 日分别在大连和烟台各装 3 000 千克于"远洋"号货轮运往新加坡。提单上也注明了不同的装船港和不同的装船日期。

想一想：我方做法是否符合信用证规定？请陈述理由。

如果合同和信用证中明确规定了分批数量，如"3～6 月份 4 批每月平均装运"(Shipment during March/June in four equal monthly lots)以及类似的限批、限时、限量的条件，则卖方应严格履行约定的分批装运条款，只要其中任何一批没有按时、按量装运，就可作为违反合同论处。按《跟单信用证统一惯例》规定，其中任何一批未按规定装运，则此批及以后各批均告失效。

二、转运

转运(Trans Shipment)是指远洋货运中，货物装运后允许在中途港换装其他船舶转运至目的港。当在买卖合同中作出规定时，称为允许转运条款。货物需要转船的原因，主要是目的港无直达船或无合适的船；目的港不在装载货物的班轮航线上；货物零星分散，班轮不愿挂靠目的港等。

《跟单信用证统一惯例》规定，除非信用证另有规定，否则可准许转运。

分批装运和转运条款，直接关系到买卖双方的权益，因此能否分批装运和转运，应在合同中订明。一般来说，允许分批装运和转运对卖方比较主动。

小看板

某公司曾按 CIF 条件通过秦皇岛港口向中东地区出口一批为数几百吨的货物，根据买方要求，在合同中约定了不准转船的条款。因当时从秦皇岛港至中东地区没有直达航线，而单为该批零星货物洽租货轮专程运送，则空仓费的损失比该批货物的出售价款还多，于是卖方便要求买方修改原定不准转船的条款，买方不同意，并以卖方违约为由提出索赔，最后，由卖方赔偿其损失而了结此案。

想一想：卖方如何做才能避免赔偿？

程序四　装运通知

装运通知(Shipping Advice)是在采用租船运输大宗进出口货物的情况下,在合同中加以约定的条款。其目的在于明确买卖双方的责任,促使买卖双方相互配合、相互衔接。按照国际贸易的一般做法,在FOB条款下,卖方在约定装船期开始前,一般是30天或45天,向买方发出货物备妥准备装船的通知,买方接到卖方通知后应及时将船名、船期电告卖方准备装船。在按CIF、CFR条件成交时,卖方应于货物装船后立即将合同号、货物的品名、件数、重量、发票金额、船名及装运日期电告买方,以便买方准备接货、办理进口手续或投保。

小看板

Dear Sirs:

Thank you for your letter of 20 May enquiring about the shipment of your order under contract 4632.

Please accept my apology for the delay which has been caused by the unavailability of shipping space from Bombay to London.

The matter was, however, in hand and your consignment was shipped yesterday on board SS Pandit which is sailing directly to London.

I enclose one set of shipping documents comprising:

①One non-negotiable copy of the bill of lading.

②Commercial invoice in duplicate.

③One copy of the certificate of guarantee.

④One copy of the certificate of quantity.

⑤One copy of the insurance policy.

I am glad that we have been able to execute your order as contracted. I trust the goods will reach you in time for the winter selling season and prove to be entirely satisfactory. I will personally ensure that you receive our prompt and careful attention at all times.

Yours faithfully

Tony Smith

20 May 2008

程序五　装卸时间与装卸率

一、装卸时间

装卸时间(Lay Time)是指允许完成装卸任务所约定的时间。由于装卸时间的长短和装卸效率的高低,直接关系到船方的利害得失,故船方出租船舶时,都要求在定程租船合同中规定装卸时间、装卸率,并规定延误装卸时间和提前完成装卸任务的罚款与奖励办法,以约束租船人。

二、装卸率

装卸率就是装卸速度，即指每日装卸货物的数量，其高低关系到完成装卸任务的时间和运费水平。装卸率规定过高或过低都不合适，规定过高，完不成装卸任务，要承担滞期费（Demurrage）的损失；反之，使船舶在港时间过长而增加运费，即使可能得到了船方的速遣费（Dispatch Money），也会得不偿失。因此，装卸率的规定应当适当。

程序六　滞期与速遣条款

滞期费是指在约定的装卸时间内未能将货物装卸完，致使船舶在港内停泊时间延长，给船方造成经济损失，这种损失应由租船方补偿给船方，这项补偿金就被称为滞期费。

速遣费是指在约定的装卸时间和装卸率内，提前完成装卸任务，使船方节省了船舶在港的时间和费用开支，并使船舶所有人可以更早地将船舶投入下一次航次的营运，取得了新的运费收入，船方将其获取的利益的一部分给租船人作为奖励，叫速遣费。

滞期费和速遣费通常以每天若干金额计算，速遣费一般为滞期费的一半。

程序七　其他装运条款

装运条款涉及的面很广，除上述条款外，有时，根据需要订有其他与装运有关的条款。例如，OCP 条款就是其中的一种。

“OCP”是“Overland Common Points”的缩写，意为“内陆地区”。这是同美国进行贸易时，货物最终目的地是 OCP 地区范围（以美国西部 9 个州为界，也就是以落基山脉为界以东地区）时，出口商不仅可享受美国内陆运输的优惠费率，而且也可以享受 OCP 海运的优惠费率。因此，对美交易中，采用 OCP 运输条款，对进出口双方均为有利，不过在采用时应注意下列问题：

①货物最终目的地必须属于 OCP 地区范围。

②货物必须经由美国西海岸港口中转。

③提单上必须表明 OCP 字样，并且在提单目的港一栏中除填明美国西部海岸港口名称外，还要加注内陆地区的城市名称。

小看板

装运条款实例

(1)Despatch/shipment from Chinese port to…：从中国港口发送/装运往……

(2)Shipment must be effected not later than(or on)July 30，2013：货物不得迟于（或于）2013 年 7 月 30 日装运。

(3)Shipment latest date…：最迟装运日期……

(4)Evidencing shipment/despatch on or before…：列明货物在××年××月××日或在该日以前装运/发送。

(5)Partial shipments are (not) permitted：(不)允许分运。

(6)Partial shipments (are) allowed (prohibited):准许(不准)分运。

(7)Without trans shipment:不允许转运。

(8)Trans shipment at Hongkong allowed:允许在香港转船。

任务三　缮制主要运输单据

本任务可分解为两个教学程序:海运提单;其他运输单据。

运输单据是承运人收到承运货物后,签发给出口商的证明文件,它是交接货物、处理索赔与理赔以及银行结算货款或进行收付的重要单据。在国际货物运输中,运输单据的种类很多,不同的运输方式有不同的运输单据,如海运提单、铁路运单、航空运单、邮包收据和多式联运单据等。其中最主要的是海运提单。

程序一　海运提单

一、海运提单的概念和性质

海运提单(Bill of Lading, B/L)简称提单,是货物的承运人或其代理人收到货物后,签发给托运人的用以证明货物已由承运人接管并装上船的凭证。它说明了货物运输有关当事人(如承运人、托运人和收货人)之间的权利与义务。其性质与作用主要表现为:

(一)货物收据

提单是承运人或其代理人签发的货物收据,证明已按提单所列内容收到货物,并保证按收据上所列内容交付货物。

(二)货物所有权的凭证

提单是货物所有权的凭证。提单上的收货人或合法持有人有权凭提单向承运人提取货物,并可在船舶到达目的港交货之前进行转让或凭此向银行办理抵押贷款。收货人在目的港提取货物时,必须提交正本提单(Original B/L)。

(三)运输契约的证明

提单是承运人与托运人之间运输契约的证明,承运人之所以为托运人承运有关货物,是因为承运人和托运人之间存在一定的权利义务关系,双方权利义务关系以提单作为运输契约的凭证。

小看板

关于海运提单的重要国际公约

1.《海牙规则》

《海牙规则》(Hague Rules)是1924年在布鲁塞尔由欧美26个航运国家签订,全名为《统一提单的若干法律规则的国际公约》,于1931年6月正式生效。目前,有80多个国家和地区接受了这个规则。这一规则对承运人的权利及负责范围的规定一直受到货主方面的批评和航运业不发达国家的反对。因为它有利于船主或承运人,如对由托运人自行装货等17种原因造成的货物损失或延迟交货,可以免除责任。

2.《海牙—维斯比规则》

《海牙—维斯比规则》(Hague-Visby Rules)是对《海牙规则》的修改和补充,于1968年签署《布鲁塞尔议定书》,并于1977年6月23日生效的。它已扩大了《海牙规则》的适用范围。《海牙规则》只适用于缔约国所签发的提单,《海牙—维斯比规则》既适用于上述提单,也适用于"从一个缔约国港口起运"的提单,还增加了集装箱运输条款等。

3.《汉堡规则》

由于《海牙一维斯比规则》仅对《海牙规则》作了非本质的修改和补充,航运业不发达国家继续要求对《海牙规则》作全面的修改。联合国国际贸易法委员会经过数年工作后,于1976年5月拟定了海上货物运输公约草案,1978年3月在汉堡召开的有78个国家的代表参加的联合国海上货物运输会议上,正式通过了这个公约草案,定名为《1978年联合国海上货物运输公约》简称《汉堡规则》(Hamburg Rules)。与《海牙规则》相比,这一规则增加了承运人的责任。

二、海运提单的关系人

海运提单的关系人可有四种:承运人、托运人、收货人、被通知人。

(一)基本关系人

1. 承运人

负责运输货物的当事人,有时被称为船方。

2. 托运人

也称为货方。可能是发货人(卖方)或者是收货人(买方)。

(二)其他关系人

1. 收货人

通常被称为提单的抬头人,可以是托运人本身,也可以是第三人。

2. 被通知人

不是提单的当事人,只是收货人的代理人,是被承运人通知的人。

三、海运提单的种类

按不同的分类标准,提单可以划分为许多种类:

（一）按提单收货人的抬头划分

1. 记名提单

记名提单（Straight B/L）又称收货人抬头提单，是指提单上的收货人栏内填明特定收货人名称，只能由该特定收货人提货。由于该提单不能背书转让，不能流通，故其在国际贸易中很少使用。

2. 指示提单

指示提单（Order B/L）是指提单上的收货人栏内填写“凭指定（To order）”或“凭某某人指定”（To order of …）字样。这种提单可背书转让，故在国际贸易中使用最为广泛。背书的方式又有“空白背书”和“记名背书”之分。目前在实际业务中使用最多的是“凭指定”并经空白背书的提单，习惯上称其为“空白抬头”、“空白背书”提单。

3. 不记名提单

不记名提单（Bearer B/L or Open B/L or Blank B/L）是指提单上的收货人栏内没有指明任何收货人，谁持有提单，谁就可以提货。此种提单无须背书转让，流通性极强、风险大，故其在国际贸易中很少使用。

（二）按货物是否已装船划分

1. 已装船提单

已装船提单（Shipped B/L or On Board B/L）是指承运人已将货物装上指定船舶后所签发的提单，其特点是提单上必须以文字表明货物已装某船上，并记载装船日期，同时还应由船长或其代理人签字。在国际贸易中，一般都要求卖方提供已装船提单。

2. 收货待运提单

收货待运提单（Received for Shipment B/L）又称收讫待运提单，是指承运人已收到托运货物等待装运期间所签发的提单。

（三）按提单上有无批注划分

1. 清洁提单

清洁提单（Clean B/L）是指货物在装船时“表面状况良好”，承运人在提单上不带有明确宣称货物及/或包装有缺陷状况的文字或批注的提单。根据《跟单信用证统一惯例》规定，除非信用证中明确规定可以接受的条款或批注，否则银行只接受清洁提单。清洁提单也是提单转让时的必备条件。

2. 不清洁提单

不清洁提单（Unclean B/L or Foul B/L）是指承运人在提单上带有明确宣称货物及/或包装有缺陷状况的文字或批注的提单。例如，提单上批注“××件损坏”（…packages in damaged condition），“铁条松散”（Iron strap loose or missing）等。

（四）根据运输方式的不同划分

1. 直达提单

直达提单（Direct B/L）又称直运提单，是指货物从装货港装船后，中途不经转船，直接运至目的港卸船交与收货人的提单。直达提单上不得标有“转船”或“在某港转船”的批注。凡信用证规定不准转船者，必须使用这种直达提单。如果提单背面条款印有承运人有权转船的“自由转船”条款者，则不影响该提单成为直达提单的性质。

2. 转船提单

转船提单(Transshipment B/L)是指货物从起运港装载的船舶不直接驶往目的港，需要在中途港口换装其他船舶转运至目的港卸货，承运人签发这种提单称为转船提单。在提单上注明“转运”或“在某港转船”字样，转船提单往往由第一程船的承运人签发。

3. 联运提单

联运提单(Through B/L)是指货物运输需经两段或两段以上的运输方式来完成，如海陆、海空或海海等联合运输所使用的提单。船船(海海)联运在航运界也称为转运，包括海船将货物送到一个港口后再由驳船从港口经内河运往内河目的港。

联运的范围超过了海上运输界限，货物由船舶运送经水域运到一个港口，再经其他运输工具将货物送至目的港，先海运后陆运或空运，或者先空运、陆运后海运。当船舶承运由陆路或飞机运来的货物继续运至目的港时，货方一般选择使用船方所签发的联运提单。

4. 多式联运提单

多式联运提单(Multimodal Transport B/L or Intermodal Transport B/L)主要用于集装箱运输。是指一批货物需要经过两种以上不同运输方式，其中一种是海上运输方式，由一个承运人负责全程运输，负责将货物从接收地运至目的地交付收货人，并收取全程运费所签发的提单。提单内的项目不仅包括起运港和目的港，而且列明一程、二程等运输路线以及收货地和交货地。

小看板

H进出口公司向泰国巴伐利亚有限公司出口一批电器电料，国外开来信用证有关条款规定：“电器电料100箱，从中国港口至曼谷。禁止分批装运和转运。全套清洁已装船提单，注明‘运费已付’，发货人抬头背书K. T. 银行，通知买方。”H公司审证无误后，即装集装箱运输，随后备妥各种单据向银行交单，要求付款。但却遭到开证行拒付。其理由是我方提交的是“联合运输单据”，不符合信用证不许转运的要求。

想一想：开证行拒付是否合理？

(五)按提单内容的简繁划分

1. 全式提单

全式提单(Long Form B/L)是指提单除正面印就的提单格式所记载的事项，背面列有关于承运人与托运人及收货人之间权利、义务等详细条款的提单。由于条款繁多，所以又称繁式提单。在海运的实际业务中大量使用的大都是这种全式提单。

2. 简式提单

简式提单(Short Form B/L or Simple B/L)又称短式提单、略式提单，是相对于全式提单而言的，是指提单背面没有关于承运人与托运人及收货人之间的权利义务等详细条款的提单。这种提单一般在正面印有“简式”(Short Form)字样，以示区别。

（六）按签发提单的时间划分

1. 倒签提单

倒签提单（Anti-Dated B/L）是指承运人或其代理人应托运人的要求，在货物装船完毕后，以早于货物实际装船日期为签发日期的提单。当货物实际装船日期晚于信用证规定的装船日期，若仍按实际装船日期签发提单，托运人就无法结汇。为了使签发提单的日期与信用证规定的装运日期相符，以利结汇，承运人应托运人的要求，在提单上仍以信用证的装运日期填写签发日期，以免违约。签发这种提单，尤其当倒签时间过长时，有可能推断承运人没有使船舶尽快速遣，因而承担货物运输延误的责任。特别是市场上货价下跌时，收货人可以以“伪造提单”为借口拒绝收货，并向法院起诉要求赔偿。

承运人签发这种提单是要承担一定风险的。但是为了贸易需要，在一定条件下，如在该票货物已装船完毕，但所签日期是船舶已抵港并开始装货，而所签提单的这票货尚未装船，是尚未装船的某一天；或签单的货物是零星货物而不是数量很大的大宗货；或倒签的时间与实际装船完毕时间的间隔不长等情况下，取得了托运人保证承担一切责任的保函后，才可以考虑签发。

小看板

我国某出口公司先后与伦敦B公司和瑞士S公司签订两个出售农产品合同，共计3 500长吨，价值8.275万英镑。装运期为当年12月至次年1月。但由于原定的装货船舶出故障，只能改装另一艘外轮，至使货物到2月11日才装船完毕。在我公司的请求下，外轮代理公司将提单的日期改为1月31日，货物到达鹿特丹后，买方对装货日期提出异议，要求我公司提供1月份装船证明。我公司坚持提单是正常的，无需提供证明。结果买方聘请律师上货船查阅船长的船行日志，证明提单日期是伪造的，立即凭律师拍摄的证据，向当地法院起诉并由法院发出通知扣留该船，经过4个月的协商，最后，我方赔款2.09万英镑，买方方肯撤回起诉。

想一想：此案例问题出在哪里？如何解决？

2. 预借提单

预借提单（Advanced B/L）是指货物尚未装船或尚未装船完毕的情况下，信用证规定的结汇期（即信用证的有效期）即将届满，托运人为了能及时结汇，而要求承运人或其代理人提前签发的已装船清洁提单，即托运人为了能及时结汇而从承运人那里借用的已装船清洁提单。

这种提单往往是当托运人未能及时备妥货物或船期延误，船舶不能按时到港接受货载，估计货物装船完毕的时间可能超过信用证规定的结汇期时，托运人采用从承运人那里借出提单用以结汇，当然必须出具保函。签发这种提单承运人要承担更大的风险，可能构成承、托双方合谋对善意的第三方（即收货人）进行欺诈。

3. 过期提单

过期提单（Stale B/L）有两种含义，一是指出口商在装船后延滞过久才交到银行议付的提单；二是指提单晚于货物到达目的港，这种提单也称为过期提单。因此，近洋国家的贸易合同一般都规定有“过期提单也可接受”的条款（Stale B/L is Acceptable）。

(七)按收费方式划分

1. 运费预付提单

成交CIF、CFR价格条件为运费预付,按规定货物托运时,必须预付运费。在运费预付情况下出具的提单称为运费预付提单(Freight Prepaid B/L)。这种提单正面载明“运费预付”字样,运费付后才能取得提单;付费后,若货物灭失,运费不退。

2. 运费到付提单

以FOB条件成交的货物,不论是买方订舱还是买方委托卖方订舱,运费均为到付(Freight Payable at Destination),并在提单上载明“运费到付”字样,这种提单称为运费到付提单(Freight to Collect B/L)。货物运到目的港后,只有付清运费,收货人才能提货。

3. 最低运费提单

最低运费提单(Minimum B/L)是指对每一提单上的货物按起码收费标准收取运费所签发的提单。如果托运人托运的货物批量过少,按其数量计算的运费额低于运价表规定的起码收费标准时,承运人均按起码收费标准收取运费,为这批货物所签发的提单就是最低运费提单,也可称为起码收费提单。

四、海运提单的背书转让

提单是货物的权利凭证,具有可以流通转让的性能。海运提单按收货人的表示分为不可流通形式和可流通形式。

(一)不可流通形式提单

不可流通形式提单多指不可流通的记名抬头人提单,又称直交提单。在收货人格内载明托运给一个特定的收货人,只能由特定的收货人提货,不得转让流通,该收货人经证明其身份,即可提取货物。

(二)可流通形式提单

可流通提单收货人抬头有以下三种:

1. 可流通的来人抬头提单

略。

2. 可流通的指示抬头提单

可流通的指示抬头提单的表示方法又分为以下三种:

①以开证行的指定人作为抬头人(To Order of Issuing Bank)。

②以申请人的指定人为抬头人(To Order of Applicant)。

③以托运人的指定人为抬头人(To Order of Shipper)。

3. 可流通的记名抬头提单

可流通的记名抬头提单(Negotiable Named Consignee B/L)分为以下几种:

①出口商(×× × Co.)以发货人的身份作成空白背书。

②出口商(×× × Co.)以发货人的身份作成开证行的记名背书。

③信用证规定提单收货人是议付行,在寄单前,议付行作成记名背书给开证行。

④进口商付款赎单时,若提单抬头人或被背书人是开证行,由开证行背书给进口商。

所谓背书转让是转让人在提单的背面写明受让人，并签名的转让手续。按照背书的方法区分，背书分为记名背书、指示背书、选择不记名背书和空白背书（不记名背书）四种。

A. 记名背书

记名背书也称完全背书，是背书人（转让人）在提单背面写明被背书人（受让人）的姓名，并由背书人签名的背书形式。

B. 指示背书

指示背书是背书人在提单背面写明"指示"或"某某指示"字样，并不写明特定受让人，由背书人签名的背书形式。

C. 选择不记名背书

这种背书形式是背书人在提单背面特指某一受让人，同时又指明可以以提单持有人作为受让人，即以"某某或持有人"形式表示受让人，并由背书人签名的背书形式。

D. 空白背书

空白背书则指在提单背书中不记载任何受让人，只由背书人签名的背书形式。

在承运人签发的提单是指示提单的条件下，只要经过背书都可以转让。如果所签发的提单是托运人指示提单，则应以托运人为第一背书人；如果是记名指示提单，或选择指示提单，则第一背书人应是提单中指名的指示人，"某某指示"或"某某或指示"中的"某某"应为第一背书人。

空白背书不需背书即可转让。转让时，背书人不需要在提单上写明受让人，只要在提单背面签字即可。采用完全背书的背书形式时，必须连续背书才能连续转让，而采用空白背书形式时，则不需要连续背书即可转让。

五、海运提单的内容

海运提单的格式很多，每个船公司都有自己的提单格式，但基本内容大致相同，一般包括提单正面的记载事项和提单背面印就的运输条款。

（一）海运提单正面内容及填制注意事项

1. 托运人

托运人（Shipper）即委托运输的人，在进出口贸易中通常就是出口人。

本栏目填写出口人的名称和地址。一般为信用证的受益人、合同的卖方，也可以是第三方。

2. 收货人

收货人（Consignee）即提单的抬头人，应按信用证规定填写。

记名抬头——直接填写收货人名称和地址，如"To ABC Co."。

不记名抬头——填"To Bearer"。

指示抬头——按 L/C 规定填写，如"To order"、"To order of ×××"。

例如：来证规定"…made out to order and endorsed to ABC Bank…"则收货人栏填写："To Order"。提单背面由托运人作记名背书："Deliver to ABC Bank For DNO Co. ＊＊＊（托运人签章）"。

例如：来证规定："…made out to our order and endorsed in blank…"（设开证行为 ABC Bank）则收货人栏填写："To order of ABC Bank"，提单背面由 ABC 银行作空白背书，即 ABC 银行签章即可。

提单的抬头决定了海运提单的性质和货权的归属。在进出口贸易中多使用指示式抬头，以便单据可以通过背书转让。

3. 被通知人

按信用证规定填写,须注明被通知人(Notify Party)的详细名称和地址。信用证方式下,应按信用证规定填写。如来证规定:"Full set of B/L…notify applicant",应在本栏目中将开证申请人的全称及地址填上。如信用证无规定时,正本提单可不留空填,但随船的副本提单须填列开证申请人的详细名称和地址。

4. 前段运输

前段运输(Per-Carriage by)为填写联合运输过程中在装运港装船前的运输方式。例如,从石家庄用火车将货物运到新港,再由新港装船运至目的港,本栏可填"Wagon No. xxx"或者"By Train"。

5. 收货地点

收货地点(Place of Receipt)填写"前段运输"的接收货物的地点。例如上例,收货地点应填"石家庄"(Shi Jia Zhuang)。

6. 海运船名和航次

海运船名(Ocean Vessel)和航次(Voyage No.)填写实际载货船舶的名称和本次航行的航次,如"FengQing V. 102"。没有航次的可以不填航次。

7. 装运港

装运港(Port of Loading)即起运港,应按信用证规定填写。如果信用证只是笼统规定"China Main Poris",则应填写实际装运港口的名称,如"Qing Dao"。如果来证同时列明几个装货港的,如"Xin Gang/Qin Huang Dao/Tang Shan/",提单只能填写其中一个实际装运的港口名称。

8. 卸货港

卸货港(Port of Discharge)即目的港,应按信用证规定填写。

除FOB价格条件外,卸货港不能填写笼统的名称,如"European Main Port",必须列出具体的港口名称。如果国际上有重名港口的,还应加注国别名称。在转船情况下可以在卸货港名称之后加注转船港名称,如:"Rotterdam W/T at HongKong",或在货名栏下方的空白处加注转船的说明,如果有印就的转船港栏目,则直接填入转船港名称即可。

9. 交货地点

交货地点(Place of Delivery) 填写最终目的地名称。如果货物的目的地就是目的港的话,该栏可以留白,也可以填写目的港名称。

10. 提单号码

提单号码(B/L No.)位置上必须注明承运人及其代理人规定的提单编号,以便核查,否则提单无效。

11. 集装箱号码/铅封号

填写集装箱号码(Container No.)。铅封号(Seal No.)是海关查验货物后作为封箱的铅制关封号,应如实注明。

12. 标记唛码

标记唛码(Marks & Nos.)按发票缮制。

13. 件数和包装种类

件数和包装种类(Numbers and Kinds of Packages)按货物实际装运外包装的件数情况填

写,如“100 Bales”、“250 Drums”,在栏目下面的空白处或大写栏内加注大写件数,如“SAY ONE HUNDRED BALES ONLY.”

散装货可注明“In Bulk”字样,无需列明大写件数。

如有多种货物采用多种包装,则应分别列明各种货物的件数和包装种类并加列合计总件数。

例如:

100 cartons

50 bales

30 cases

180 Packages

SAY ONE HUNDRED AND EIGHTY PACKAGES ONLY.

14. 货物描述

货物描述(Description of Goods)按信用证和发票货名填写,如果发票名称过多或过细,提单可打货物的总称,但不能和发票货名相矛盾。

15. 毛重

毛重(Gross Weight)以千克(kg)为单位填写装运货物的毛重,千克以下四舍五入处理。

16. 尺码

尺码(Measurement)以立方米(m^3)为单位填写货物体积,立方米以下保留小数点后三位数。

17. 总包装件数

总包装件数(Total Packages)由大写英文数字、包装单位和“ONLY”组成,如“SAY ONE HUNDRED CARTONS ONLY”。

18. 运费和费用

运费和费用(Freight and Charges)栏除非有特别规定,否则只填列运费的付费情况,如“Freight Prepaid”或“Freight to Collect”,不填具体金额。

19. 运费支付地

运费支付地(Freight Payable at)填写实际支付运费的地点。

20. 正本提单份数

收货人凭正本提单提货。正本提单份数(Nos. of Original B/L)应按信用证的要求填写,在本栏目内用英文大写(如 TWO,THREE 等)注明。每份正本提单的效力相同,凭其中一份提货后,其余各份失效。

21. 签单地点及日期

签单地点及日期(Place and Date of Issue),签单地点通常为装运地点,签发日期即为装运日期(Place and Date of Issue)。

(二) 海运提单背面内容

在班轮提单的背面都是印就的条款,是处理承运人与托运人或收货人之间争议的依据,它主要包括以下内容:

①法律诉讼条款,注明适用的有关提单的国际公约;

②承运人责任条款;

③免责条款;

④有关改航、换装、改卸目的港、甲板货物、危险货物、冷藏货物、装货、卸货、交货、共同海损等条款；

⑤赔偿条款；

⑥运费条款；

⑦留置权条款等。

程序二　其他运输单据

一、铁路运单

铁路运输可分为国际铁路联运和国内铁路运输两种方式，因此，铁路运单(Railway Bill)也分为两种，前者使用国际铁路联运运单，后者使用国内铁路运单。通过铁路对港、澳出口的货物，由于国内铁路运单不能作为对外结汇的凭证，故使用承运货物收据这种特定性质和格式的单据。

(一)国际铁路货物联运运单

国际铁路货物联运所使用的运单是铁路与货主间缔结的运输契约。该运单从始发站随同货物附送至终点站并给收货人，它不仅是铁路承运货物出具的凭证，也是铁路同货主交接货物、核收运杂费和处理索赔与理赔的依据。该运单副本在铁路加盖承运日期戳记后发还给发货人作为卖方凭此向银行结算货款的主要证件之一。

(二)承运货物收据

承运货物收据是港澳联运中使用的一种结汇单据。由于内地铁路部门发往香港货物不能只使用一张单据，因此铁路提供的货物运单不能作为结汇的凭证，改由中国外运公司凭铁路运单以运输承运人的身份另外签发给经深圳中转至香港货物的承运收据，交由出口企业凭之向银行或通过银行向收货人收汇。承运货物收据起到了类似海运提单或国际联运运单副本的作用，既代表货物的所有权，又是香港收货人的提货证明，也是货运双方的运输契约和承运人货物收据。承运货物收据有时还可以使用于公路、河运等其他运输方式。

二、航空运单

(一)航空运单的性质、作用

航空运单(Airway Bill)与海运提单有很大不同，却与国际铁路运单相似。它是由承运人或其代理人签发的重要的货物运输单据，是承托双方的运输合同，其内容对双方均具有约束力。航空运单不可转让，持有航空运单也并不能说明可以对货物要求所有权。

1. 航空运单是发货人与航空承运人之间的运输合同

与海运提单不同，航空运单不仅证明航空运输合同的存在，而且航空运单本身就是发货人与航空运输承运人之间缔结的货物运输合同，在双方共同签署后产生效力，并在货物到达目的地交付给运单上所记载的收货人后失效。

2. 航空运单是承运人签发的已接收货物的证明

航空运单也是货物收据，在发货人将货物发运后，承运人或其代理人就会将航空运单其中一份交给发货人(即发货人联)，作为已经接收货物的证明。除非另外注明，否则它是承运人收到货物并在良好条件下装运的证明。

3. 航空运单是承运人据以核收运费的账单

航空运单分别记载着属于收货人负担的费用，属于应支付给承运人的费用和应支付给代理人的费用，并详细列明费用的种类、金额，因此可作为运费账单和发票。承运人往往也将其中的承运人联作为记账凭证。

4. 航空运单是报关单证之一

出口时航空运单是报关单证之一。在货物到达目的地机场进行进口报关时，航空运单也通常是海关查验放行的基本单证。

5. 航空运单可作为保险证书

如果承运人承办保险或发货人要求承运人代办保险，则航空运单也可用来作为保险证书。

6. 航空运单是承运人内部业务的依据

航空运单随货同行，证明了货物的身份。运单上载有有关该票货物发送、转运、交付的事项，承运人会据此对货物的运输做出相应安排。

航空运单的正本一式三份，每份都印有背面条款，其中一份交发货人，是承运人或其代理人接收货物的依据；第二份由承运人留存，作为记账凭证；最后一份随货同行，在货物到达目的地，交付给收货人作为核收货物的依据。

(二)航空运单的分类

航空运单主要分为两大类：

1. 航空主运单

凡由航空运输公司签发的航空运单都称为航空主运单(MAWB，Master Air Way Bill)。它是航空运输公司据以办理货物运输和交付的依据，是航空公司和托运人订立的运输合同，每一批航空运输的货物都有自己相对应的航空主运单。

2. 航空分运单

集中托运人在办理集中托运业务时签发的航空运单被称作航空分运单(HAWB，House Air Way Bill)。在集中托运的情况下，除了航空运输公司签发主运单外，集中托运人还要签发航空分运单。

在这中间，航空分运单作为集中托运人与托运人之间的货物运输合同，合同双方分别为货A、货B和集中托运人；而航空主运单作为航空运输公司与集中托运人之间的货物运输合同，当事人则为集中托运人和航空运输公司。货主与航空运输公司没有直接的契约关系。

不仅如此，由于在起运地货物由集中托运人将货物交付航空运输公司，在目的地由集中托运人或其代理从航空运输公司处提取货物，再转交给收货人，因而货主与航空运输公司也没有直接的货物交接关系。

三、邮包收据

邮包收据(Parcel Post Receipt)是邮包运输的主要单据，它既是邮局收到寄件人的邮包后所签发的凭证，也是收件人凭此提取邮件的凭证，当邮包发生损坏或丢失时，它还可以作为索赔和理赔的依据，但它不是物权凭证。

四、多式联运单据

多式联运单据(Multimodal Transport Documents)是为了适应集装箱运输的需要而出现的一种联运单据。它是由多式联运经营人签发给托运人的对运输全程负总责的一种单证。因此，它与联运提单不同之处主要有两点：一是承运人的责任不同，前者对全程负责，后者是分段负责，签发提单人只对他所承运段负责；二是运输方式的组合不同，多式联运单据既适用于包括海运在内的各种方式的联合运输，也适用于不包括海运的各种方式的联合运输，而联运提单只适用于海运同其他方式所组成的联合运输。

项目小结

在进出口贸易中，货物由卖方交付给买方，都要经过一定的运输方式来完成。如何运输，要由合同的装运条款做出规定。装运条款通常要包括装运(或交货)时间、装运港(或装运地)、目的港(或目的地)、能否转运、能否分批装运、装运通知等有关内容。在签订合同时，买卖双方选择合适的运输方式，明确装运要求，才能保证合同的顺利履行。本项目主要涉及国际贸易的各种运输方式及特点，国际贸易买卖合同中涉及的装运条款以及运输中的各种单据。通过本项目的学习，我们可以了解各种运输方式的特点及适用范围、滞期费和速遣费的概念；掌握班轮运费的计算、装运条款的签订、海运提单的内容、特点及海运提单的缮制。

增值阅读

中外船公司简称与缩写见表4.1。

表4.1　中外船公司简称与缩写一览表

公　司	简　称	缩　写	网　站
澳大利亚国家航运公司	澳国航运	ANL	
美国总统轮船(中国)有限公司	美国总统	APL	www.apl.com
邦拿美船务有限公司	邦拿美	BNML	
波罗的海航运公司	波罗的海	BOL	
中波轮船股份公司	中波	C—P	
南美邮船公司	南美邮船	CLAN	
智利国家航运公司	智利航运	CCNI	www.ccni.cl
中日国际轮渡有限公司	中日轮渡	CHINJ	
天敬海运	天敬海运	CK	

续表

公　司	简　称	缩　写	网　站
达飞轮船(中国)有限公司	达飞轮船	CMA	www. cma－cgm. com
京汉航运有限公司	京汉航运	CO－HE	
中国远洋集装箱运输有限公司	中远集运	COSCON	www. cosco. com. cn
朝阳(香港)有限公司上海办事处	朝阳公司	CYL	www. choyang. com
克罗利海运公司			www. crowley. com
达贸国际轮船公司	达贸国际	DELIMA	www. delmas. com
德国胜利航运公司	德国胜利	DSEN	www. dsr－senator. com
埃及国际船务公司	埃及船务	EILKL	
长荣香港有限公司上海办事处	香港长荣	EMC	www. evergreen－marine. com. tw
远东海洋轮船公司	远东海洋	FESCO	www. fesco. com
金发船务有限公司	金发船务	GFNG	
金洋航运公司			www. gslltd. com. uk
上海海华轮船公司	海华轮船	HASCO	
浩洲船务公司	浩洲船务	HCSC	
韩进海运(中国)有限公司	韩进海运	HJS	www. hanjin. com
香港航运有限公司	香港海运	HKMSH	
香港明华船务有限公司	香港明华	HKMW	
赫伯罗特船务(中国)有限公司	赫伯罗特	HJSHA	www. hapag－lloyd. com
现代商船株式会社上海代表处	现代商船	HMM	juliet. hmm. co. kr
上海海隆轮船有限公司	海隆轮船	HNT	
金华航运有限公司	金华航运	JH	
川崎汽船(中国)有限公司	川崎汽船	KLINE	www. kline. com
高丽海运株式会社	高丽海运	KMTC	www. kmtc. co. kr
莱克斯航运			www. lykeslines. com
宏海箱运			www. rclgroup. com
七星轮船有限公司	七星轮船	SSCL	
上海育海航运公司	育海航运	SYH	
上海中福轮船公司	中福轮船	SZFSC	
山东海丰国际货运	山东海丰	SITC	www. sitc. com. cn

续表

公　司	简　称	缩　写	网　站
墨西哥航运有限公司	墨西哥航运	TMM	www. tmmlines. com
上海天海货运有限公司	天海货运	TMSC	
东航船务有限公司	东航船务	TOHO	
宁波泛洋船务有限公司	宁波泛洋	TOS	
阿拉伯联合国家轮船公司	阿拉伯轮船	UASC	
立荣海运公司	立荣海运	UGL	
环球船务有限公司	环球船务	UNIWD	
万海航运股份有限公司	万海股份	WANHL	
伟航船务有限公司	伟航船务	WH	
大连威兰德船务有限公司	威兰德船务	WLD	www. winlandshipping. com
华轮—威尔森			www. 2wglobal. com
阳明公司	阳明公司	YML	www. yml. com. tw
以星轮船有限公司	以星轮船	ZIM	www. zim. co. il
浙江远洋运输公司	浙江远洋	ZOSCO	
联华航业(香港)有限公司上海办事	联华航业	LC	
联丰船务有限公司	联丰船务	LIFEN	
意大利邮船公司上海代表处	意邮船	LT	www. lloydtriestino. it
马来西亚国际航运有限公司	马国航运	MISC	
商船三井(中国)有限公司	商船三井	MOLCN	www. mol. co. jp
瑞士地中海航运公司	地中海	MSC	www. mscgva. ch
马士基(中国)航运有限公司	马士基	MSL	www. maersksealand. com
民生神原海运有限公司	民生神原	MSKM	
MATSON 航运			www. matson. com
太古船务代理有限公司	太古船代	NGPL	
渣华邮船(中国)有限公司	渣华邮船	NLL	www. ponl. com
新加坡海皇轮船有限公司	新海皇	NOLSH	www. nol. com. sg
北欧亚航运(中国)有限公司	北欧亚航	NORAS	www. norasia. ch
宁波远洋运输公司	宁波远洋	NOSCO	
南星海运株式会社	南星海运	NS	

续表

公　司	简　称	缩　写	网　站
沙特阿拉伯国家航运公司	沙特航运	NSCSA	
日本邮船(中国)有限公司	日本邮船	NYK	www. nykline. com
东方海外货柜航运(中国)有限公司	东方海外	OOCL	www. oocl. com
英国铁行箱运有限公司	英国铁行	P&O	
泛洲海运	泛洲海运	PC	
太平船务有限公司	太平船务	PIL	
泛洋商船株式会社	泛洋商船	POBU	
瑞克麦斯轮船公司	瑞克麦斯	RILI	
美商海陆联运(中国)有限公司	美商海陆	S/L	
南非国家轮船有限公司	南非轮船	SAF	
东映海运有限公司	东映海运	SBL	
上海国际轮渡有限公司	国际轮渡	SFCO	
中海发展股份有限公司	中海发展	CSD	www. chinashipping. com. cn
长锦有限公司	长锦公司	SINKO	
上海市锦江国际船务代理有限公司	锦江船代	SJJSA	
志晓船务有限公司	志晓船务	SSC	
中国对外贸易运输总公司	中外运	SNTBJ	www. sinotrans. com

说一说

(1)海洋运输有何特点?

(2)如何理解海运提单是物权凭证?

(3)何谓“空白抬头”、“空白背书”提单?

(4)买卖合同中的装运条款包括哪些内容?装运时间如何规定?

(5)国际多式联运应具备哪些条件?

议一议

(1)某农产品进出口公司向国外某贸易公司出口一批花生仁,国外客户在合同规定的开证时间内开来一份不可撤销信用证,证中的装运条款规定:“Shipment from Chinese port to Singapore in May, Partial shipment prohibited.”农产品进出口公司按证中规定,于5月15日将

200 公吨花生仁在福州港装上“嘉陵”号轮，又由同轮在厦门港续装 300 公吨花生仁，5 月 20 日农产品进出口公司同时取得了福州港和厦门港签发的两套提单。农产品公司在信用证有效期内到银行交单议付，却遭到银行以单证不符为由拒付货物。

问：银行的拒付是否有理？为什么？

(2)我国向俄罗斯出口茶叶 6 000 箱，合同和信用证均规定，“5 月份开始，连续每月 2 000 箱”。

问：我方于 5 月份装 2 000 箱，6 月份没装，7 月份装 2 000 箱，8 月份装 2 000 箱，妥否？请陈述理由。

练一练

(1)某公司出口到澳大利亚悉尼港某商品 1 000 箱，每箱毛重 30 千克，体积 0.032 立方米，运费计算标准为 W/M 10 级。查 10 级货直运悉尼港基本运费为 RMB 200 元，加货币附加费 35.8%，再加燃油附加费 28%，港口拥挤费 25%。求运费。

(2)上海某公司有一批打字机需从上海出口到澳大利亚的悉尼，对外报价 CFR 悉尼 20 美元/台，客户要求改报 FOB 价。已知：货物用纸箱装运，每箱的尺码为 44 cm×44 cm×30 cm，每箱毛重是 35 千克，每箱装 4 台。共计 800 箱。计收标准 W/M 每运费吨 110 美元，货币附加费 10%。

试报 FOB 悉尼价多少美元一台？出口总额是多少？

(3)我国深圳东方进出口公司向英国 ABC 公司出口玩具 6 000 件，每件 6.5 美元 CFR 伦敦，玩具 12 件装一纸箱，每箱毛重 5.5 千克，箱的尺寸为 20 cm×30 cm×30 cm，唛头为：ABC/LONDON/NOS:500。货物于 2012 年 9 月 28 日在深圳盐田港装“大同”轮运往英国伦敦。

请根据上列条件填制一份“清洁、已装船、空白抬头”提单，要求通知买方并注明“运费已付”。

(4)天鑫公司向新加坡 Overseas Trading Co. 出口“跳鲤”漂布 100 000 码(1 码＝0.9144 米)，每码 2.50 美元 CFR 新加坡，Article No. 4 100，2012 年 12 月底前在大连港装船，目的港为新加坡，不允许分批装运和转船。要求天鑫公司装船后，将合同号码、品名、数量、船名、装船日期以电报通知新加坡公司。

请根据上述业务订立合同的装运条款。

项目五　国际贸易货物运输保险

项目分解

任务一　海洋货物运输保险的承保范围

要求学生了解商品在国际运输过程中面临的各种风险，遭受的各种损失和花费的各项费用，掌握海洋运输货物保险的承保范围。

任务二　我国海洋运输货物保险条款

要求学生能够掌握我国保险条款的主要内容，能够运用条款内容对具体案例进行分析，并能填写和缮制所涉及的单证，还能够进行有关数据的计算。

任务三　伦敦保险协会海洋运输货物保险条款

要求学生能够了解伦敦保险协会所制定的相关保险条款的内容，能够和《中国保险条款》进行比较分析。

任务四　陆运、空运货物及邮包运输保险

要求学生能够了解陆上运输、航空运输和邮包运输等过程中商品面临的各种风险，了解相关运输环节的保险概况。

任务五　国际货物保险实务

要求学生掌握国际货物保险投保、承保、索赔和理赔环节操作实务，能够正确填写和缮制相关的单证，计算相关的费用。

实现目标

知识目标：识别货物在国际长途运输中遇到的各种风险、损失和费用，熟知《中国保险条款》的主要内容并能够结合相关案例进行正确分析。

能力目标：能够正确处理国际货运保险环节中遇到的各种问题；能够正确缮制保险单证，正确计算各项保险费用。

案例导入

我某外贸公司以CFR条件进口工艺品一批，我方为此批货物向某保险公司投保我国海运保险条款水渍险。货物在上海港卸下时发现部分工艺品损坏。经查：200件工艺品在装船时就已破损，但由于外表有包装，装船时没有被船方检查出来；还有300件工艺品因船舶在途中搁浅，船底出现裂缝，被海水浸湿；另有100件工艺品因为航行途中曾遇雨天，通风窗没有及时关闭而被淋湿致生锈。分析导致上述损失的原因，保险人是否应予赔偿，为什么？

分析：该批工艺品以CFR条件进口，投保的是我国海运保险条款水渍险。200件工艺品在装船时就已破损，其损失发生在保险责任开始前，属于保险除外责任，因而保险公司不予赔偿；因船舶在途中搁浅，船底出现裂缝，海水浸湿的300件工艺品损失是意外事故所致，属于水渍险保险责任，保险公司应予赔偿；因航行途中曾遇雨天，通风窗没有及时关闭而被淋湿致生锈的100件工艺品，损失因外来风险所致，不属于水渍险保险责任，保险公司不予赔偿。

从法律角度看，保险是一种补偿性契约行为，即被保险人向保险人提供一定的保险费，保险人则对被保险人将来可能遭受的承保范围内的损失负赔偿责任。保险种类很多，其中包括财产保险、责任保险、保证保险和人身保险，国际货物运输保险属于财产保险的范畴。国际货物运输保险是指被保险人（买方或卖方）向保险人（保险公司）按一定的金额投保一定的险别，并根据一定的保险费率交纳保险费，保险人承保后，对于被保险货物在运输途中发生的承保范围内的损失给予经济补偿。

由于国际货物采取的运输方式很多，其中包括海洋运输、陆上运输、航空运输和邮包运输等，因此，国际货物运输保险也相应地分为海运货物保险、陆运货物保险、航空货运保险和邮包运输保险。

任务一　海洋货物运输保险的承保范围

本任务可分解为3个教学程序：海运货物保险保障的风险；海运货物保险保障的损失；海运货物保险保障的费用。

海运货物保险承保的范围，包括海上风险、海上损失与费用以及外来原因所引起的风险和损失。国际保险市场对上述各种风险与损失都有特定的解释。正确理解海运货物承保的范围和各种风险与损失的含义，对合理选择投保险别和正确处理保险索赔，具有十分重要的现实意义。

程序一　海运货物保险保障的风险

海运保险是各类保险中发展最早的一种，这是由于商船在海洋航行中风险大、海运事故频繁。在国际海运保险业务中，各国保险界对海上风险与海上损失，都有其特定的解释。因此，我们首先应对各种海上风险和损失的确切含义有所了解。

一、海上风险

海上风险(Perils of Sea)又称海难,是指在海上、海上与陆地及内河或驳船相连接的水域内所发生的风险,一般包括自然灾害和意外事故。但对于经常发生的或必然性事件,例如海上的一般风浪作用,并不包括在内。海上风险有其特定的含义,一方面它并不包括所有发生在海上的风险,另一方面它又并不局限于航海中所发生的风险,现代海上保险中都将与海运相连的包括陆上、内河、驳船运输过程中的风险包括在海上风险之内予以承保。

(一)自然灾害

自然灾害(Natural Calamity)是指恶劣气候、雷电、海啸、地震、洪水、火山爆发以及其他人力所无法抗拒的自然灾害,而非泛指一切由于自然力量所造成的灾害。

在中国《海洋运输货物保险条款》中把恶劣气候(Heavy Weather)、雷电(Lightning)、海啸(Tsunami)、地震(Earthquake)和洪水(Flood)作为可保的自然灾害;伦敦保险协会的《协会货物保险条款》中承保的自然灾害包括地震、雷电、火山爆发(Volcanic Eruption)、浪击落海(Washing Overboard)及海水、湖水或河水进入船舱、驳船、运输工具、集装箱、大型海运箱或储存处所(Entry of sea, lake or river water into vessel, craft, conveyance, container, lift-van or place of storage.)。

(二)意外事故

意外事故(Accident)是指由于外来的、偶然的、突然的、非意料中的原因所致的事故。但在海上保险的业务中,它并不是泛指海上意外事故,而是指运输工具遭受搁浅、触礁、沉没、船舶与流冰或其他物体碰撞造成船货失踪、失火、爆炸等。

中国的《海洋运输货物保险条款》中所承保的意外事故包括运输工具遭受的搁浅(Stranded)、触礁(Grounded)、沉没(Sunk)、倾覆(Capsized)、碰撞(Collision)、失火(Fire)和爆炸(Explosion)等;伦敦保险协会的《协会货物保险条款》中所承保的意外事故除了包含以上的风险,还包括了陆上运输工具的倾覆或出轨(Overturning or Derailment of Land Conveyance)以及抛弃(Jettison)等。

二、外来风险

外来风险(Extraneous Risks)是指海上风险以外的其他外来原因的风险,货物运输保险中所指的外来风险必须是意外的、偶然的、事先难以预料的风险,而不是必然发生的外来因素所导致的。外来风险可分为一般外来风险和特殊外来风险。

(一)一般外来风险

是指一般外来原因造成的风险,通常包括偷窃(Theft,Pilferage)、短量(Short Delivery)、提货不着(Non-Delivery)、淡水雨淋(Fresh Water and Rain Damage)、混杂(Intermixture)、玷污(Contamination)、渗漏(Leakage)、碰损(Clash)、破碎(Breakage)、串味(Taint of Odor)、受潮受热(Sweating and Heating)、钩损(Hooking Damage)、包装破裂(Packing Breakage)和锈损(Rust)风险等。

(二)特殊外来风险

是指除一般外来风险以外的其他外来因素所致的货物损失,它往往是与政治、军事、社会动荡以及国际行政措施、政策法令等有关的风险。常见的特殊外来风险主要有战争(War Risks)、罢工(Strike Risks)、进口国有关当局拒绝进口或没收(Rejection Risks)等。

程序二　海运货物保险保障的损失

海上损失简称海损,是指被保险货物在海运过程中,由于风险所造成的损坏或灭失。在国际海运保险业务中,各国保险界对海上损失有其特定的解释。根据国际保险市场的一般解释,凡与海陆连接的陆运过程中所发生的损坏或灭失,也属于海损范围。按照损失的程度,海损可分为全部损失和部分损失两大类。

一、全部损失

全部损失(Total Loss)简称全损,是指整批或不可分割的一批被保险货物全部灭失或可视同全部灭失的损害。全部损失可进一步分为实际全损和推定全损。

(一)实际全损

实际全损(Actual Total Loss)也称绝对全损(Absolute Total Loss),是指保险标的发生保险事故后全部灭失、完全变质或者不可能再归被保险人所有。

在保险业务中,构成实际全损一般有以下几种情况:

1. 保险标的灭失

例如:船舶与货物沉入海底无法打捞;保险货物被大火焚烧,全部烧成灰烬;船舱进水导致食盐、糖等易溶货物全部被海水溶解。

2. 保险标的受损严重

保险标的已完全丧失原有的性质和用途,原有的商业价值和使用价值已不复存在。

例如:水泥被海水浸泡结成硬块而失去原有的属性和用途;茶叶遭海水浸湿后香味尽失。

3. 保险标的不能再归还被保险人所有

即被保险人无可弥补地失去对保险标的的实际占有、使用、受益和处分等权利。

例如:船货被索马里海盗劫持;战时货物被敌对国捕捉并作为战利品分发。

4. 船舶失踪达到一定时期无音讯

关于船舶失踪的时间,各国法律有不同的规定,按现行国际惯例,一般为半年,我国规定是两个月。如果已达规定时间仍无音讯,则可视为全损。

(二)推定全损

推定全损(Constructive Total Loss)指被保险标的物发生事故后,虽然没有完全毁灭,但实际全损已不可避免,或者为避免实际全损所需要支付的抢救费用、修理费用再加上继续将货物运抵目的地费用之和超过保险价值。例如,船只由于海啸遭到颠覆,船上货物都漂在海上,而打捞后继续运至目的地的费用比丢弃货物还要昂贵。

在保险业务中,构成推定全损的情况一般有以下几种:

①保险货物受损后,修理费用估计要超过货物修复后的价值。

②保险货物受损后,整理和续运到目的地的费用,超过货物到达目的地的价值。

③保险标的的实际全损已经无法避免,或者为了避免实际全损需要施救的花费,将超过获救

后的标的价值。

④保险标的遭受保险责任范围内的事故，使被保险人失去标的所有权，而收回这一所有权所需的花费，将超过收回后的标的价值。

在发生推定全损时，被保险人可以要求保险公司按部分损失赔偿，也可要求全部损失赔偿。要想保险公司能按全损赔偿，必须经过委付。委付(Abandonment)是指被保险标的物在发生推定全损时，由被保险人将保险标的物的一切权利转让给保险人，而要求保险人按全损给予补偿。委付成立与否，要满足以下几个条件：

①委付通知书必须及时发出。

②委付必须经过保险人明示或默示地承诺才能生效。

③必须是对全部标的物进行委付。

④不能附带任何保留条件。

(三)实际全损和推定全损的区别

1. 损失的程度不同

实际全损是指保险标的遭受保险事故后，确实已经灭失、损毁或失去原有用途和使用价值，不能再恢复原样或不能再收回，强调全部损失已经出现，无法补救。

推定全损则是指保险标的已经受损，但当时并未完全灭失，将来会出现全部损失，或是可以修复或收回保险标的，只是因此而支出的费用将超过保险标的的价值，强调全部损失是将来的或不可补救的。

2. 办理索赔的手续不同

发生实际全损后，被保险人无需办理任何法律手续，即可向保险人要求按照保险金额赔付全部损失；但在推定全损情况下，被保险人在要求保险人按全损赔偿前，必须先发出委付通知，将保险标的委付给保险人。

(1)某公司出口茶叶一批，在海上运输途中，因碰撞事故茶叶被海水浸泡多时，茶叶完全失去了其特有的芳香，只能按照廉价的填充物处理。

(2)某公司出口一批服装，在海上运输途中，因船只触礁导致服装严重浸湿，若将服装漂洗后运至目的港所花的费用会超过服装的保险价值。

想一想：以上损失是实际全损还是推定全损？

二、部分损失

凡保险标的物的损失没有达到全部损失的程度，即为部分损失(Partial Loss)。按照损失的性质，部分损失可分为共同海损和单独海损。

(一)共同海损

1. 共同海损的含义

共同海损(General Average)是指在同一海上航程中，船舶、货物和其他财产遭遇共同危险，为了共同安全，有意的采取合理措施所直接造成的特殊牺牲、支付的费用。

共同海损行为是一种非常措施，这种措施在正常航行中是不会采用的。例如，正常航行中船方有保管货物的责任，应谨慎地使货物处于安全状态。然而，在特殊的危险状态中，例如，船舶搁浅，船长为了挽救船舶和全船货物，不得不下令将船上的部分货物抛入海中以减轻船重，使船舶浮起，转危为安。

2. 共同海损的成立条件

①危险必须是真实存在的且不可避免的，危及到船货共同安全。

②所采取的挽救措施要合理。

③发生的损失和支出的费用是在特殊非正常情况下的。

④共同海损的挽救措施最后一定要有效果。

小看板

某公司出口卡车 700 辆，该批货物均装于舱面(国外买方同意接受舱面提单)，航行途中遇到大风浪，有 20 辆卡车被冲入海中。后该船又触礁，严重漏水，为了挽救船和其他货物，船长下令将余下的 680 辆卡车推入海中。

想一想：上述两种情况是否都属共同海损？

3. 共同海损的构成

(1)共同海损的牺牲

共同海损的牺牲主要包括：抛弃、救火、自动搁浅、起浮脱险和货物、物料被当做燃料、切除镶嵌物以及避难港卸载、重装、倒移货物、燃料、物料和油料，还有割断锚链。此外，还有为了便于抛弃舱内货物，在船边或舱面开凿洞口，使船身或甲板受损。

(2)共同海损的费用

共同海损的费用主要包括：救助费用、避难港费用、代替费用、船货共同海损的理算费用和检验费用等。

共同海损的基本赔偿原则是：以实际遭受的合理损失和额外支出费用为准，经过补偿后，使遭受共同海损损失或支付共同海损费用的一方同没有遭受共同海损损失或没有支出费用的其他利害关系方处于均等的地位。即共同海损的损失和费用应由所有获益各方包括船方、货主、运费方按获救价值的比例共同分摊。

小看板

有一货轮在运输途中遇难发生共同海损 8 万美元。已知船舶价值为 100 万美元，船上载有甲、乙、丙三家的货物，分别为 50 万美元、30 万美元、8 万美元，待收运费为 2 万美元。

想一想：各方应如何分担共同海损？

(二)单独海损

单独海损(Particular Average)是指除共同海损外的部分损失，即货物受损未达到全损程度，它仅涉及船舶或货物所有人单方面利益的损失。单独海损可能是船舶的单独海损，也可能是货物的单独海损，也可能是运费的单独海损。这种损失只能由被保险人单独承担。假如被保险人投保了相应的险种，且在保险单上载明保险人承担单独海损责任，那么不论是船舶、货物或运费，在受损后均可向保险人要求赔偿。

（三）单独海损与共同海损的比较

共同海损与单独海损之间往往有着密切的内在联系。一般来讲，单独海损发生进而引起共同海损，在采取共同海损措施之前的部分损失，一般可列入单独海损。共同海损和单独海损的区别见表 5.1。

表 5.1　共同海损和单独海损的区别

比较项目	单独海损	共同海损
致损原因	承保风险直接导致的	为解除或减轻共同危险人为造成的
损失的内容	保险标的物	保险标的、特殊费用
损失的承担者	受损方自行承担	受益各方按比例分摊

小看板

一艘载运出口货物的轮船在航行途中前舱起火，船长不得不下令浇水灭火，火被扑灭后，船长统计的损失情况如下：

①部分服装被烧毁；

②灭火时一部分布匹被水浇坏；

③为了灭火方便，船甲板被切开，损失一部分修理费；

④一部分纸张被水浸毁。

想一想：以上各种损失哪些属于共同海损，哪些属于单独海损？为什么？

程序三　海运货物保险保障的费用

发生海上危险事故时，往往需要采取一定的措施以避免损失的发生或扩大，由此会引起费用的支出，对这些费用，保险人根据其性质规定了不同的赔付原则。在海运货物保险中，保险人负责赔偿的费用主要有以下几种。

一、施救费用

施救费用(Sue and Labor Charges)是指保险货物遭遇保险责任范围内的事故时，被保险人或其代理人、雇佣人员和受让人为避免或减少损失而采取各种抢救、保护、整理措施而产生的合理费用。例如，船舶在航行中因意外触礁，致使海水从船底进入船舱，舱内服装部分被浸湿，船长下令将服装搬离该舱，并对已浸湿的服装进行整理和烘干，由此而支出的费用就是施救费用。

施救费用的构成必须符合三个条件：

①施救行为必须是由被保险人或其代理人、雇佣人或受让人所采取的。

②施救费用的产生必须符合保险责任范围，假如保险货物的损失不属保险责任，被保险人为此而支出的抢救费用不能作为施救费用得到补偿。

③施救费用应该是必要的合理费用，假如施救行为不当，因此而支付的费用不能作为施救费用，保险人不予赔偿。

通过对保险货物进行施救，不仅可以减少国家物质财富的损失，还可以减少保险赔款的支付，所以保险人对这种行为是予以鼓励和支持的。我国《海商法》规定，被保险人为防止或减少根据合同可以得到赔偿的损失而支出的必要的合理费用，应当由保险人在保险标的损失赔偿之外另行支付，保险人对上述费用的支付，以相当于保险金额的数额为限。此外，即使施救行为没有效果，保险人在支付保险标的赔款后，还应赔偿被保险人支付的合理的施救费用。

二、救助费用

救助费用(Salvage Charges)是指当船舶碰到海难，虽然经船上人员尽力采取办法仍不能使船舶脱离危险时，必须由他人来救助，由此支付的报酬就是救助费用。

确定救助报酬时，不仅要考虑救助效果，还要综合考虑救助工作的时间、危险程度、救助采取的技术措施和投入的工具、被救助财产的价值、救助的开支和所受的损失等事实，通过协商或由仲裁确定，但救助报酬最高不得超过获救财产的价值。

三、额外费用

额外费用(Extra Charges)是指当保险标的受损后，对其进行查勘、公证、理算或拍卖等支付的费用以及运输在中途中止时所支付的货物卸下、存仓及续运至目的地的费用。假如保险标的遭遇保险责任范围内的事故，额外费用可由保险人负责赔偿；假如保险标的损失的索赔不能成立，额外费用也不能获赔。

小看板

有关海洋货物运输保险的承保范围如图5.1所示。

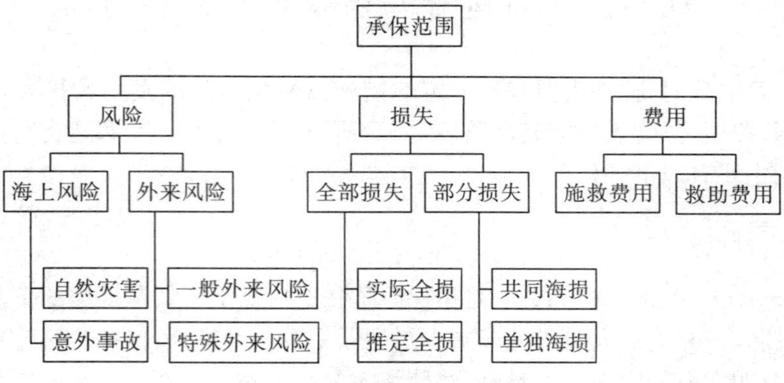

图5.1 海运货物保险承保范围

任务二　我国海洋运输货物保险条款

本任务可分解为 3 个教学程序：海运货物保险的责任范围；海运货物保险的除外责任；海运货物的保险期限。

我国现行的货物运输保险条款是中国人民保险公司 1981 年 1 月 1 日修订的《中国人民保险公司海洋运输货物保险条款》，简称《中国保险条款》(China Insurance Clause，CIC)，该条款参照国际保险市场习惯做法，并结合中国保险工作的实际而制定的。《中国保险条款》的主要内容包括海运货物保险责任范围、除外责任、保险期限等内容。

程序一　海运货物保险的责任范围

一、基本险的责任范围

我国海运货物保险条款包括基本险和附加险两部分。基本险又称主险，可以单独投保，被保险人必须投保基本险，才能获得保险保障。附加险则是不能单独投保的险别，它必须在投保基本险的基础上才可以投保。

基本险有平安险、水渍险和一切险三种。其具体责任范围如下：

(一)平安险

平安险(Free from Particular Average，FPA)也称部分损失不赔险，是基本险中承保范围最小的一种，其承保责任范围有以下六项：

①被保险货物在运输途中由于恶劣气候、雷电、海啸等自然灾难造成整批货物的全部损失和推定全损。

②由于运输工具遭受搁浅、触礁、沉没、互撞、失火、爆炸等意外事故造成的全部或部分损失。

③在运输工具已经发生搁浅、触礁等意外事故的情况下，货物在此前后又在海上遭受自然灾难所造成的部分损失。

④在装卸或转运时由于一件或整件货物落海造成的全部或部分损失。

⑤由于上述事故引起的共同海损的分摊以及为拯救受险货物和防止或减少货损而支付的合理费用。

⑥运输契约订有“船舶互撞责任”条款，根据该条款规定应由货方偿还船方的损失。

小看板

(1)运输货物的船舶在运输途中触礁，海水涌进船舱，将甲商人的 5 000 公吨货物浸泡2 000 公吨。

(2)货物在运输途中遭遇恶劣天气，海水涌进船舱，将乙商人 6 000 公吨货物浸泡 3 000 公吨。

(3)货物运输途中遭遇恶劣天气，海水涌进船舱，将丙商人 6 000 公吨货物全部浸泡。

(4)货物运输途中遭遇恶劣天气，海水涌进船舱，将丁商人的 6 000 公吨货物浸泡3 000公吨之后又触礁，海水涌进船舱，货物又被浸泡 1 000 公吨。

(5)货物运输途中，自来水管破裂，将戊商人的 8 000 公吨货物浸泡 3 000 公吨。

想一想：上述 5 种情况若投保平安险，是否赔偿？

(二)水渍险

水渍险(With Particular Average，WPA)与平安险的名称是我国保险业务中的一种习惯叫法，其承保责任范围与平安险基本一致，只是多了一部分责任，即对由于海上自然灾难导致货物的部分损失也给予赔偿。

小看板

某出口公司出口白报纸 5 000 令，按《中国人民保险公司海洋运输货物保险条款》投保水渍险，货到目的港时，发现有 200 令纸被水管漏水浸泡有水渍。

想一想：保险公司是否予以赔偿？

(三)一切险

一切险(All Risks，AR)，基本险中承保范围最大的一种，在水渍险的基础上再加上货物在运输途中由于一般外来风险所导致的全损或部分损失都可得到保险公司的赔偿。

值得注意的是，一切险并非对运输途中的一切风险和损失都负赔偿责任，对于发货人责任、货物的内在缺陷、自然损耗、运输延迟、市价跌落以及由于特殊外来原因(战争、罢工等)所引起的风险损失不负责任。

由此可以看出，水渍险包含平安险，一切险包含水渍险和平安险，一切险还包括了一般附加险的全部责任。因此，投保了一切险，就不用再投保平安险、水渍险或一般附加险了。

小看板

我国某公司与欧洲某进口商签订一份皮具出口合同，CIF 鹿特丹，向 PICC 投保一切险，货物到达后，经检验全部货物表面湿、霉、沾污、变色，损失 10 万美元。据分析货损的主要原因是生产厂家未将皮具的湿度降低到合理的程度。

想一想：保险公司是否应负责赔偿？进口商是否要支付货款？出口商应如何处理？

二、附加险的责任范围

附加险是基本险的扩展，它不能单独投保，而必须在投保主险的基础上加保，它承保的是外来风险引起的损失。按承保风险的不同，附加险可分为一般附加险和特殊附加险。

(一)一般附加险

一般附加险负责赔偿一般外来风险所致的损失。在我国《海运货物保险条款》中,一般附加险有11种,其条款内容非常简单,一般只规定承保的责任范围。

1. 偷窃及提货不着险

偷窃及提货不着险(Theft, Pilferage and Non-delivery Clause, T. P. N. D.)指在保险有效期内,保险货物被偷走或窃走以及货物运抵目的地以后,整件未交的损失。

2. 淡水雨淋险

淡水雨淋险(Fresh Water and/or Rain Damage Clause)指货物在运输途中,由于淡水、雨水以及雪融所造成的损失。淡水包括船上淡水舱、水管漏水以及船汗等。

3. 短量险

短量险(Shortage Clause)指保险货物在运输途中数量和重量短少的损失,但不包括正常运输途中的自然损耗。

4. 混杂、沾污险

混杂、沾污险(Intermixture & Contamination Clause)指保险货物在运输途中混进了杂质造成的损失。

5. 渗漏险

渗漏险(Leakage Clause)指流质、半流质的液体物质和油类物质,在运输过程中因为容器损坏而引起的渗漏损失。

6. 碰损及破碎险

碰损及破碎险(Clash & Breakage Clause):碰损主要指保险货物在运输途中因为受到震动、颠簸、挤压或搬运不慎等造成货物本身的凹瘪、脱瓷、脱漆、划痕等损失。破碎主要指保险货物在运输途中由于装卸粗鲁、运输工具的震颠等造成货物本身的断裂、破碎等损失。

7. 串味险

串味险(Taint of Odor Clause)指保险货物因为受到其他物品的气味影响所造成的串味损失。

8. 受潮受热险

受潮受热险(Sweating & Heating Clause)指保险货物因受潮、受热而引起的损失。

9. 钩损险

钩损险(Hook Damage Clause)指保险货物在装卸过程中因为使用手钩、吊钩等工具所造成的损失。

10. 包装破裂险

包装破裂险(Breakage of Packing Clause)指保险货物在运输途中因装卸或搬运不慎而导致包装破裂造成物资的短少、沾污等损失。

11. 锈损险

锈损险(Rust Clause)指保险货物在运输过程中因为生锈造成的损失。

(二)特殊附加险

特别附加险所承保的风险大多与国家的行政措施、政策法令、航海贸易习惯等有关,其险别主要包括:

1. 交货不到险

交货不到险(Failure to Delivery Clause)承保的是自被保险货物装上船舶时开始,在6个月内不能运到原定目的地交货的损失。不论何种原因造成交货不到,保险人都按全部损失予以赔偿。

2. 进口关税险

进口关税险(Import Duty Clause)承保的是被保险货物受损后,仍得在目的港按完好货物交纳进口关税而造成的关税损失。

3. 舱面险

舱面险(On Deck Clause)承保的是装载于舱面(船舶甲板上)的货物被抛弃或海浪冲击落水所致的损失。

4. 拒收险

拒收险(Rejection Clause)承保的是被保险货物出于各种原因,在进口港被进口国政府或有关当局拒绝进口或没收而产生的损失。

5. 黄曲霉素险

黄曲霉素险(Aflatoxin Clause)承保的是被保险货物,主要是指花生、油菜子、谷物等易产生黄曲霉素的货物,在进口港或进口地经卫生当局检验证明,其所含黄曲霉素超过进口国限制标准,而被拒绝进口、没收或强制改变用途所造成的损失。

6. 出口货物到香港或澳门存仓火险责任扩展条款

出口货物到香港或澳门存仓火险责任扩展条款是一种扩展存仓火险责任的特别附加险。它对于被保险货物自内地出口运抵香港或澳门,卸离运输工具,直接存放于保险单载明的过户银行所指定的仓库期间发生火灾所受的损失,承担赔偿责任。

7. 战争险

海上货物运输战争险(War Risk)是特殊附加险的主要险别之一,是保险人承保战争或类似战争行为导致的货物损失的特殊附加险。

8. 罢工险

海上货物运输罢工险(Strikes Risk)是保险人承保货物由于罢工者、被迫停工工人或参加工潮、暴动、民众斗争的人员的行为,或任何人的恶意行为所造成的直接损失和上述行动和行为引起的共同海损的牺牲分摊和救助费用。

小看板

(1)一切险、偷窃及提货不着险、串味险、交货不到险;

(2)平安险、一切险、受潮受热险、战争险、罢工险;

(3)水渍险、碰损破碎险;

(4)偷窃提货不着险、钩损险、战争险、罢工险。

想一想:我某公司以CIF贸易术语对外发盘,如按上述险别作为保险条款,是否妥当?如有不妥,请予以更正并说明理由。

程序二　海运货物保险的除外责任

根据我国《保险法》的有关规定，并不是任何原因造成的损失，保险公司都要负责赔偿，保险公司依法享有除外责任的保护。所谓除外责任是指保险公司明确规定不予承保的损失或费用，即使在保险有效期之内，保险公司也不予赔偿。

一、基本险的除外责任

为了明确保险人承保海运保险的责任范围，中国人民保险公司《海洋运输货物保险条款》中对海运基本险的除外责任规定有下列五项：

①被保险人的故意行为或过失所造成的损失。

②属于发货人的责任所引起的损失。

③在保险责任开始前，被保险货物已经存在的品质不良或数量短差所造成的损失。

④被保险货物自然途耗、本质缺陷、市价跌落和运输延迟所引起的损失。

⑤属于海洋运输货物战争险和罢工险条款规定的责任范围和除外责任。

二、特殊险的除外责任

1. 战争险的除外责任

对由于敌对行为使用原子或热核武器所致的损失和费用不负责任；对根据执政者、当权者或其他武装集团的扣押、拘留引起的承保航程的丧失和挫折而提出的索赔也不负责。

2. 罢工险的除外责任

因罢工造成劳动力不足或无法使用劳动力而使货物无法正常运输、装卸以致损失，属于间接损失，保险人不负责任。

小看板

我某公司以CIF条件出口大米1 000包，共计100公吨。合同规定由卖方投保一切险加战争险，后应买方的要求加附罢工险，保险公司按“仓至仓”条款承保。货抵目的港卸至码头后，遇码头工人罢工并与警方发生冲突，工人将大米包垒成掩体进行对抗。罢工历经15天才结束。当收货人提货时发现这批大米损失达80%，因而向保险公司索赔。

想一想：保险公司应否给予赔偿？为什么？

程序三　海运货物的保险期限

一、基本险的保险期限

中国人民保险公司《海洋运输货物保险条款》规定，基本险承保责任起讫期限或称保险期限，采用国际保险业务中惯用的“仓至仓条款”(Warehouse to Warehouse，简称W/W Clause)，即保险责任自被保险货物运离保险单所载明的起运地仓库或储存处所开始运输时生效，包括正常运输过程中的海上、陆上、内河和驳船运输在内，直至该项货物到达保险单所载明目的地收货人的最后仓库或储存处所或被保险人用作分配、分派或非正常运输的其他储存处所为止。如果未抵达上述仓库或储存处所，则以被保险货物在最后卸载港全部卸离海轮后满 60 天为止。如果在上述 60 天内被保险货物需转运至非保险单所载明的目的地时，则以该项货物开始转运时终止。

但是，在国际货物运输保险业务中，保险公司不是对所有保险合同都承担“仓至仓”责任的。因为，根据各国法律，投保人对保险标的应当具有保险利益(Insurable Interest)。保险利益又称可保利益，是指投保人对保险标的具有法律上承认的利益。就货物运输保险而言，反映在运输货物上的利益，主要是货物本身的价值，但也包括与此相关联的运费、保险费、关税、预期利润等。

海上保险也同其他保险一样，都要求被保险人必须对保险标的物具有保险利益，但海上保险不要求被保险人在订立保险合同时必须具有保险利益，而仅要求他在保险标的发生损失时必须具有保险利益。这种规定是与国际贸易的特点有关的。例如，在国际贸易活动中，买卖双方分处两国，以 FOB 和 CFR 术语订立的合同为例，货物风险转移以在装运港装上船为界。显然，货物在装上船、风险转移之前，仅卖方有保险利益，而买方并无保险利益。买方投保时取得的保险单尽管也载明适用“仓至仓”条款，但保险公司的实际保险责任仅从货物在装运港装上海轮或在发货地承运人接管货物时才开始。

小看板

某公司以 CFR 上海从国外进口一批汽车零件，并据卖方提供的装船通知及时向中国人民保险公司投保了水渍险，后来由于国内用户发生变更，我方通知承运人货改卸黄埔港。在货由黄埔港装火车运往南京途中遇到山洪，致使部分货物受损。如果海轮正常于 6 月 1 日抵达上海港并开始卸货，6 月 3 日全部卸在码头货棚中而未运往收货人的仓库。

想一想：保险公司的保险责任至哪一天终止？

二、战争险的保险期限

战争险的责任起讫与基本险所采用的“仓至仓”条款不同，而是采用“水面”条款，以“水上危险”为限，是指保险人的承保责任自货物装上保险单所载明的起运港的海轮或驳船开始，到卸离保险单所载明的目的港的海轮或驳船为止。如果货物不卸离海轮或驳船，则从海轮到达目的港当日午夜起算满 15 天之后责任自行终止；如果中途转船，不论货物在当地卸货与否，保险责任以海轮到达该港可卸货地点的当日午夜起算满 15 天为止，等再装上续运海轮时，保险责任才继续有效。

小看板

有关我国海洋货物运输保险条款如图 5.2 所示。

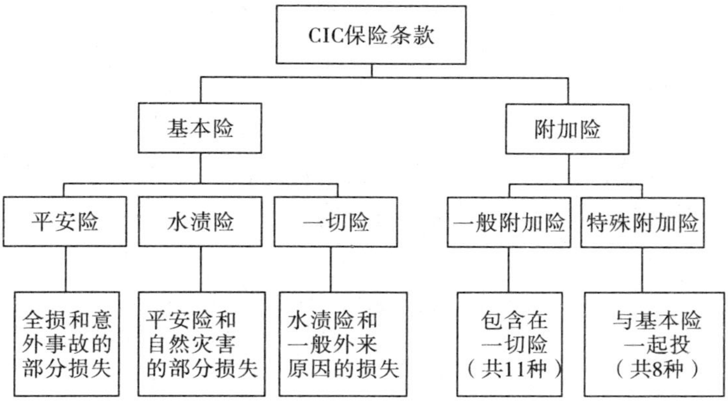

图 5.2　我国海洋货物运输保险条款关系图

任务三　伦敦保险协会海洋货物运输保险条款

本任务可分解为两个教学程序：ICC 保险险别；ICC 保险期限。

长期以来，在国际保险市场上，英国伦敦保险协会所制定的《协会货物保险条款》(Institute Cargo Clauses，ICC)对世界各国有着广泛的影响。目前，世界上许多国家或地区的保险公司在国际货物运输保险业务中直接采用该条款，或者在制定本国保险条款时参考或采用该条款的内容。目前采用的是 2009 年 1 月 1 日最新修订的版本。

程序一　ICC 保险险别

一、协会货物保险条款的种类

协会货物保险条款主要有 6 种：

①协会货物条款(A)[Institute Cargo Clauses(A)，ICC(A)]；

②协会货物条款(B)[Institute Cargo Clauses(B)，ICC(B)]；

③协会货物条款(C)[Institute Cargo Clauses(C)，ICC(C)]；

④协会战争险条款(货物)(Institute War Clauses-Cargo)；

⑤协会罢工险条款(货物)(Institute Strikes Clauses-Cargo)；

⑥协会恶意损害险条款(Malicious Damage Clauses)。

协会货物保险条款中前三者是主险，可单独投保；后三者是附加险，一般不能单独投保。只有在需要时，战争险、罢工险才可独立投保。

二、协会货物保险险别

(一)ICC(A)险的承保风险与除外责任

ICC(A)险大体相当于中国人民保险公司所规定的一切险，其责任范围最广，协会货物条款采用承保“除外责任”之外的一切风险的规定办法，即“除外责任”项下所列风险不承保，除此之外，其他风险均予承保。

ICC(A)的“除外责任”如下：

①一般除外责任。

主要指被保险人故意的不法行为造成的损失或费用；保险标的内在缺陷或特征造成的损失和费用；直接由于延迟所引起的损失或费用；由于使用原子或热核武器造成的损失或费用等。

②不适航、不适货除外责任。

主要指被保险人在保险标的装船时已知船舶不适航以及船舶、运输工具、集装箱等的不适货。

③战争险除外责任。

④罢工险除外责任。

(二)ICC(B)的承保风险和除外责任

ICC(B)承保风险是采用“列明风险”的方式，其承保风险如下：

①归因于火灾、爆炸所造成的灭失和损害。

②归因于船舶或驳船触礁、搁浅、沉没或倾覆所造成的灭失和损害。

③陆上运输工具倾覆或出轨。

④船舶、驳船或运输工具同水以外的任何外界物体碰撞。

⑤在避难港卸货所致损失。

⑥地震、火山爆发、雷达所致损失。

⑦共同海损的牺牲。

⑧抛货或浪击入海所致损失。

⑨海水、潮水或河水进入船舶、驳船、运输工具、集装箱、大型海运或储存处所。

⑩货物在装卸时落海或跌落造成整件的全损。

ICC(B)的除外责任是ICC(A)的除外责任再加上ICC(A)承保的“海盗行为”与“恶意损害险”。

(三)ICC(C)的承保风险和除外责任

ICC(C)的承保风险比ICC(B)少，它只承保“重大意外事故”的风险，而不承保ICC(B)中的自然灾害(如地震、火山爆发、雷电等)和非重大意外事故(如装卸过程的整件灭失等)。

具体来说，ICC(C)承保保险标的的灭失或损害可合理归于下列原因：

①火灾、爆炸。

②船舶或驳船触礁、搁浅、沉没或倾覆。

③陆上运输工具倾覆或出轨。

④在避难港卸货。

⑤共同海损的牺牲。

⑥抛货。

ICC(C)的除外责任与ICC(B)的除外责任完全相同。

(四)协会货物战争险条款的承保风险与除外责任

协会战争险主要承保由于下列原因造成保险标的损失:

①战争、内战、革命、叛乱、造反或由此引起的内乱或交战国或针对交战国的任何敌对行为。

②捕捉、拘留、扣留、管制或扣押以及这些行动的后果或这方面的企图。

③遗弃的水雷、鱼雷、炸弹或其他遗弃的战争武器。

④共同海损和救助费用。

与 ICC(A)的“一般除外责任”和“不适航、不适货除外责任”的规定基本相同,但在一般除外责任中增加了“航程挫折”条款。另外对于原子或热核武器造成的损失不负赔偿责任。

(五)协会罢工险条款的承保风险与除外责任

协会罢工险条款承保的风险如下:

①罢工者、被迫停工工人或参加工潮、暴动或民众骚扰者所致的灭失或损害。

②任何恐怖主义者或任何出于政治动机采取行动的人所引起的灭失或损害。

③为避免或有关避免以上承保风险所造成的共同海损或救助费用。

与 ICC(A)的“一般除外责任”和“不适航、不适货除外责任”的规定基本相同。协会罢工险只负责由于承保风险直接造成的损失,不包括由于上述原因引起的间接损失和费用。也不包括航程挫折引起的损失。

(六)协会恶意损害险条款的承保风险与除外责任

协会恶意损害险承保的是被保险人以外的其他人(如船长、船员等)的故意破坏行为所致被保险货物的灭失或损害。但是,恶意损害如果是出于政治动机的人的行为,则不属于该险别的承保范围。

恶意损害的风险除了在 ICC(A)中被列为承保风险外,在 ICC(B)及 ICC(C)险中都列为除外责任。因此,在投保 ICC(B)险和 ICC(C)险时,假如被保险人需要对这种风险取得保障,就需另行加保协会恶意损害险。

小看板

我国某外贸公司与德国某进口商达成一项皮具出口合同,价格条件为 CIF 汉堡,支付方式为不可撤销即期信用证,投保协会货物保险条款 ICC(A)险。生产厂家在生产的最后一道工序将皮具的湿度降低限度,然后用牛皮纸包好装入双层瓦楞纸箱后,再装入集装箱。货物到达目的港后,检验结果表明,全部货物湿、霉、玷污、变色,损失达 10 万美元。据分析,该批货物进出口地的气候环境均无异常,完全属于正常运输。

想一想:保险公司对该批货物是否应该负责赔偿?为什么?

程序二　ICC 保险期限

协会海运货物保险期限与中国人民保险公司的“仓至仓”保险条款规定的保险期限基本相

同，但作了以下补充规定：

第一，货物在运抵保险单上所载明目的地收货人仓库之前，被保险人假如要求将货物存储于其他地点，则该地应视为最后目的地，保险责任在货物运抵该地点时即告终止。

第二，一批货物如果需运往若干目的地，且货物在卸货港卸货之后，需先运往某一地点进行分配或分派，则除非被保险人与保险人事先另有协议，否则货物在运抵分配地点时，保险责任即告终止，货物在分配或分派期间以及其后的风险均不在保险人承保责任范围之内。

第三，假如被保险货物在卸离海轮 60 天以内，需转运到非保险单所载明目的地，则保险责任在该项货物开始转运时终止。

以上都要受被保险货物卸离海轮 60 天的限制。

任务四　陆运、空运及邮包运输保险

本任务可分解为 3 个教学程序：陆运货物保险；空运货物保险；邮包运输保险。

陆运、空运货物与邮包运输保险是在海运货物保险的基础上发展起来的。由于陆运、空运与邮运同海运可能招致货物损失的风险种类不同，所以陆、空、邮运保险与海上货运保险的险别及其承保责任范围也有所不同，现分别简要介绍如下。

程序一　陆运货物保险

当投保国内铁路或公路货物运输保险的货物遭受损失时，保险人按承保险别的责任范围负赔偿责任。本保险分为基本险和综合险两种。

一、基本险

基本险负责赔偿以下损失：

①因火灾、爆炸、雷电、冰雹、暴风、暴雨、洪水、地震、海啸、地陷、崖崩、滑坡、泥石流所造成的损失。

②由于运输工具发生碰撞、搁浅、触礁、倾覆、沉没、出轨或隧道、码头坍塌所造成的损失。

③在装货、卸货或转载时，因遭受不属于包装质量不善或装卸人员违反操作规程所造成的损失。

④按国家规定或一般惯例应分摊的共同海损的费用。

⑤在发生上述灾害、事故时，因纷乱而造成货物的散失及因施救或保护货物所支付的直接合理的费用。

二、综合险

本保险除包括基本险责任外，保险人还负责赔偿以下损失：

①因受震动、碰撞、挤压而造成破碎、弯曲、凹瘪、折断、包装破裂致使货物散失的损失。

②液体货物因受震动、碰撞或挤压致使所用容器（包括封口）损坏而渗漏的损失，或用液体保藏的货物因液体渗漏而造成保藏货物腐烂变质的损失。

③遭受盗窃或整件提货不着的损失。

④符合安全运输规定而遭受雨淋所致损失。

三、陆路货物运输保险的除外责任

由于下列原因造成保险货物的损失，保险人不负赔偿责任。

①战争或军事行动。

②核事件或核爆炸。

③保险货物本身的缺陷或自然损耗以及由于包装不善。

④被保险人的故意行为或过失。

⑤全程是公路货物运输的，盗窃和整件提货不着的损失。

⑥其他不属于保险责任范围内的损失。

四、陆路货物运输保险的责任期限

陆路货物运输保险的保险责任起讫，是自签发保险凭证和保险货物离开起运地发货人的最后一个仓库或储运处所时起，至该保险凭证上注明的目的地的收货人在当地的第一个仓库或储存处所时终止。但保险货物运抵目的地后，如果收货人未及时提货，则保险责任的终止期最多延长至收货人接到《到货通知单》后的15天为限(以邮戳日期为准)。

程序二　空运货物保险

一、航空货物运输保险的含义

航空货物运输保险是以航空运输过程中的各类货物为保险标的，当保险标的在运输过程中因保险责任造成损失时，由保险公司提供经济补偿的一种保险业务。

二、航空货物运输保险的保险标的范围

①凡在中国境内经航空运输的货物均可为本保险标的。

②下列货物未经投保人与保险人特别约定，并在保险单(凭证)上载明，不在保险标的范围以内，包含金银、珠宝、钻石、玉器、首饰、古币、古玩、古书、古画、邮票、艺术品、稀有金属等珍贵财物。

③下列货物不在航空货物保险标的范围以内，包含蔬菜、水果、活牲畜、禽鱼类和其他动物。

三、航空货物运输险保险责任

由于下列保险事故造成保险货物的损失，保险人应该负航空货物保险赔偿责任。

①火灾、爆炸、雷电、冰雹、暴风、暴雨、洪水、海啸、地陷、崖崩。

②因飞机遭受碰撞、倾覆、坠落、失踪(三个月以上)，在危难中发生卸载以及遭受恶劣气候或其他危难事故发生抛弃行为所造成的损失。

③因受震动、碰撞或压力而造成破碎、弯曲、凹瘪、折断、开裂的损失。

④因包装破裂致使货物散失的损失。

⑤凡属液体、半流体或者需要用液体保藏的保险货物，在运输途中因受震动、碰撞或压力致使所装容器(包括封口)损坏发生渗漏而造成的损失，或用液体保藏的货物因液体渗漏而致保藏

货物腐烂的损失。

⑥遭受盗窃或者提货不着的损失。

⑦在装货、卸货时和港内地面运输过程中，因遭受不可抗力的意外事故及雨淋所造成的损失。

在发生航空运输保险责任范围内的灾害事故时，因施救或保护保险货物而支付的直接合理费用，以最高不超过保险货物的保险金额为限。

四、航空货物运输险保险的期限

航空运输保险的保险责任是自保险货物经承运人收讫并签发保险单(凭证)时起，至该保险单(凭证)上的目的地的收货人在当地的第一个仓库或储存处所时终止。但保险货物运抵目的地后，如果收货人未及时提货，则保险责任的终止期最多延长至收货人接到《到货通知单》后的15天为限(以邮戳日期为准)。

五、航空货物运输险保险金额及保险费率

航空运输保险的保险价值按货价或货价加运杂费确定，保险金额按保险价值确定，也可以由保险双方协商确定。其他规定与国内水路、陆路货物运输保险类似。

程序三　邮包运输保险

一、邮包运输保险的含义

邮包运输保险是指承保邮包通过海、陆、空三种运输工具在运输途中由于自然灾害、意外事故或外来原因所造成的包裹内物件的损失。

邮包运输保险承保通过邮政局邮包寄递的货物在邮递过程中发生保险事故所致的损失。以邮包方式将货物发送到目的地可能通过海运，也可能通过陆上或航空运输，或者经过两种或两种以上的运输工具运送。不论通过何种运送工具，凡是以邮包方式将贸易物货运达目的地的保险均属邮包运输保险。

二、邮包运输保险的分类

邮包运输保险按其保险责任分为邮包险(Parcel Post Risks)和邮包一切险(Parcel Post All Risks)两种。邮包险与海洋运输货物保险中水渍险的责任相似，邮包一切险与海洋运输货物保险中一切险的责任基本相同。

1. 邮包险

负责赔偿被保险邮包在运输途中由于恶劣气候、雷电、海啸、地震、洪水等自然灾害或由于运输工具遭受搁浅、触礁、沉没、碰撞、倾覆、出轨、坠落、失踪，或由于失火、爆炸等意外事故所造成的全部或部分损失。此外，该保险还负责被保险人对遭受承保责任范围内危险的货物采用抢救、防止或减少损失的措施而支付的合理费用，但以不超过获救货物的保险金额为限。

2. 邮包一切险

包括邮包险的责任外，还负责被保险邮包在运输途中由于外来原因所致的全部或部分损失。

三、邮包运输保险的责任范围

①被保险邮包在运输途中由于恶劣气候、雷电、海啸、地雷、洪水自然灾害或由于运输工具遭受搁浅、触礁、沉没、碰撞、倾覆、出轨、坠落、失踪，或由于失火爆炸意外事故所造成的全部或部分损失。

②被保险人对遭受承保责任内危险的货物采取抢救，防止或减少货损的措施而支付的合理费用，但以不超过该批被救货物的保险金额为限。

邮包一切险的责任除上述邮包险的各项责任外，还负责被保险邮包在运输途中由于外来原因所致的全部或部分损失。

邮包运输货物保险的除外责任和被保险人的义务与海洋运输货物保险相比较，其实质是一致的。其责任起讫为自被保险邮包离开保险单所载起运点寄件人的处所运往邮局时开始生效，直至该项邮包运达本保险单所载目的地邮局，自邮局签发到货通知书当日起算满 15 天终止。但是在此期限内邮包一经交至收件人的处所时，保险责任即行终止。

任务五　国际货运保险实务

本任务可分解为 3 个教学程序：国际货运保险投保、索赔实务；国际货运保险承保、理赔实务；国际货物买卖合同中的保险条款。

程序一　国际货运保险投保、索赔实务

一、国际货物运输保险投保实务

（一）选择投保险别

投保人在选择保险险别时，要根据货物运输的实际情况予以全面衡量，既要考虑能使货物得到充分保障，又要尽量节约保险费的支出，降低贸易成本。选择何种险别，一般应考虑下列因素。

1. 货物的性质和特点

不同种类的货物，由于其性质和特点不同，在运输时即使遭遇同一风险事故，所致的损失后果往往并不相同。因此，投保人在投保时应充分考虑货物的性质和特点，选择适当的险别。

2. 货物的包装

货物的包装方式会直接影响到货物的完好情况。散装货物，例如大宗的矿石，在装卸时容易发生短量损失；裸装货物，容易因碰撞或挤擦而出现损失；包装货物会因包装材料的不同而可能产生不同的损失。因此，投保人应根据不同包装方式的特点选择适当的保险险别。

对于因货物包装不足或不当，以致不能适应国际货物运输的一般要求而使货物遭受损失，属于发货人的责任，保险人一般不予负责。

3. 货物的用途和价值

货物的用途不同，价值各有高低，对投保险别的选择也有较大影响。一般而言，食品、化妆品及药品等与人的身体、生命息息相关的商品，由于其用途的特殊性，一旦发生污染或变质损失，就会全部丧失其使用价值。因此，在投保时应尽量考虑能得到充分全面的保障。

4. 运输方式、运输工具、运输路线、运输季节和港口

选择何种险别还应考虑到货物的运输方式、运输工具、运输路线、运输季节和港口。

小看板

常见海运货物投保险别见表 5.1。

表 5.1 常见海运货物投保险别

商品种类	易遭受的损失	可选择投保险别的组合
粮谷类	因水分蒸发而短量或受潮受热而霉变	水渍险加保短量险和受潮受热险
矿石、矿砂	短量	平安险/水渍险加保短量险
水泥	包装破裂、潮湿、水渍	水渍险加保包装破裂险和淡水雨淋险
玻璃、陶瓷类	破碎	一切险或平安险加保破碎险
机械设备类	破损、锈蚀	一切险或平安险/水渍险加保锈损险
首饰类	偷窃	一切险或平安险加保偷窃及提货不着险
装饰材料	受潮霉变或受热自燃	一切险或平安险/水渍险加保受潮受热险

（二）确定投保金额

投保金额是保险人对保险标的承担的最高赔偿金额，也是保险人计算保险费的依据，投保人在投保时须按照保险货物的价值申报投保金额。

在国际货运保险中，保险金额一般是以 CIF 或 CIP 的发票价格为基础确定的，除应包括商品的价值、运费和保险费，还应包括被保险人在贸易过程中支付的经营费用，例如，开证费、电报费、借款利息、税款和分摊到本笔交易的日常管理费用等以及在正常情况下可以获得的预期利润。如果按 CIF 或 CIP 术语成交，计算公式为：

投保金额＝CIF(CIP)价×(1＋保险加成率)

以 CIF 或 CIP 价作为保险金额的计算基础，这表明货物的国内成本、运费及保险费均应作为保险标的，共同加成投保，因此若出口商原先报的是 CFR 或 CPT 价，而对方要求改报 CIF 或 CIP 价，或合同中规定采用 CFR 或 CPT 价，进口商却要求出口商代为办理货运保险，此时均不能直接以 CFR 或 CPT 价为基础加成后作为保险金额，应先把 CFR 或 CPT 价折算成 CIF 或 CIP 价，再加成计算保险金额，计算公式为：

$$\text{CIF(CIP)价}=\frac{\text{CFR(CPT)价}}{1-\text{保险费率}\times(1+\text{保险加成率})}$$

小看板

保险加成

保险加成的目的是为弥补被保险人的各项经营费用及预期利润的损失，所以被保险人可以根据不同时间、不同交易预期利润的不同及经营费用的高低，在买卖双方协商一致的基础上和保险人约定不同的加成率。

关于保险加成率，一般规定最低保险金额为货物的CIF或CIP价格加10%，但不是说保险加成率必须是10%。在我国出口业务中，与国际贸易的通常做法相一致，保险金额一般按CIF或CIP的价格加10%计算。国外进口商提出的保险加成率高于10%，保险人在综合考虑货物在出口地和进口地的价格差以及进口商的资信后，如果认为确属客观业务需要，也符合当地实际，一般可以同意接受被保险人提出的加成率。

如果保险人认为可能会有较大道德风险或保险金额太高可能会导致骗赔现象时，可以拒绝接受过高的保险加成率，而只接受按CIF或CIP价加10%计算的金额作为保险金额。在具体业务中，如果国外进口商要求很高的保险加成率，如超过30%，出口商除应明确保险费差额由进口商承担之外，为防止被动，还应事先征求保险人意见，在保险人表示同意后才能在订立买卖合同时接受进口商的保险条件。

想一想：为什么投保要加成？

（三）填写投保单

1. 被保险人

当以CIF或CIP条件出口时，应由出口方以投保人的身份办理保险，为能使自身承担的货运途中的风险得到保障，出口方应以本人作为被保险人。当货物在装运港装上船或交付承运人接管之前发生损失时，风险由出口方承担，其可以向保险人索赔。一旦货物装上船或交承运人接管，出口方只需根据信用证或其他文件要求在保险单上签章背书，即可将保险单转让给进口方或指定的第三方，如银行。

如果以FOB、FCA、CFR、CPT条件成交，由进口方自行办理国际货运保险，投保人和被保险人一般均为进口方。出口方承担的货物在装运港装上船或交付承运人接管之前发生损失的风险可通过办理国内短途货运险得到保障。

2. 发票号码和合同号码

按照我国目前的外贸实践，出口货物一般只需填写该批货物的发盘号码，进口货物时则填写贸易合同号码。

3. 包装数量

此栏需要写明包装方式、包装数量。

4. 货物名称

此栏应填写保险货物的具体类别、名称。

5. 保险金额

出口交易应按照贸易合同或信用证规定的加成计算得出的保险金额填写，且其末位进位成相对整数。

6. 运输工具

此栏填写具体船名，如需转船，且已知船名，应打上船名，否则，只需打上转船字样即可。

7. 开航日期

此栏一般注明“按照提单(As Per B/L)”，或注明船舶的大致开航日期。

8. 运输路线

此栏填写起始地和目的地名称，如需转运，应注明转运地名称。

9. 承保险别

此栏填写投保险别，包括主险和附加险，还要说明采用何种条款。

10. 赔款地

通常在目的地支付赔款。

11. 投保人签章

此栏填写投保人名称、电话、地址等具体信息。

在我国进出口业务中，投保人投保货物运输保险时，需以书面方式做出投保要约，即认真、准确、真实地填写货物运输投保单。在填制投保单时，应注意以下问题：

第一，申报真实，保险是建立在最大诚信原则基础上的契约关系，保险人一般只能根据投保单列明的资料进行审核，决定是否承保，并据以计算保险费，签发保险单。被保险人有将有关被保险货物的标的情况及资料向保险人告知和正确陈述的义务，如果所报情节不实或隐瞒，都会导致保险契约无效。

第二，投保单的内容应与进出口合同、信用证有关规定相一致，如货物名称、数量、装卸港口、投保险别等，否则，保险人根据投保单签发的保险单可能遭到买方或银行的拒付。

第三，保险金额、投保险别、被保险货物的名称、数量、包装以及载货船舶、航程、启航日期等均系投保单的重要内容，对于保险人决定承保、计收保险费以及未来赔偿关系极大，被保险人须慎重对待，正确填写。

二、国际货物运输保险索赔实务

(一)索赔程序

1. 明确索赔对象

索赔对象就是指要对索赔方承担损失赔偿等责任的当事人。由于在国际货物买卖过程中涉及许多当事人，所以出现残损或短缺以及灭失等现象时，索赔的对象即责任方也可能会涉及多个当事人，如买卖双方、承运人、保险公司等。对于保险公司而言，只有事故原因在投保人的投保范围内，保险公司才会给予赔偿。

2. 发出损失通知

当明确索赔对象后，索赔人员便应立即向责任方发出损失通知，这是索赔人员进行索赔的必备手续。同时，也应向其申请货物检验，以确定具体导致损失的原因以及损失是否在运抵最后目的地仓库前，即在保险期内发生的。

3. 提交索赔单证

索赔人员在提出索赔时，除了要书面提出索赔申请外，还需提供下列文件：保险单或保险凭证正本，运输合同，发票，装箱单，重量单或磅码单，货损、货差证明，与索赔有关的文件和来往函电，货物残损检验报告，海事报告，施救、整理、残损检验费用收据，索赔清单。

(二)被保险人在索赔时应履行的其他义务

1. 采取施救措施,防止或减少损失的扩大

对于已发生损失的货物,如果损失可能进一步扩大,被保险人应立即采取必要的措施防止损失扩大,不能因为货物已经办理保险而任其损失扩大。如果被保险人在收到保险人发出的有关采取防止或减少损失的合理措施的特别通知后不作为从而造成损失扩大,按照我国《海商法》的规定,保险人就该扩大的损失部分不负赔偿责任。

2. 向有关责任方索赔

被保险人或其代理人在提货时若发现货物整件短少或外包装有明显的受损痕迹,或散装货物有残损,一方面应立即向保险人申请损失检验,另一方面应及时向有关方面索取货损货差证明,包括记录损失情况并由承运人签字的理货报告、由装卸部门签字的货运记录等。如果残损不明显,在提货后收货人才发现货物损失,也应立即将损失情况通知有关责任方,并向其追偿损失。

程序二　国际货运保险承保、理赔实务

一、国际货运保险承保实务

(一)填写保险单

1. 发票号码及唛头

填写发票号码,一般还应将发票上所标的唛头打上,如果唛头较复杂,可只填写发票号码“As Per Invoice No. ×××”。

2. 保险费

一般只填写“按照约定(As Arranged)”,若信用证要求标明保费及费率,则应打上具体保费金额和保险费率。

3. 保险单签发日期

应不迟于运输单据日期,因为银行不接受迟于运输单据的保单。

其他诸如被保险人名称、投保金额、包装及数量、保险货物项目、运输工具名称、开航日期、运输起讫地、承保险别、赔款偿付地点等按照投保单内容填写。

小看板

保险业务中的单据

1. 投保单

投保单是投保人向保险人发出的标准化的书面要约。投保单一般由保险人事先统一印制、列出保险条款主要内容、留下空白供投保人填写。投保单经投保人依自己的意思如实填写并交保险人,即成为投保人向保险人发出的要约。投保单在其填写完毕交付保险人签字盖章之前,它仅仅是要约;在经保险人签字盖章后,其内容就成了保险合同。

2. 保险单

保险单是保险人与投保人之间订立的正式书面保险合同凭证。它由保险人签发给投保人，完整地记载了合同双方当事人的权利和义务，是被保险人在保险标的因保险事故发生损失时向保险人提出索赔或给付的依据和凭证。保险单的内容与保险合同的基本条款大致相同，但两者还是有区别的。如果保险合同的主要条款已协商一致，保险合同即告成立，但此时保险单可能并未签发。因此，保险合同的成立与否并不取决于保险单的签发。

3. 保险凭证

保险凭证是一种简化了的保险单，是保险人签发给被保险人证明合同已订立的凭证。除对保险人和被保险人的权利、义务等方面的详细条款不予载明外，其余的内容与保险单相同，它与保险单具有同样的作用和效力。目前，我国在国内货物运输保险中普遍使用。但在信用证规定提交保险单时，一般不能仅以保险凭证提供。

4. 暂保单

暂保单是保险经纪人或代理人在正式保险单签发以前出具的给被保险人的一种临时保险凭证。它表示保险经纪人或代理人已按被保险人的要求及所列项目办理了保险手续，等待保险人出具正式保单。暂保单的内容比较简单，并于正式的保险单交付时自动失效。

想一想：以上保险单据的效力有什么不同？

（二）计算保险费

投保人按约定方式缴纳保险费是保险合同生效的条件。保险费率(Premium Rate)是由保险公司根据一定时期、不同种类的货物的赔付率，按不同险别和目的地确定的。保险费则根据保险费率表按保险金额计算，其计算公式是：

保险费＝保险金额×保险费率

在我国出口业务中，CFR 和 CIF 是两种常用的术语。鉴于保险费是按 CIF 货值为基础的保险额计算的，两种术语价格应按下述方式换算。

由 CIF 换算成 CFR 价：

$$\text{CFR}=\text{CIF}\times[1-\text{保险费率}\times(1+\text{投保加成率})]$$

由 CFR 换算成 CIF 价：

$$\text{CIF}=\frac{\text{CFR}}{1-\text{保险费率}\times(1+\text{投保加成率})}$$

在进出口业务中，按双方签订的预约保险合同承担，保险金额按进口货物的 CIF 货值计算，不另外加减，保险费率按“特约费率表”规定的平均费率计算；如果以 FOB 进口货物，则按平均运费率换算为 CFR 货值后再计算保险金额，其计算公式如下：

FOB 进口货物：

$$\text{保险金额}=\frac{\text{FOB}\times(1+\text{平均运费率})}{1-\text{平均保险费率}}$$

CFR 进口货物：

$$\text{保险金额}=\frac{\text{CFR}}{1-\text{平均保险费率}}$$

小看板

我某公司以 50 美元/袋 CIF 新加坡出口某种商品 1 000 袋，货物出口前，由我方向中国人民保险公司投保水渍险、串味险及淡水雨淋险，水渍险、串味险及淡水雨淋险的保险费率分别为 0.5%、0.2%和 0.3%，按发票金额 110%投保。

算一算： 该批货物的投保金额和保险费各是多少？

解： 保险金额＝CIF×(1＋投保加成率)

$$=50\times 1\,000\times 110\% =55\,000(\text{美元})$$

保险费＝保险金额×保险费率

$$=55\,000\times(0.5\%+0.2\%+0.3\%)=550(\text{美元})$$

二、国际货物运输保险理赔实务

（一）确定损失原因

1. 货物原残

所谓原残，是指货物因本身缺陷造成的损失，包括货物在生产、制造、加工、装卸、包装以及在起运、存放、转运过程中造成的损失或货物品质、包装、数量等不符合买卖合同规定或国际惯例、不适合长途运输所造成的损失。由于原残属于发货人责任所致，是保险除外责任，保险人不予负责。

2. 货物在运输中受损

主要包括水渍损失和短量、短少损失等。

3. 破损、破碎损失

包括货物破损、破碎造成的损失。

（二）审定保险责任

1. 险别责任

每一份保险单都明确规定所承保的险别及适用的保险条款，保险人应以保险条款为依据，确定损失是否属于承保责任。

2. 保险期限

保险期限主要是审查保险事故是否发生在保险合同有效期内。首先，应查看保险单中被保险人的名称；其次，应审查货物的损失是否发生在正常运输过程中；再次，应注意保险单中的责任起讫地点；最后，还应注意保险责任的期限与索赔期限。

3. 被保险人义务

由于保险合同是最大诚信合同，所以被保险人应履行合同中规定的告知、保证义务，否则保险人可以拒赔甚至解除保险合同。

(三)计算赔偿金额

1. 全部损失

如果货物发生实际全损,或发生推定全损时被保险人进行委付,保险人也接受委付,只要保险金额不超过约定的保险价值,保险人按保险金额给予全额赔偿,而不管损失当时货物的完好市价如何。如果货物尚有残值,则归保险人所有。

2. 单独海损

(1) 数量(重量)短少

$$保险金额=\frac{保险金额\times 损失数量(重量)}{保险货物总数量(重量)}$$

小看板

出口大米共 1 000 袋,每袋重 50 千克,已按中国《海运货物保险条款》投保海运一切险,保险金额为 2.5 万美元,运至目的地卸货时发现部分外包装破裂,还有数袋短少,共计短缺1 000 千克。

算一算:保险公司应赔付多少?

解:$保险赔款额=\frac{25\,000\times 1\,000}{(1\,000\times 50)}=500\ (美元)$

(2)质量损失

$$保险赔款=\frac{保险金额\times(货物完好价值-货物受损后价值)}{货物完好价值}$$

小看板

出口服装一批,按中国《海运货物保险条款》投保海运一切险,保险金额为 20 万美元,途中遇暴风雨,服装被水浸湿,途中降价出售,得货款 12 万美元,该批货物在当地的完好价为 24 万美元。

算一算:保险公司应赔付多少?

解:

$$\begin{aligned}保险赔款额&=\frac{200\,000\times(240\,000-120\,000)}{240\,000}\\&=100\,000(美元)\end{aligned}$$

(3)规定有免赔率时的货物损失

若保单中规定了免赔率,则保险公司采用绝对免赔率,即无论货物损失程度如何,对于免赔率额度内的损失,保险公司均不予赔偿。

小看板

出口散装花生仁一批，共500公吨，从上海运往香港，按中国《海洋运输货物保险条款》投保海运一切险，保险金额为50万美元，保险合同规定扣短量免赔率2%，到目的地经检验发现花生仁短卸12公吨。

算一算：保险公司应如何赔付？

解：受损率$=\frac{12}{500}\times 100\%=2.4\%$

保险赔款$=500\ 000\times(2.4\%-2\%)=200$（美元）

3. 共同海损

如果发生共同海损，无论投保何种险别，保险人对共同海损的牺牲和费用都负责赔偿。对保险货物的共同海损的牺牲，由保险人先按实际损失予以赔付，然后参与共同海损的分摊，摊回部分归保险人所有。被保险人可以提前得到保险赔偿，而且不受共同海损分摊价值的影响。

程序三　国际货物买卖合同中的保险条款

在国际货物买卖合同中，为了明确交易双方在货运保险方面的责任，通常都订有保险条款，其内容主要包括：保险投保人、保险公司、保险险别、保险金额和保险单的约定等事项。

例：Insurance to be covered by the seller for 110% of total invoice value against All Risks, War Risk and SRCC as per the relevant Ocean Cargo Clause of the People's Insurance Company of China dated Jan. 1, 1981.

一、保险投保人

每笔交易的货运保险，究竟由买方还是卖方投保，完全取决于买卖双方约定的交货条件和所使用的贸易术语。由于每笔交易的交货条件和所使用的贸易术语不同，故对投保人的规定也相应有别。例如，按FOB或CFR条件成交时，在买卖合同的保险条款中，一般只订明"保险由买方自理"。如果买方要求卖方代办保险，则应在合同保险条款中订明："由买方委托卖方按发票金额×××%代为投保××险，保险费由买方负担"。按DAF或DAP条件成交时，在合同保险条款中，也可订明"保险由卖方自理"。凡按CIF或CIP条件成交时，由于货价中包括保险费，故在合同保险条款中，需要详细约定卖方负责办理货运保险的有关事项，如约定投保的险别、支付保险费和向买方提供有效的保险凭证等。

二、保险公司

在按CIF或CIP条件成交时，保险公司的资信情况与卖方关系不大，但与买方却有重大的利害关系。因此，买方一般要求在合同中限定保险公司和所采用的保险条款，以利日后保险索赔工作的顺利进行。例如，我国按CIF或CIP条件出口时，买卖双方在合同中，通常都订明："由卖方向PICC投保，并按该公司的保险条款办理。"

三、保险险别

按 CIF 或 CIP 条件成交时，运输途中的风险本应由买方承担，但一般保险费则约定由卖方承担，因货价中包含保险费，买卖双方约定的险别通常为平安险、水渍险、一切险三种基本险别中的一种。但有时也可根据货物特性和实际情况加保一种或若干种附加险。如约定采用英国伦敦保险协会货物保险条款，也应根据货物特性和实际需要约定该条款的具体险别。在双方未约定险别的情况下，按惯例，卖方可按最低的险别予以投保。

在 CIF 或 CIP 货价中，一般不包括加保战争险等特殊附加险的费用，因此，如果买方要求加保战争险等特殊附加险时，其费用应由买方负担。如果买卖双方约定，由卖方投保战争险并由其负担保险费时，卖方为了避免承担战争险的费率上涨的风险，往往要求在合同中规定："货物出运时，如果保险公司增加战争险的费率，则其增加的部分保险费，应由买方负担。"

四、保险金额

按 CIF 或 CIP 条件成交时，因保险金额关系到卖方的费用负担和卖方的切身利益，故买卖双方有必要将保险金额在合同中具体订明。根据保险市场的习惯做法，保险金额一般都是按 CIF 价或 CIP 价加成计算，即按发票金额再加一定的百分率。此项保险加成率，主要是作为买方的预期利润。按国际贸易惯例，预期利润一般按 CIF 价的 10%估算，因此，如果买卖合同中未规定保险金额，习惯上是按 CIF 价或 CIP 价的 110%投保。

PICC 承保出口货物的保险金额，一般也是按国际保险市场上通常的加成率，即按 CIF 或 CIP 发票金额的 110%计算。由于不同货物、不同地区、不同时期的预期利润不一，因此，在洽商交易时，如果买方要求保险加成超过 10%时，卖方也可酌情接受。如果买方要求保险加成率过高，则卖方应同有关保险公司商妥后方可接受。

五、保险单

在买卖合同中，如果约定由卖方投保，通常还规定卖方应向买方提供保险单，如果被保险的货物在运输过程中发生承保范围内的风险损失，买方即可凭卖方提供的保险单向有关保险公司索赔。

项目小结

国际货物买卖中，买方或卖方为了转嫁货物在运输过程中的风险和损失，需要办理货物运输保险。在保险业务中，风险、损失、费用和险别之间有着紧密的联系。风险是造成损失和费用的起因，险别则是保险人对风险与损失承保的责任范围。

在保险业务中，各种险别的承保责任是通过不同的保险条款规定的。我国对外贸易所使用的保险条款，绝大部分是中国人民保险公司于 1981 年 1 月 1 日修订的《中国保险条款》。若买方要求使用 2009 年 1 月 1 日修订的《伦敦协会货物条款》办理保险，我方也可酌情接受。因此，作为国际贸易从业人员，应该熟悉掌握上述两种保险条款的内容。

在国际货物买卖合同中，为了明确交易双方在货运保险方面的责任，通常都订有保险条款，其内容主要包括：保险投保人、保险公司、保险险别、保险金额和保险单的约定等事项。

增值阅读

保险原则

保险原则是在保险发展的过程中逐渐形成并被人们公认的基本原则。这些原则作为人们进行保险活动的准则，始终贯穿于整个保险业务。坚持这些基本原则有利于维护保险双方的合法权益，更好地发挥保险的职能和作用，有利于保障人们的生活安定、社会进步。

1. 保险利益原则

保险利益又称可保利益或可保权益，是指投保人或被保险人对于保险标的具有利益关系而产生的为法律所承认的、可以投保的经济利益。从法学的角度看，保险利益作为保险合同的效力要件，投保人或被保险人对保险标的不具有保险利益的，保险合同不具有法律效力。

保险利益原则是保险的基本原则，其本质内容是要求投保人或被保险人必须对投保的标的具有保险利益。如果投保人以不具有保险利益的标的投保，保险人可单方面宣布保险合同无效；保险标的发生保险责任事故，被保险人不得因保险而获得不属于保险利益限度内的额外利益。

2. 最大诚信原则

诚信原则是世界各国立法对民事、商事活动的基本要求。《中华人民共和国保险法》第 5 条规定："保险活动当事人行使权利、履行义务应当遵循诚实信用原则。"但是，在保险合同关系中对当事人诚信的要求比一般民事活动更严格，要求当事人具有"最大诚信"。保险合同是最大诚信合同。

最大诚信原则的含义可表述为：保险合同当事人订立合同及在合同有效期内，应依法向对方提供足以影响对方做出订约与履约决定的全部实质性重要事实，同时信守合同订立的约定与承诺。否则，受到损害的一方，按民事立法规定可以此为由宣布合同无效，或解除合同，或不履行合同约定的义务或责任，甚至对因此而受到的损害还可要求对方予以赔偿。

3. 损失补偿原则

损失补偿原则是指保险合同生效后，当保险标的发生保险责任范围内的损失时，通过保险赔偿，使保险人恢复到受灾害前的经济原状，但不能因损失而获得额外收益。这条原则包含两层含义：一是只有保险事故发生造成保险标的毁损致使被保险人遭受经济损失时，保险人才承担损失补偿的责任。这是损失补偿原则的质的规定。二是被保险人可获得的补偿量，仅以其保险标的遭受的实际损失为限，即保险人的补偿恰好能使保险标的在经济上恢复到保险事故发生之前的状态，而不能使被保险人获得多于或少于损失的补偿，尤其是不能让被保险人通过保险获得额外的利益。

4. 代位求偿原则

代位求偿原则是从补偿原则中派生出来的，只适用于财产保险。代位求偿是指当保险事故是由第三方造成的情况下，保险人在先向被保险人履行赔偿责任后，在赔偿金额范围内有权代替被保险人向第三方要求赔偿。

在财产保险中，保险事故的发生是由第三方造成并负有赔偿责任，则被保险人既可以根据法律的有关规定向第三方要求赔偿损失，也可以根据保险合同要求保险人支付赔款。如果被保险人首先要求保险人给予赔偿，则保险人在支付赔款以后，保险人有权在保险赔偿的范围内向第三方追偿，而被保险人应把向第三方要求赔偿的权利转让给保险人，并协助向第三方要求赔偿。反之，如果被保险人首先向第三方请求赔偿并获得损失赔偿，被保险人就不能再向保险人索赔。

5. 重复保险分摊原则

重复保险分摊原则是指投保人向多个保险人重复保险时，投保人的索赔只能在保险人之间分摊，赔偿金额不得超过损失金额。

重复保险分摊原则也是由补偿原则派生出来的，它与财产保险业务中发生的重复保险密切相关。重复保险是指投保人对同一标的、同一保险利益、同一保险事故分别向两个以上保险人订立合同的保险。重复投保原则上是不允许的，但在事实上是存在的。其原因通常是由于投保人或者被保险人的疏忽，或者源于投保人求得心理上更大安全感的欲望。重复保险的投保人应当将重复保险的有关情况通知各保险人。

在重复保险的情况下，当发生保险事故，对于保险标的所受损失，由各保险人分摊。如果保险金额总和超过保险价值的，各保险人承担的赔偿金额总和不得超过保险价值。这是补偿原则在重复保险中的运用，以防止被保险人因重复保险而获得额外利益。

6. 近因原则

保险关系上的近因并非是指在时间上或空间上与损失最接近的原因，而是指造成损失的最直接、最有效的起主导作用或支配性作用的原因。近因原则是指危险事故的发生与损失结果的形成，须有直接的后果关系，保险人才对发生的损失补偿责任。也就是说，保险人承担赔偿责任的范围应限于以承保风险为近因造成的损失。

我国现行保险法虽未直接规定近因原则，但在司法实践中，近因原则已成为判断保险人是否应承担保险责任的一个重要标准。对于单一原因造成的损失，单一原因即为近因；对于多种原因造成的损失，持续地起决定或有效作用的原因为近因。如果该近因属于保险责任范围内，保险人就应当承担保险责任。

说一说

(1)进出口货物为什么要投保运输险？

(2)何谓实际全损？何谓推定全损？请用实例说明。

(3)何谓共同海损？它与单独海损有何区别？

(4)在国际保险业务中所使用的“W/W CLAUSE”条款是什么意思？

(5)国际货物运输为什么要加保战争险？中国人民保险公司关于战争险的保险期限是如何规定的？

(6)CIC 条款与 ICC 条款的主要区别有哪些？

(7)买卖合同中的保险条款主要包括哪些内容？规定此条款时应注意什么问题？

议一议

(1)我国某外贸公司向日、英两国商人分别以 CIF 和 CFR 价格出售蘑菇罐头，有关被保险人均办理了保险手续。这两批货物自起运地仓库运往装运港的途中均遭受损失。

问:这两笔交易中各由谁办理货运保险手续?该货物损失的风险与责任各由谁承担?保险公司是否给予赔偿?并简述理由。

(2)有一批运输途中的货物已按发票金额的110%向保险公司投保了平安险,载货的船舶于3月5日遇到暴风雨的袭击,使一部分货物遭遇到水渍损失,损失价值为1 000美元;该船在继续航行中,又于3月11日发生触礁事故,在处理过程中,又遭到暴风雨袭击,货物价值损失为2 000美元。

试分析,保险公司对两次损失是否都应该赔偿?为什么?

(3)国内某公司向银行申请开立信用证,以CIF条件向法国采购奶酪3公吨,价值3万美元,提单已经收到,但货轮到达目的港后却无货可提。经查,该轮在航行中因遇暴风雨袭击,奶酪被水浸泡,船方将其弃于海中。于是我方凭保险单向保险公司索赔,保险公司拒赔。

请问:保险公司能否拒赔?我方应向何方索赔?

(4)我某出口公司按CIF San Francisco成交一批出口货物,后国外来证要求在提单的"Shipping Mark"栏加注"San Francisco OCP New York"字样,我方在投保时为了单证一致,而且考虑到有利于使用内陆运输优惠,认为可以照办而不必要求对方改证,在保险单的有关栏目也照此填写。

问:我方若这样做,则保险责任及相关保险费方面会有何变化?

练一练

(1)一艘船舶价值人民币700万元,载有甲、乙、丙三位货主的货物,价值分别为人民币120万元、100万元、70万元。运费一共是人民币10万元,航程过程中发生共同海损,船体损失人民币20万元,货物牺牲人民币25万元,救助费人民币45 000元,损失运费人民币5 000元,计算各方共同海损分摊价值分别为多少?

(2)出口服装一批,投保中国人民保险公司海运货物一切险,保险金额为10万美元,途中船舶发生搁浅事故,服装被海水浸湿,在中途港降价出售,出售费用为8 000美元,服装出售货款为40 000美元,假如该批服装在当地的完好价为12万美元,问保险公司的赔偿金额是多少?

(3)试分析下列贸易背景下应选择的险别。

①货物:花生;运输方式:海运;贸易术语:CIF;起运地:上海;目的地:纽约。

②货物:茶叶;运输方式:铁路联运;贸易术语:CIP;起运地:连云港;目的地:鹿特丹。

③货物:新闻纸;运输方式:海运;贸易术语:FOB;起运地:大阪;目的地:大连。

项目六　国际贸易货款收付

项目分解

任务一　支付工具

要求学生能够理解汇票、本票和支票三种支付工具的含义，能把握三种支付工具的内容及区别，能掌握汇票的使用程序。

任务二　汇付和托收

要求学生能够掌握汇付和托收两种支付方式的种类及流程，能熟练运用两种支付方式进行国际货款的结算。

任务三　信用证

要求学生能在掌握信用证的定义、种类及特点的基础上，依据信用证付款的流程，熟练地进行国际贸易货款的结算。

任务四　银行保函和备用信用证

要求学生能了解银行保函和备用信用证的定义，能区分银行保函、备用信用证与跟单信用证的不同，能掌握银行保函和备用信用证的使用范围。

任务五　合理运用各种支付方式

要求学生能根据进出口货物的实际情况，灵活地运用各种支付方式。

实现目标

知识目标：理解汇票、本票和支票三种支付工具的含义、特点及区别，汇付、托收和信用证三种支付方式的含义、特点及区别，了解关于托收和信用证的国际贸易惯例。

能力目标：能够在国际结算业务过程中灵活运用各种支付方式；能够在合同中订立支付条款。

案例导入

国内A公司与外商签订了一笔进口钢材的合同，货物价值为504万美元，合同规定以信用证方式结算。A公司依约对外开出信用证后,在信用证装期内,外商发来传真称货物已如期装运。不久开证行即收到议付行转来的全套单据,提单表明货物于东欧某港口装运,在西欧某港口转运至国内港口。单据经审核无不符点,开证行对外承兑。A公司坐等一个多月,货物依然未到,深感蹊跷,遂向伦敦海事局进行查询,反馈回来的消息是:在所述的装船日没有属名船只在装运港装运钢材。此时信用证项下单据开证行已经承兑,且据议付行反馈回的信息,该行已买断票据,将融资款支付给了受益人。开证行被迫在承兑到期日对外付款,A公司损失惨重。

分析:这是一起典型的以伪造单据进行的信用证诈骗。核实提单的真实性是至关重要的,尤其是进口一些大宗商品。无论是在签订合同还是开立信用证时,均要求客户在装船之后一定时间(如24小时)内发送装船通知,列明提单号码、装卸港、装船日期、货名、装运数量等内容,以便通过相应机构查询船踪,确定提单内容的真实性,当然这要花费一定费用,但花小钱避免大风险,还是值得的。一旦查得提单有诈,即可认真审单以合理拒付。即使单据不存在不符点,也可寻求司法救济,应用信用证欺诈例外原则,在开证行付款或承兑之前由法院止付信用证项下货款。

国际贸易货款收付是国际结算的一个重要组成部分,是买卖双方的基本权利和义务。它是指结算国际间由于国际贸易而产生的债权和债务的一种行为。国际贸易货款的收付问题在进出口交易中是一个十分重要的问题。如果在收付问题上掌握不当或失误,不仅仅是迟收汇或少收汇的问题,而且大有货、款两空之可能。本项目首先介绍了货款结算中涉及的主要票据汇票、本票和支票,其中重点介绍了汇票的基本内容、种类和使用情况,继而阐述了三种常用的支付方式汇付、托收和信用证的支付程序、种类和特点,并着重阐述了信用证的含义、类别及其有关的国际惯例。此外本项目还介绍了银行保函与备用信用证以及在实践中灵活的运用几种支付方式的问题。

任务一　支付工具

本任务可以分解为3个教学程序:汇票;本票;支票。

随着国际贸易的发展,非现金结算方式(Non-cash Settlement)取代现金结算。非现金结算是不直接使用现金,而是使用代替现金起流通手段和支付手段的支付工具来结算国际间债权债务的一种方法。利用支付工具通过相互抵消的办法进行结算,从而避免现金的往返运送,减少风险,节省费用,避免资金积压,促进国际贸易的发展。此种用以抵消国际间债权债务的支付工具就是票据。

在现代国际结算中,票据是可以流通转让的债权凭证,是以无条件支付一定金额为目的的有价证券。为此,票据的款式、票据行为和权利的行使,都必须符合法律的规定。按照国际惯例和多数国家的法律办理,票据一般指汇票、本票和支票。在国际贸易结算中,以汇票为主,本票和支票次之。

程序一 汇　　票

一、汇票的含义和基本内容

根据《英国票据法》中的定义，汇票（Bill of Exchange，Draft，Bill）是一种债券凭证，它是由一个人向另一个人签发的，要求对方立即或在将来某一时间向某人或其指定人或持票人支付一定金额的无条件书面支付命令。

我国于1995年5月10日公布的《中华人民共和国票据法》（自1996年1月1日施行）第19条规定：汇票是出票人签发的，委托付款人在见票时或者在指定日期无条件支付确定的金额给收款人或持票人的票据。

各国票据法对汇票内容的规定不同，一般应包括下列基本内容：

①应载明“汇票”字样，以区别其他证券。

②无条件支付命令的文句。

③一定金额。

④付款期限，即付款人履行付款义务的日期。一般有4种规定方法：

A. 见票即付；

B. 见票后一定期限付；

C. 出票后一定期限付；

D. 指定日期付款。

⑤付款地点：一般为受票人所在地。

⑥受票人（Drawee），又称付款人（Payer），即接受支付命令付款的人。在进出口业务中，通常是进口人或其指定的银行。

⑦受款人（Payee），受领汇票所规定金额的人，即汇票抬头。在进出口业务中，通常是出口人或其指定的银行。抬头有三种写法。

A. 限制性抬头：一般以“Pay××Co. Only”或“Pay××Co. not Negotiable”字样来表示。这种抬头的汇票不能流通转让，只限××收取货款。

B. 指示性抬头：一般以“Pay××Co. by Order”或“Pay to the Order of××Co”字样来表示。这种抬头的汇票，除××公司可以收取票款外，也可以经过背书转让给第三方。

C. 持票人或来人抬头：一般以“付给来人”（Pay Bearer）字样来表示。这种抬头的汇票，无须由持票人背书，仅凭交付汇票即可转让。

⑧出票日期和地点。

⑨出票人（Drawer）签字。

二、汇票种类

（一）按出票人不同分类

可将汇票分为银行汇票和商业汇票。

银行汇票（Banker's Draft）：指由银行开立，付款人也是银行的汇票。银行汇票主要用于代办汇款、银行资金调拨。

商业汇票(Commercial Draft):指由商号或个人开立,而汇票付款人可以是商号、个人或者银行的汇票。商业汇票一般用于国际贸易货款结算。

(二)按是否为随付商业单据分类

可将汇票分为跟单汇票和光票。

光票(Clean Bill):指一张汇票不附有任何提单、发票等货运商业单据。银行汇票多为光票。

跟单汇票(Documentry Bill):指一张汇票附有商业单据汇票,商业汇票多为跟单汇票。

(三)按付款时间不同分类

可将汇票分为即期汇票和远期汇票。

即期汇票(Sight Draft):指付款人受到提示或见票时立即付款的汇票。

远期汇票(Usance Draft):指付款人受到提示或见票后对汇票进行承兑,过一定时间再付款的汇票。

远期汇票的付款时间规定主要有以下几种:

①见票后若干天付款(At××days after sight)。

②出票后若干天付款(At××days after date)。

③提单签发日后若干天付款(At××days after date of Bill of Lading)。

④指定日期付款(Fixed date)。

(四)按汇票承兑人不同分类

可将汇票分为商业承兑汇票和银行承兑汇票。

商业承兑汇票(Commercial Acceptance Bill):指由商号或个人进行承兑的汇票。

银行承兑汇票(Banker's Acceptance Bill):指由银行对汇票进行承兑的汇票。

三、汇票的使用程序

汇票的使用就是汇票的处理手续,主要包括出票、提示、承兑、付款、背书、拒付与追索等。

(一)出票

出票(To Draw)是指出票人签发汇票并将其交给收款人的票据行为。出票人通过"出票"设立了债权,成了票据的主债务人,它担保汇票被付款人承兑或付款,倘若付款人拒付,持票人可向出票人追索票据,出票人就得自行清偿债务。

(二)提示

提示(Presentation)是持票人向付款人出示汇票要求承兑或付款的行为。付款人看到汇票,即为见票(Sight)。

提示可分为承兑提示和付款提示。承兑提示是持远期汇票要求付款人承诺到期付款的提示;付款提示是持即期汇票或到期的远期汇票要求付款人付款的提示。

不论是承兑提示还是付款提示,均应在规定的时效内进行,否则丧失对其前手的追索权。

（三）承兑

承兑(Acceptance)是远期汇票付款人在持票人作承兑提示时，明确表示同意按出票人的指示付款的行为。

承兑包括两方面：一个是付款人在汇票上写“承兑(Accepted)”字样，并注上日期和签名，例如，一张ABC公司承兑的汇票承兑时可写上：“Accepted on May 30，2008. ABC. CO.（SIGNATURE)”；另一个是把承兑的汇票交还持票人或另制承兑通知书交给持票人。一般来说，付款人收到提示承兑的汇票之日起3日内承兑或拒绝承兑。如果未注承兑日期，则以付款人收到汇票之日起的第三天为承兑日期。

远期汇票一经承兑，付款人即成为承兑人，是汇票的主债务人，而出票人则退居为从债务人。持票人可将汇票在市场上背书转让，使其流通。

（四）付款

付款(Payment)是即期汇票的付款人和远期汇票的承兑人接到付款提示时，履行付款义务的行为。

持票人获得付款时，应在汇票上签收，并将汇票交给付款人存查。汇票一经付款，汇票上所有的债权债务即告结束。

（五）背书

背书(Endorsement)是转让票据权利的一种法定手续，即持票人在汇票背面签上自己的名字或再加上受让人的名字，并把汇票交给受让人的行为。背书后，原持票人即成为背书人(Endorser)，担保受让人所持汇票得到承兑和付款，否则，受让人有权向背书人追索清偿债务。与此同时，受让人成为被背书人(Endorsee)，取得了汇票的所有权，可以再背书再转让，直到付款人付款把汇票收回为止。对于受让人来说，在他以前的所有背书人和出票人都是他的“前手”；对于出让人来说，在他让与后的所有受让人都是他的“后手”。后手有向前手追索的权利。汇票转让次数越多，为汇票权利作担保的人也越多。

背书的方式主要有3种：

1. 限制性背书

限制性背书即不可转让背书。

例如：

“Pay to Henry Brown Only.”

“William White(签字)”

2. 空白背书

空白背书也称不记名背书，票据背面只有背书人名称而无受让人签名。此类背书只凭交付即可转让。

例如：

“William White(签字)”

3. 记名背书

记名背书指汇票背面既有背书人签名，又有被背书人签名。这种背书受让人可继续背书将汇票转让。

例如：
“Pay to the order of Henry Brown.”
“William White(签字)”

受让人在受让汇票时，要按照汇票的票面金额，扣除从转让日起到汇票付款日止的利息后，将票款付给出让人，这种行为称为“贴现”(Discount)。

（六）拒付与追索

拒付(Dishonour)是持票人提示汇票要求承兑或付款时遭到拒绝承兑或付款的行为，又称退票。破产、死亡、避而不见也属此范围。

持票人遭到拒付后有权通知其前手，直至通知到出票人，并由公证人作出证明拒付事实的文件，这个文件被称为拒绝证书(Protest)。该证书附在被拒付汇票之后，汇票上注明受票人见票时间和地点，说明受票人拒绝付款或承兑。如果要求提供拒付证明，会将受票人姓名公布于众，这对买卖双方今后的业务关系有很大伤害，也有损于出票人的信誉。但不能提供拒绝证书的，则丧失对其前手的追索权。

追索权(Right of Recourse)是汇票遭到拒付时，持票人对背书人、出票人及其他票据债务人行使请求偿还汇票金额、利息及费用的权利。

汇票的出票人或背书人为了避免承担被追索的责任，可以在背书时加注“不受追索(Without Recourse)”字样。凡列有这种批注的汇票，在市场上是很难转让流通的。

小看板

2012年3月1日，上海甲公司以上海乙公司为收款人，签发商业汇票一张，汇票金额为100万元人民币，汇票到期日为2012年7月31日。乙公司在接到该商业汇票后将该汇票背书转让给浙江丙公司。此后，江苏丁公司、上海戊贸易公司和上海××区自来水公司亦依次通过背书转让方式取得了该商业汇票。同年7月1日，上海××区自来水公司持该商业汇票向银行提示付款。银行在接到该商业汇票后经查实，确认上海甲公司在银行的存款不足以支付票据款而将商业汇票退回给上海××区自来水公司。之后，上海××区自来水公司依法向其前手上海戊贸易公司进行票据追索，上海戊贸易公司在支付款项后又向其前手追偿，至江苏丁公司支付完票据款项100万元后，丁公司向浙江丙公司进行再追索。浙江丙公司支付了票据款项中的75万元，上海甲公司支付了票据款项中的25万元。之后，浙江丙公司依法向上海甲公司和上海乙公司就票据权利进行再追偿，但甲公司和乙公司拒绝偿付票据款项中的75万元。

想一想：甲公司和乙公司拒付75万元的行为是否正确？为什么？

程序二 本 票

一、本票的含义和内容

《中华人民共和国票据法》第73条规定：本票(Promissory Note)是出票人签发的，承诺自己在见票时无条件支付确定的金额给收款人或持票人的票据。

构成本票的必要项目包括无条件支付承诺、付款期限(未载明付款期限者,视为见票即付)、出票人签字、受款人名称或来人抬头。有些国家的票据法还把写明"本票"字样、出票日期和地点、付款地点等列为本票要件。出票人和背书人因对本票签字而对本票的债务负责,是本票的当事人。但本票出票人始终是本票的主债务人,其责任类似汇票中的承兑人,因此,本票有"自付票据"之称。

二、本票的种类

本票可分为商业本票和银行本票。由工商企业或个人签发的称为商业本票或一般本票。由银行签发的称为银行本票。商业本票有即期和远期之分,银行本票则都是即期的。在国际贸易结算中使用的本票,大都是银行本票。有的银行发行见票即付、不记载收款人的本票或是来人抬头的本票,它的流通性与纸币相似。

根据我国《票据法》的规定,银行本票仅限于由中国人民银行审定的银行或其他金融机构签发。

三、本票和汇票的区别

本票与汇票的区别体现在四个方面:

(一)当事人

汇票是委托式票据,有三个当事人,即出票人、付款人、收款人。本票是承诺式票据,只有两个当事人,即出票人和收款人。

(二)份数

汇票可开成一式多份(银行汇票除外)。本票只能一式一份,不能多开。

(三)承兑

远期汇票需经付款人承兑。本票的出票人就是付款人,远期本票由本人签发,就等于本人已承诺本票到期时付款,无需承兑。

(四)付款责任

汇票付款人承兑前,出票人负主要责任;承兑后,则由承兑人负主要责任。而本票的出票人始终承担第一性的付款责任。

程序三 支 票

一、支票的含义和种类

支票(Cheque,Check)是出票人签发,委托办理支票存款业务的银行或者其他金融机构在见票时无条件支付确定的金额给收款人或者持票人的票据。

我国《票据法》第85条规定,支票必须记载下列事项:

①表明"支票"字样。

②无条件的支付委托。

③确定的金额。

④付款人名称。

⑤出票日期。

⑥出票人签字。

支票上未记载以上规定事项之一的，支票无效。

二、支票的种类

按照我国《票据法》规定，支票可分为现金支票和转账支票两种，并分别用以支取现金或是转账，但应在支票正面注明。现金支票只能用于支取现金；转账支票只能用于通过银行或其他金融机构转账结算。但其他许多国家，支取现金或是转账，通常可由持票人或收款人自主选择，但一经划线只能通过银行转账，而不能直接支取现金。因此，就有“划线支票”和“未划线支票”之分。划线支票通常都在其左上角划上两道平行线。视需要，支票既可由出票人，也可由收款人或代收银行划线。对于未划线支票，收款人既可通过自己的往来银行代向付款银行收款，存入自己的账户，也可径自到付款银行提取现款。但如果是划线支票，或原来是未划线支票，经自己加上划线后，收款人就只能通过往来银行代为收款入账。

三、支票和汇票的比较

（一）性质

支票是存款人对银行签发的无条件支付命令（《英国票据法》将支票定义为以银行为付款人的即期汇票）；汇票是由出票人对付款人签发的无条件支付命令，付款人可以是银行、企业或个人。

（二）出票人与付款人的关系

支票中的两者必须先有资金关系，汇票则不必，一般是一种对价关系。

（三）承兑手续

支票无承兑手续，远期汇票有承兑手续。

（四）票据的应用

支票主要用于结算，汇票可以是结算，也可是融资。

（五）票据的形式

支票可以划线，只能开出一张；汇票一般不能划线，可以开出一式二份或多份。

任务二　汇付和托收

本任务可以分解为两个教学程序：汇付；托收。

国际货款的收付方式大概分为汇付、托收、信用证和银行保函。其中汇付和托收是商业信用，而信用证和银行保函是属于银行信用。支付方式从资金的流向与支付工具的传递方向，可以分为顺汇和逆汇两种方法。顺汇是指资金的流动方向与支付工具的传递方向相同。汇付方式采用的是顺汇方法。逆汇是指资金的流转方向与支付工具的传递方向相反。托收方式收取货款采用的是逆汇方法。

程序一　汇　　付

一、汇付的含义和当事人

（一）汇付的含义

汇付(Remittance)又称汇款，指付款人主动通过银行或其他途径将款项汇交收款人。国际贸易货款的收付如果采用汇付，一般是由买方按合同约定的条件（如收到单据或货物）和时间，将货款通过银行汇给卖方。

（二）汇付的当事人

汇付业务中，通常有4个当事人：

1. 汇款人

汇款人(Remitter)即汇出款项的人，在进出口交易中汇款人通常是进口人。

2. 收款人

收款人(Payee)即收取款项的人，在进出口业务中通常是出口人。

3. 汇出行

汇出行(Remitting Bank)指受汇款人的委托，汇出款项的银行，通常是进口地的银行。

4. 汇入行

汇入行(Paying Bank)指受汇出行的委托解付汇款的银行，因此，又称解付行，通常是出口地的银行。

二、汇付的种类

汇付可分为信汇、电汇和票汇3种（图6.1）。

（一）信汇

信汇(Mail Transfer, M/T)是指进口人将货款交给本地银行（汇出行），由该银行将信汇委托书(M/T Advice)、支付委托书(Payment Order)用信件方式邮寄给出口人所在地银行（汇入行），委托其付款给出口人。

（二）电汇

电汇(Telegraphic Transfer, T/T)指进口人将货款交给汇出行，由汇出行拍发加押电报或电传给其在国外的分行或代理行，指示其解付一定金额给收款人。采用电汇，费用较信汇高，但出口人可以较为迅速地收到货款。

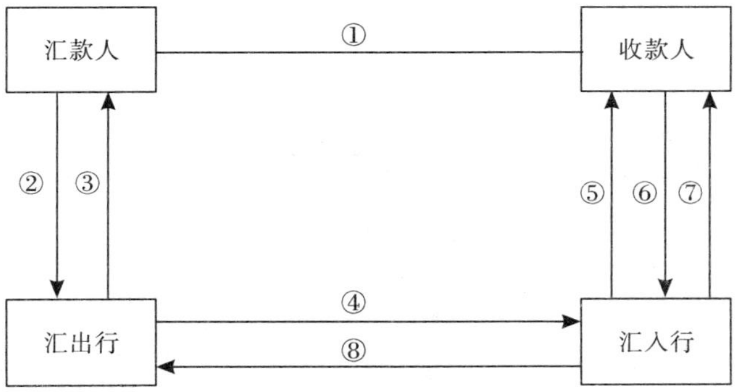

① 买卖双方订立合同，并规定采用信汇 / 电汇方式付款
② 汇款人向当地银行提交信 / 电汇款申请书并交款付费
③ 汇出行向汇款人签发回单
④ 汇出行向汇入行发出信 / 电汇款通知
⑤ 汇入行通知收款人到银行取款
⑥ 收款人到汇入行取款提交收据
⑦ 汇入行向收款人付款
⑧ 汇入行向汇出行发出付讫借记通知

图 6.1　信汇和电汇支付的程序

小看板

国内某外贸公司(卖方)与香港D商社(买方)经中间人介绍签订了一份金额为10万美元的贸易合同。合同规定:由买方开出即期不可撤销的信用证向卖方付款。但过了合同约定的开证日期仍未见买方开来信用证,经催问,对方称:"证已开出,请速备货"。然而,临近约定的装运期前一周,卖方还未收到来证。卖方再次查询,对方才告知:"因开证行与卖方银行并无业务代理关系,故此证已开往有代理关系的某地银行转交"。此时,船期已到,因合同规定货物需直接运抵加拿大,而此航线每月只有一班船,若错过这一次船期,则要推迟至下一个月才能装船,这样,将造成利息和费用的损失。这时,港商提出改用电汇方式把货款汇来,以促成该笔生意。鉴于以上情况,卖方只好同意并要求对方提供汇款凭证传真件,确认后马上发货。次日,港商便传来了银行的汇款凭证,卖方财务人员持该汇款传真件到银行核对签字无误后以为款项已汇出,便放心地安排装船。但出运后10多天,卖方才发觉货款根本未到账,大呼上当。原来,该港商资信甚差,经营作风恶劣,瞄准卖方急于销货的心理,玩弄花样,先购买一张小额汇票,涂改后,再传真过来,冒充电汇凭证,蒙骗卖方,使其遭受重大的经济损失。

想一想:通过这个案例,我们可以获得哪些启示?

(三) 票汇

票汇(Remittance by Banker's Demand Draft, D/D)是指汇出行应汇款人的申请,代汇款人开立以其分行或代理行为解付行的银行即期汇票(Banker's Demand Draft),支付一定金额给收款人的一种汇款方式(图6.2)。

票汇与电汇、信汇的不同在于票汇的汇入行无须通知收款人取款,而由收款人持票登门取款;这种汇票除有限制转让和流通的规定外,经收款人背书,可以转让流通,而电汇、信汇的收款人则不能将收款权转让。

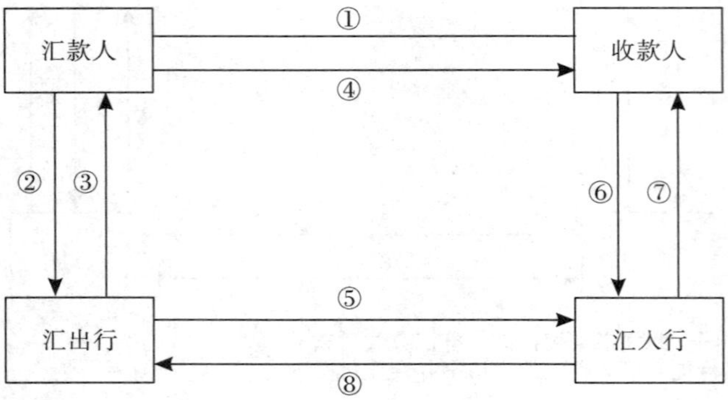

①买卖双方订立合同，并规定采用票汇方式付款
②汇款人向当地银行提交汇票申请书并交款付费
③汇出行签发银行即期汇票给汇款人
④汇款人将银行汇票转交给收款人
⑤汇出行签发汇票通知书给指定的付款行
⑥收款人凭银行汇票主动到付款行取款
⑦付款行核对通知书无误即付款给收款人
⑧付款行向汇出行发出付讫借记通知

图 6.2　票汇支付程序图

三、汇付的特点和使用

(一)汇付的特点

1. 顺汇

汇付支付方式中，结算工具和货款流动方向一致，都是从买方流向卖方，所以习惯上称汇付为顺汇。

2. 商业信用

银行只提供服务不提供信用，即收款人能否收到款项取决于汇款人的信誉如何。

3. 风险大

对于货到付款的卖方或对于预付货款的买方来说，能否按时收汇或能否按时收货，完全取决于对方的信用。如果对方信用不好，则可能钱货两空。

4. 手续简便，费用少

汇付的手续比较简单，银行的手续费用也较少。因此，在交易双方相互信任的情况下，或在跨国公司的各子公司之间的结算，可以采用汇付方式。

(二)汇付的使用

汇付的使用涉及的是付款时间的问题。在国际贸易中，何时付款关乎买卖双方的资金周转和风险分担，必须认真对待。根据付款时间的不同，汇付主要使用于货到付款和预付货款两种业务中。

1. 预付货款

预付货款(Payment in Advance)一般是指买方先将货款的全部或一部分通过银行汇至卖方，卖方收款后，再根据合同规定立即或在一定时间内发运货物。先付款后发货这种方式自然对卖方有利，但对买方来讲，首先不利于资金周转，其次需承担卖方不交货或不按时交货的风险。在国际贸易中采用预付方式，主要是由于卖方资金短缺，要求买方预付部分款项以采购原料；或者买方信誉不佳或信用情况不明，而产品为紧俏商品；或者货款数额小，双方关系良好，买方愿意预付货款。

2. 货到付款

货到付款(Payment after Arrival of Goods)是指在卖方交货或交单后一段时间，买方才将货款通过银行汇交卖方。这种方法实际上是一种赊账业务(Open Account Transaction)。这种做法对买方极为有利，但对卖方来讲，则要承担不能收回或不能按时收回货款的风险。所以，除非买方信誉良好或在卖方所在地设有分公司或有其代理人，否则不宜采用。

四、合同中的汇付条款

在业务中使用汇款方式支付货款时，交易双方应在买卖合同中规定汇款的金额、具体的汇付方式和汇款的时间等内容。例如：

"买方应于 2013 年 3 月 1 日之前将全部货款通过合肥银行以票汇方式预付给卖方。"

"The Buyer shall pay 100% of this sales proceeds in advance by D/D through Bank of HEFEI to reach the seller not later than March 1st, 2013."

程序二 托　　收

一、托收的含义和当事人

(一)托收的含义

托收(Collection)是指债权人(出口人)出具汇票委托银行向债务人(进口人)收取货款的一种支付方式。

托收一般是通过银行办理的，故又称银行托收。其基本做法是：由出口人根据发票金额开出以进口人为付款人的汇票，向出口地银行提出托收申请，委托出口地银行通过它在进口地的代理行或往来银行代向进口人收取货款。

(二)托收的当事人

1. 委托人

委托人(Principal)就是债权人，通常为出口人。由于委托人一般需开具汇票委托银行向国外债务人收款，故又称出票人。

2. 付款人

付款人(Drawee, Payer)就是债务人，也是汇票上的受票人，通常为进口人。

3. 托收银行

托收银行(Remitting Bank)就是债权人所在地的银行，又称寄单银行，即接受委托人委托代为收款的银行。

4. 代收银行

代收银行(Collection Bank)就是债务人所在地的银行，即接受托收银行委托向付款人收取票款的银行。代收银行通常是托收银行的国外分行或代理行。

5. 提示行

提示行(Presenting Bank)就是向付款人提示汇票/或单据的银行。

委托人与托收行之间、托收行与代收行之间都是代理关系,他们的权利和义务应受代理法一般原则的支配,特别是本人(委托人)应补偿代理人的开支,向其支付报酬;代理人应尽职尽责地完成代理事务,并不得越权。

在托收业务中,如果发生拒付,委托人可指定付款地的代理人代为料理货物存仓、转售、运回等事宜,这个代理人叫做"需要时的代理"(Customer's Representative in Case of Need)。委托人如果指定需要时的代理人,必须在托收委托书上写明此代理人的权限。

二、托收的种类

托收可分为光票托收和跟单托收两类。

(一)光票托收

光票托收(Clean Collection)是指金融单据不附有商业单据的托收,即提交金融单据委托银行代为收款。光票托收如果以汇票作为收款凭证,则使用光票。在国际贸易中,光票托收主要用于小额交易、预付货款、分期付款以及收取贸易的从属费用等。

(二)跟单托收

跟单托收(Documentary Collection)是指金融单据附有商业单据或不附有金融单据的商业单据的托收。跟单托收如果以汇票作为收款凭证,则使用跟单汇票。

国际贸易中货款的收取大多采用跟单托收。在跟单托收的情况下,按照向进口人交单条件的不同,又可分为付款交单和承兑交单两种。

1. 付款交单

付款交单(Document Against Payment, D/P)指委托人、托收行指示代收行以进口方付款作为交单的先决条件,即进口方只有在付清货款后才可以取得有关进口货物单据。

根据付款时间不同,付款交单又可分为即期付款交单和远期付款交单。

即期付款交单(D/P at Sight):出口人发运货物后开具即期汇票连同有关货运单据,通过银行向进口人作出提示,进口人对汇票和单据审查确认无误后即行付款,才可取得有关单据以便提取货物(图 6.3)。

远期付款交单(D/P after Sight):出口人发运货物和开具远期汇票连同有关货运单据通过银行向进口人作出提示,进口人对汇票和单据审查确认无误后对汇票进行承兑,在汇票到期日再向银行付清款项取得有关单据提取货物(图 6.4)。

在远期付款交单条件下,进口人为了抓住有利行市,不失时机地抛售货物,可与代收银行商量提前获得单据。在此,有两种可操作的方法,一是提前付款赎单即托收出口押汇(Collection Bill Purchased),则扣除提前付款日至原付款日之间的利息,作为进口人享受的一种提前付款的现金折扣;二是与代收行商议,在汇票到期前借单提货,待到期时方才付清货款。代收银行对于资信较好的进口人,可同意其凭信托收据借取货运单据,先行提货。

所谓信托收据(Trust Receipt, T/R),就是进口人借单时提供的一种书面信用担保文件,用来表示愿意以代收银行的受托人身份代为提货、报关、存仓、保险,并承认货物的所有权仍属银行。这是代收银行自己向进口人提供的信用便利，与出口人无关。因此，如果代收行借出单据后，汇票到期不能收到货款，则代收银行应负全部责任。但如果是出口人提示代收行借单，即所谓付款交单凭信托收据借单(D/P・T/R)，那么进口人如果日后汇票到期拒付，则与银行无关，应由出口人自己承担风险。这种做法的性质与承兑交单差不多，因此，使用这种方式一定要从严掌握。

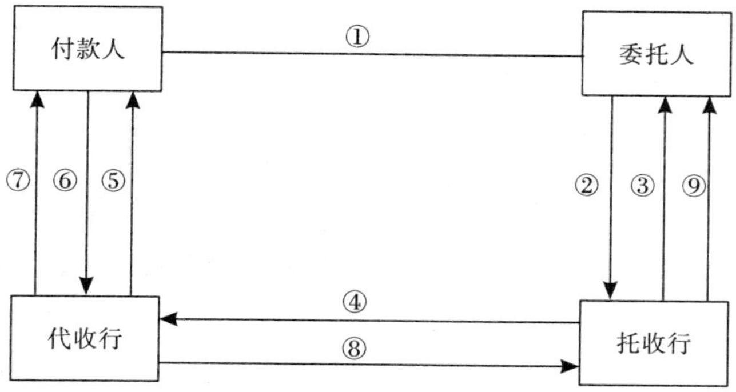

①买卖双方订立合同，规定采用即期付款交单方式结算货款
②出口人交货后缮制托收申请书、即期汇票，连同货运单据交托收行
③托收行审核申请书和单据无误后，开出回单给出口人
④托收行按申请书的要求，缮制托收委托书，连同全套单据寄交代收行
⑤代收行向进口人提示汇票和单据
⑥进口人验单无误后付清货款
⑦代收行将全套单据交给进口人
⑧代收行通知托收行，款已收妥并贷记银行账户
⑨托收行将货款付给出口人

图 6.3　即期付款交单

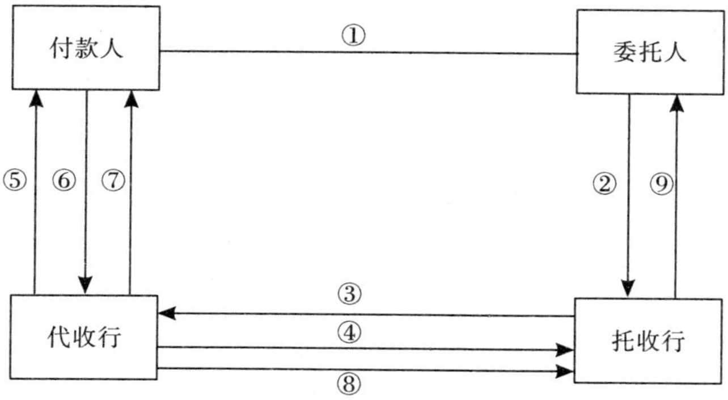

①买卖双方订立合同，规定采用远期付款交单方式结算货款
②出口人交货后，缮制托收申请书、远期汇票，连同货运单据交托收行
③托收行按申请书的要求缮制托收委托书，连同全套单据寄交代收行
④代收行向托收行寄发收到单据的回单
⑤代收行向进口人提示汇票和单据，进口人承兑汇票，代收行保留汇票和全部单据
⑥汇票到期，进口人向代收行付清货款
⑦代收行将全套货运单据提交进口人
⑧代收行通知托收行货款已收妥，并贷记托收行账户
⑨托收行将货款付给出口人

图 6.4　远期付款交单流程图

小看板

我某公司出口一批货物，付款方式为D/P 30天托收。汇票及货运单据通过托收银行寄抵国外代收行后买方进行了承兑，但货到目的地后，恰好这时行市上涨，于是付款人向银行出具信托收据(T/R)借得单证，货出售后买方倒闭。

想一想：我方于汇票到期时是否还能收回货款？

2. 承兑交单

承兑交单(Document Against Acceptance，D/A)是指办理托收时委托人指示银行在进口人承兑汇票之后，即将货运单据交给进口人，进口人在汇票到期时方可履行付款义务。由于只有使用远期汇票时才涉及承兑问题，所以承兑交单不存在即期和远期之分。由于承兑交单是在进口人承兑汇票后，即可取得货运单据，并凭此提货，这对出口人来说，已交出了物权凭证，其收款的保障只能取决于进口人的信用，一旦进口人到期不付款，出口人就有可能蒙受货物与货款两空的损失。所以，承兑交单这种做法，必须从严掌握(图6.5)。

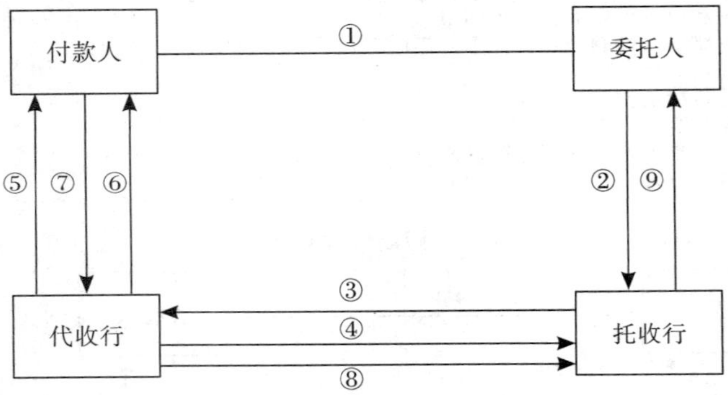

①买卖双方订立合同，规定采用承兑交单结算货款
②出口人交货后，缮制托收申请书、远期汇票，连同货运单据交托收行
③托收行按申请书的要求，缮制托收委托书，连同全套单据寄交代收行
④代收行向托收行寄发收到单据的回单
⑤代收行向进口人提示汇票和单据，进口人承兑汇票，代收行收回并保留汇票
⑥代收行将货运单据交给进口人
⑦汇票到期后代收行向进口人收款，进口人付款
⑧代收行通知托收行货款已收妥，并贷记托收行账户
⑨托收行将货款付给出口人

图6.5　承兑交单流程图

小看板

广西某外贸公司(卖方)与港商陈某(买方)在广交会上签订了出口500箱工艺品、金额为25万港币的合同。但在交易会过后两个月，对方仍未开来信用证，而此时，我方已安排生产。后来，卖方去电询问对方原因，对方在获知我方已生产完毕后，一再解释目前资金短缺，生意难做，要求我方予以照顾，把信用证付款改为D/A 90天付款。我方公司考虑到货已备好，若卖给其他客户，一时找不到销路，会引起积压，故不得不迁就对方，经请示上级领导同意，改为D/A

90 天付款。于是，我方将货物安排运往香港，并提交有关单据委托当地 C 银行(托收行)通过香港 K 银行(代收行)托收货款。货到香港后。陈某凭已承兑汇票的单据，提取了货物。而 90 天期限已过，仍未见对方付款。虽经我方银行多次去电催收，但对方总是借故推托，说商品销路不好卖不出去；又声称货物质量太差。被客户退货，资金周转困难，无法还款，如此一拖再拖，一直毫无结果。我方公司不仅失去货物，而且货款追收无望，又要承担银行贷款利息损失，赔了夫人又折兵。

想一想：D/A 付款方式有什么风险呢？

三、托收的特点和利弊

托收方式是以进口人为付款人。委托人与银行之间是委托代理关系，银行不负责保证付款。因此，托收是商业信用。银行办理托收业务时，只是作为委托人的代理行事，既无检查装运单据是否齐全或正确的义务，也无承担付款的责任。如果付款人借故拒绝付款赎单提货，除非另有约定，银行也无义务代为保管货物。

托收方式是在出口商办理了交货义务之后才通过银行收款的，所以，对于出口商的资金周转不利。除此之外，出口商还面临着一定的风险。这表现在，如果进口商破产或丧失支付能力，出口人则可能收不回或晚收到货款。如果进口人拒不付款赎单，除非事先约定，银行没有义务代为保管货物，在货物抵达目的地时，还会产生在目的地存仓、转售或不得已运回出口地的费用和损失。在承兑交单的情况下，出口人的风险更大，因为进口人只要办理承兑，即可取得单据，提取货物。一旦到期不付款，出口人就会财货两空。但对于进口人来讲，情况则相反，托收方式费用低廉，而且有利于资金融通，如果采用远期托收，还可以不占用自用资金。由于托收方式对进口方比较有利，所以在出口业务中采用托收方式，有利于调动国外进口商的积极性，从而可以促进成交和扩大出口，因为许多出口商也把托收作为非价格竞争的一种手段。

鉴于托收方式对出口人具有一定的风险，我方在出口业务中，采用托收方式时，应注意以下问题：

①了解进口人的资金能力和信誉情况，成交金额不宜超过其信用程度，一般只接受D/P；可要求买方预付一部分货款，作为跟单托收方式的条件。

②熟悉进口国家的贸易管制和外汇管制条例，以免货到目的地后，因不准进口或收不到外汇而造成损失。如芬兰、德国、希腊等国，要“货到付款”。而拉美一些国家，托收支付方式下的汇票付款人，不论即期或远期汇票，均要在货抵目的地后才能办理付款或承兑，甚至将付款交单按承兑交单处理；欧洲大陆国家为减少印花税负担，一般即期托收项下付款不用汇票，银行可接受办理。

③应争取按条款成交，由我方办理运输和保险。

④要健全管理制度，定期检查，及时催收，发现问题迅速采取合理措施，减少不必要的损失。

四、托收的国际惯例——《商业跟单托收统一规则》

国际商会为了统一各国银行对托收业务的做法，减少银行和委托人之间可能发生的误解和纠纷，于 1967 年订立并公布了《商业单据托收规则》，1978 年修订并改名为《托收统一规则》，简称《322 号出版物》(Uniform Rules for Collection)。现行的托收统一规则是 1995 年的修订本，即国际商会第 522 号出版物，简称《URC 522》。

《URC 522》除前言外共分 A、B、C、D、E、F、G 7 个部分，共 26 条，其主要内容有以下几个方面：

①根据外国法律或惯例对银行规定的义务和责任，委托人应受其约束，并对银行承担这种义务和责任负赔偿的责任。

②银行必须核实所收到的单据在表面上与托收指示书所列一致，对于单据缺少或发现与托收指示书所列单据不一致时，须毫不迟延地用电讯或其他快捷方式通知发出托收指示书的一方。

③除非事先征得银行同意，货物不应直接运交银行或以银行为收货人。否则，银行无义务提取货物，对此项货物的风险和责任由发货的一方承担。

④跟单托收中使用远期汇票时，有关托收指示书中必须明确指示在承兑后还是在付款后将商业单据交给受票人。如果无此说明，商业单据只能在受票人付款后方可交出，代收人对因迟交单据而产生的任何后果不负责任。

⑤汇票如果被拒付，托收银行在收到此项通知后，须在合理时间内对代收银行作出进一步处理有关单据的指示。如果在送出拒付通知 60 天内仍未接到该项指示时，代收银行可将单据退回托收银行，而不负任何责任。

《URC 522》自实施以来，被各国银行采纳和应用。但是，这个规则只有在有关当事人，特别是银行间事先约定的情况下，才受该惯例的约束。我国银行在进出口贸易中使用托收方式时，也参照这个规则的解释办理。

五、买卖合同中的托收条款

（一）即期付款交单

“买方凭卖方开具的即期跟单汇票，于第一次见票时立即付款，付款后交单。”

“Upon first presentation the Buyers shall pay against documentary draft drawn by the Sellers at sight. The shipping documents are to be delivered against payment only.”

（二）远期付款交单

“买方对卖方付款的跟单汇票，于第一次提示时即予承兑，并应于汇票到期日即予付款，付款后交单。”

“The Buyers shall duly accept the documentary draft drawn by the Sellers at ××days sight upon first presentation and make payment on its maturity. The shipping documents are to be delivered against payment only.”

（三）到期付款交单

“买方对卖方开具的见票后××天付款的跟单汇票，于第一次提示时即予以承兑，并应于汇票到期日即予付款，承兑后交单。”

“The Buyers shall duly accept the documentary draft drawn by the Sellers at××days sight upon first presentation and make payment on its maturity. The shipping documents are to be delivered against acceptance.”

任务三 信 用 证

本任务可以分解为6个教学程序:信用证的定义和当事人;信用证的内容和结算程序;信用证的特点和作用;信用证的种类;信用证的国际惯例《UCP 600》;合同中的信用证条款。

公元前5世纪中叶,古罗马法对商品的物权和债权作了规定:在商品和货币交换过程中可采用文字书写的信用证件,以示交换双方的商业信誉。19世纪80年代,在英国信用证被首次作为国际贸易中清偿货款的支付手段。1920年初,纽约银行家商业信贷委员会通过并颁布"出口信用证应用准则"。1926年,Junior Committee正式通过签署了RAECC修订意见,并于当年的7月1日生效。国际商会1927年2月拟订审议《出口商业信用证统一惯例》草案。1929年国际商会通过了"商业跟单信用证统一惯例和实务"《UCP 74》,于1930年5月15日实施,建议银行采用。1933至1993年,国际商会对《跟单信用证统一惯例》进行了多次修订。2006年10月ICC银行技术实务委员会通过《跟单信用证统一惯例2007年修订本》国际商会第600号出版物《UCP 600》,并于2007年7月1日正式生效。目前,《UCP 600》是国际货物贸易信用证付款方式的使用依据。下列所述内容大多参照《UCP 600》。

程序一 信用证的定义和当事人

一、信用证的定义

《UCP 600》第2条定义:"信用证(Letter Of Credit, L/C)意指一项约定,无论其如何命名或描述,该约定不可撤销并因此构成开证行对于相符提示予以兑付的确定承诺。"

小看板

《UCP 500》定义信用证:"信用证是指由银行(开证行)依照客户(申请人)的要求和指示或自己主动,在符合信用证条款的条件下,凭规定单据向第三方(受益人)或其指定方进行付款,或承兑和/或支付受益人开立的汇票;或授权另一银行进行该项付款,或承兑和支付汇票;或授权另一银行议付。"简言之,信用证是一种银行开立的有条件的承诺付款的书面文件。

想一想:《UCP 500》和《UCP 600》关于信用证的定义有何变化?

二、信用证涉及的当事人

(一)开证申请人(Applicant)

又称开证人(Opener),一般为进口人,是信用证交易的发起人。它要在规定的时间内开证,交开证押金并及时付款赎单。

(二)开证行(Opening Bank，Issuing Bank)

开立信用证的银行，一般是进口地的银行，开立信用证后，承担第一付款责任，无追索权。但也有例外:在凭索汇电报和偿付行仅凭汇票对外付款时，开证行有追索权。

(三)受益人(Beneficiary)

有权使用信用证的人，一般为出口人。它拥有按时交货、提交符合信用证要求的单据索取货款的权利和义务，又有对其后的持票人保证汇票被承兑和付款的责任。

(四)通知行(Advising Bank，Notifying Bank)

一般为出口人所在地的银行，通常是开证行的代理行。它应合理审慎地鉴别信用证的表面真实性，如果无法鉴别又想通知受益人，则应告诉受益人它未能鉴别该证的表面真实性。《UCP 600》第 9 条 C 款规定，可以有第二通知行，“通知行可以利用另一家银行的服务(第二通知行——Second Advising Bank)向受益人通知信用证及其修改。通过通知信用证或修改，第二通知行即表明其认为所收到的通知的表面真实性得到满足，且通知准确地反映了所收到的信用证或修改的条款及条件。”

(五)议付行(Negotiating Bank)

又称押汇银行、购票银行或贴现银行，是指根据开证行的授权买入或贴现受益人提交的符合信用证规定的票据的银行。如果遭拒付，它有权向受益人追索垫款。《UCP 600》第 2 条规定“议付意指被指定银行在其应获得偿付的银行日或在此之前，通过向受益人预付或者同意向受益人预付款项的方式购买相符提示项下的汇票(汇票付款人为被指定银行以外的银行)及/或单据。”

(六)付款行(Paying Bank，Drawee Bank)

又称受票银行，开证行一般兼为付款行。当使用第三国货币支付时，可委托代付行代为付款。

(七)偿付行(Reimbursing Bank)

信用证清算银行(Clearing Bank)，是开证行的偿付代理人，有其存款账户。对代付行或议付行的索偿予以支付，不承担审核单证的义务，发现单证不符，可以追回付款。

(八)保兑行(Confirming Bank)

应开证行请求在信用证上加具保兑的银行，承担必须付款或议付的责任，具有与开证行相同的责任和地位。它对受益人独立负责，在付款或议付后，不论开证行发生什么变化，都不能向受益人追索。业务中通常由通知行兼任，也可由其他银行加具保兑。“如果开证行授权或要求另一家银行对信用证加具保兑，而该银行不准备照办时，它必须不延误地告知开证行并仍可通知此份未经加具保兑的信用证。”

(九)转让行(Transferring Bank)

应受益人的委托,将信用证转让给信用证的受让人即第二受益人的银行。一般为通知行、议付行、付款行或保兑行。

小看板

议付行在议付后如果因单据与信用证条款不符等原因不能向开证行索偿时,可以向受益人追索;付款行、开证行和保兑行一经付款,则再也无权向受款人追索。

想一想:开证行的付款是否在任何情况下都无追索权?

三、当事人之间的关系

(一)开证行、开证人和受益人之间的关系

1. 开证人和受益人关系

买卖的关系,表现为双方签订的、规定采用信用证方式支付的买卖合同。买方承担向银行提出申请,向卖方开立信用证,收取货款的义务。卖方承担交付符合规定的货物并向开证行索取货款。

2. 开证行和开证人的关系

买方与开证行之间的法律关系表现为以开证申请书形式建立起来的合同关系。买方提交开证申请书,开证行如果接受此申请,即按此对受益人开出信用证,承担按照申请人在申请书中所提出的指示而行为的义务。

小看板

(1)要求开证行按所列条件开立信用证的要求以及受益人的名称和地址、信用证的种类与到期日和到期地点。

(2)要求开证行在信用证上列明要求受益人提交符合买卖合同的单据条款。

(3)开证人向开证行的保证与声明。

(4)承认在其付清货款前,开证行对单据及其所代表的货物拥有所有权。

(5)承认开证行有权接受"表面上合格"的单据。

(6)保证单据到达后如期付款赎单,否则开证行有权没收开证人所交付的押金。

(7)承认电讯传递中如果有错误、遗漏或单据邮递遗失等,银行不负责任。

想一想:开证申请书的性质是什么?

3. 开证行与受益人关系

开证行与受益人之间的法律关系表现为信用证。在信用证实务中,开证行与受益人之间的约束力完全以信用证本身为依据的,开证行按照信用证规定对受益人付款,受益人必须按信用证规定向开证行提交单据以取得信用证项下的款项。

（二）其他当事人之间的关系

①通知行与开证行表现为委托代理关系，开证行委托通知行将信用证通知给受益人。通知行则将经过审核鉴定后的信用证通知受益人，与受益人之间无直接的合同关系。

②开证行与付款行、偿付行和议付行之间表现为银行之间的合同关系；受益人与付款行、偿付行之间表现为一种债权和债务的关系，与议付行则表现为一种票据转让的关系。

程序二　信用证的内容和结算程序

一、信用证的内容

（一）关于信用证本身的说明

信用证的当事人：开证申请人、开证行、受益人、通知行等名称和地址，有的信用证还指定议付行、付款行、偿付行、保兑行等。

信用证种类性质：是即期付款、延期付款、承兑，还是议付信用证以及可否撤销、可否转让、是否经另一银行保兑等。

信用证金额：规定信用证应支付的最高金额及支付货币。

信用证开证日期、到期日和到期地点、交单期限、编号等。

（二）汇票条款

包括汇票的种类、出票人、受票人、付款期限、出票条款及出票日期等。

（三）关于单据

通常要求提交：货物单据（商业发票、装箱单、重量单、产地证、检验证书等）；运输单据（海运提单、联合运输提单、简式运输单据等）；保险单据（保险单）等。

（五）关于货物

包括货物的名称、规格、数量、包装、价格等。

（六）关于运输

包括装运港或起运地、卸货港或目的地、装运期限、可否分批装运、可否转运等。

（七）特殊条款

视具体交易的需要而各异。如要求通知行加保兑，限制由某银行议付，限装某船或不许装某船，不准在某港停靠或不准采取某条航线以及具备某条件后信用证方开始生效等。

（八）其他

可能包括开证行对议付行的指示、背批议付金额条款、索汇方法和寄单方法、开证行付款保证、惯例适用条款、开证行签字等内容。

二、信用证的结算程序

(一)开证

首先,买卖双方订立合同,双方在合同中对信用证的种类和开证时间做出明确规定;然后进口商向银行申请开立信用证,开立信用证要填写开证申请书并提供押金或担保,并要求银行向出口商开出信用证;开证行同意后,即开立信用证,开证行要按照开证申请书的规定开证,并将信用证邮寄,或用电讯方式通知出口地银行或受益人。有时客户以简电形式开出信用证,这种预通知信用证只供卖方备货、洽订运输工具参考,卖方不以简电信用证为依据出运货物,应以开证行发出生效通知书为准,因为简电是不能证明信用证的成立和生效。

小看板

我某公司与外商按 CIF 条件签订一笔大宗商品出口合同,合同规定装运期为 8 月份,但未规定具体开证日期。外商拖延开证,我方见装运期快到,从 7 月底开始,连续多次电催外商开证。8 月 5 日,收到开证的简电通告,我方因怕耽误装运期,即按简电办理装运。8 月 28 日,外方开来信用证正本,正本上对有关单据做了与合同不符的规定。我方审证时未予注意,交银行议付时,银行也未发现,开证行即以单证不符为由,拒付货款。

想一想:我方应从此事件中吸取哪些教训?

(二)通知

通知行通知信用证。通知行收到信用证核对签字与密押后,将信用证通知或转递给出口商。

(三)交单付款

出口商收到信用证后,认真审核,如果有差错,通知开证人(买方),请求改证,开证人如果同意,就向开证行提交申请,开证行据以做出修改,改证通知书函寄或电告通知行,并由其转交受益人。收到开证行改证后,审核无误即可发货,遂备齐规定的各种单据,提交出口商所在地银行议付。

出口地银行收到单据后,自其收到提示单据的翌日起算,应各自拥有最多不超过 5 个银行工作日的时间以审核与信用证是否相符,若相符即按汇票金额扣除从议付之日起到预计收款日为止的利息和手续费后,付给出口商。议付行议付后,根据信用证规定向开证行或其指定的银行索偿,即将单据连同汇票和索偿证明(证明单证相符)分次以航邮寄给开证行或其指定的付款行。

如果信用证指定偿付行,开证行应向其发出偿付授权书,议付行一面将单据寄往开证行,一面向偿付行发出索偿书,说明该证单据已作议付,请按指定的方法进行偿付。偿付行收到索偿书后,只要索偿金额不超过授权金额,即向议付行付款。

凡信用证规定有电汇索偿条款的,议付行就可以用电报或电传向开证行、付款行或偿付行进行索偿。

（四）偿付

信用证中的偿付是指开证行或被指定的付款行或偿付行向议付行进行付款的行为。开证行或其指定的银行收到单据后，核验认定与证相符，即将票款偿付议付行。如果有不符，可以拒付，但应在不迟于收到单据次日起 5 个银行日内通知议付行。

（五）付款、赎单和提货

开证行偿付后，立即通知进口商付款赎单。进口商如果发现单证不符也可拒绝赎单。如果审核无误，进口商付款或扣减开证押金后，即可取得全套货运单据凭以提货（图 6.6）。

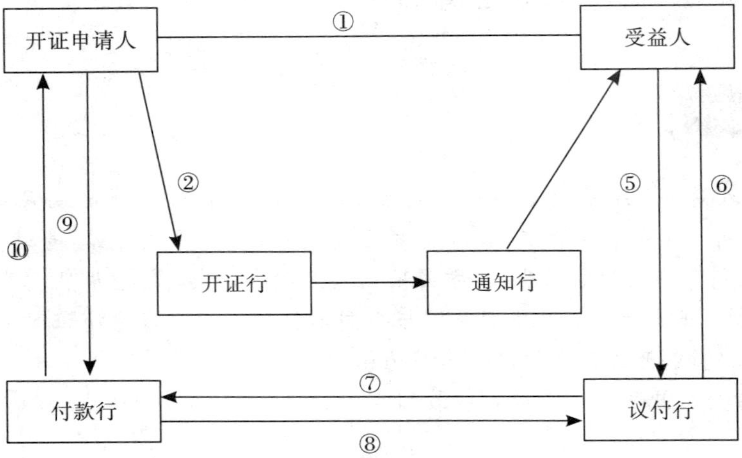

①买卖双方订立买卖合同，规定采用即期跟单信用证方式支付货款
②进口人向当地银行提出开证申请，并交纳押金或其他担保，要求开证行向受益人开出信用证
③开证行开具信用证并寄给出口人所在地银行（通知行）
④通知行核对印押无误后，将信用证转交受益人
⑤受益人审证并认可后，即按规定条件交货，交货后制备信用证规定的各项单据，并在信用证有效期内送议付行议付
⑥议付行按信用证条件审核单据无误后，按汇票金额扣除利息将垫款付给受益人
⑦议付行将汇票和货运单据寄付款行进行索偿
⑧付款行审核单据无误后，偿付货款给议付行
⑨付款行通知进口人付款赎单，进口人验单无误后付款
⑩付款行将单据交给进口人

图 6.6　不可撤销即期跟单信用证流程图

程序三　信用证的特点和作用

一、信用证的特点

（一）开证行承担第一性的付款责任

《UCP 600》第 7 条关于开证行的责任中讲到，自信用证开立之日起，开证行即不可撤销地受到兑付责任的约束，只要规定的单据被提交至指定银行或开证行并构成相符提示，开证行必须予以兑付。因而，信用证开证银行的付款责任不仅是首要的而且是绝对的，即使进口人事后

失去偿付能力，只要出口人提交的单据符合信用证条款，开证银行也要负责付款。

（二）信用证是一项自足的文件

《UCP 600》第 4 条中规定“就性质而言，信用证与可能作为其依据的销售合同或其他合同，是相互独立的交易。即使信用证中提及该合同，银行亦与该合同完全无关，且不受其约束。”该条款还进一步规定“一家银行作出兑付、议付或履行信用证项下其他义务的承诺，并不受申请人与开证行之间或与受益人之间在已有关系下产生的索偿或抗辩的制约。”

我方向中东某国出口素色绒 10 000 码，国外信用证上的产品误为“拷花”，出口公司为了使单证相符，亦将错就错，所有单据上的品名均按“拷花”制作。

想一想：我方这样办是否可行？

（三）信用证是纯单据的业务

《UCP 600》规定“银行处理的是单据，而不是单据所涉及的货物、服务或其他行为。”在信用证业务中，只要受益人提交符合信用证条款的单据，开证行就应承担付款责任，进口商也应接受单据并向开证行付款赎单。如果进口人发现货物不符合买卖合同规定，可凭单据向有关责任方提出损害赔偿要求，而与银行无关。

2012 年 3 月 10 日，我国某进出口公司与美国 M 公司签订了一份化工产品购销合同。合同的总金额为 50 万美元，信用证付款。2012 年 4 月 1 日，买方 M 公司通过美国 S 银行开出了一份总金额为 50 万美元的不可撤销信用证。该信用证有下列条款：“Credit amount USD 500 000，according to invoice value. 75% to be paid at sight，the remaining 25% to be paid at 45 days after shipment arrival.”（信用证总额为 50 万美元，以发票数额为准结算，出口方交单时付 75%的货款，其余 25%的货款在货到后 45 天内付清）。我公司在信用证有效期内，通过议付行向开证行提交了信用证项下的所有单据。经检验，单证相符，开证行便付了 75%的货款，计 37.5 万美元。但是货到 45 天后，开证行以开证人声称我出口的货物品质欠佳为由拒付其余 25%的货款。由此引发诉讼，后 S 银行败诉，支付了其余货款及迟延付款期间的利息。

想一想：开证行败诉的原因是什么？

二、信用证的作用

信用证支付起到安全保证作用和资金融通作用。

对于卖方而言，只要提交符合信用证规定的单据，就可以得到货款，还可打包贷款；对于买方而言，只要申请开证，交少量押金，货款可在单据到达后支付，减少资金占用，还可凭信托收据借单；对于银行而言，贷出信用，掌握物权单据，收取一定手续费和利息，利用开证申请人交付的押金进行资金周转，带动其他业务。

更重要的是，信用证付款方式下，付款具有了银行保证的作用，只要卖方提交了符合信用证规定的单据，银行则必须付款，免去了买卖双方互不信任的顾虑。因此，在业务中被广泛采用，特别是初次交易的双方对此更为青睐。

程序四　信用证的种类

一、跟单信用证和光票信用证

(一)跟单信用证(Documentary Credit)

它是开证行凭跟单汇票或仅凭单据付款的信用证。业务中使用的信用证绝大部分是跟单信用证。业务中相关的单据包括运输单据、商业发票、保险单据、商检证书、产地证书、包装单据等。

(二)光票信用证(Clean Credit)

它是开证行仅凭不附单据的汇票(光票)付款的信用证。常用于预付货款。

二、不可撤销信用证和可撤销信用证

(一)可撤销信用证(Revocable L/C)

它是指信用证一经开出不必征得受益人或有关当事人的同意，开证行有权随时撤销的信用证。但也不是没有限制的，在受益人依信用证条款规定已得到了议付、承兑或延期付款保证时，该信用证就不能被撤销或修改。

(二)不可撤销信用证(Irrevocable L/C)

它是指信用证一经开出，在有效期内未经受益人及有关当事人的同意，开证行不得单方面修改和撤销。如果信用证未标明可否撤销，则视为不可撤销信用证。

小看板

《UCP 400》：如果信用证没有注明其是否可撤销则被视为可撤销。

《UCP 500》：如果信用证没有注明其是否可撤销则被视为不可撤销。

在《UCP 600》的第 2 条中对“信用证”的定义以及第 3 条中的解释规则(A credit is irrevocable even if there is no indication to that effect.)均明确信用证是不可撤销的。

国际商会的明确立场强化信用证不可撤销的属性，以加强对受益人的保护，从而维护信用证作为支付工具的功能。由于《UCP》的惯例地位，如果当事人愿意使用可撤销信用证，则应该在信用证中对此做出明确规定。

想一想：《UCP》中关于“信用证是否可以撤销”的规定的变化对信用证主要当事人会产生什么影响？

三、保兑信用证和非保兑信用证

(一)保兑信用证(Confirmed L/C)

它是指开出的信用证,由另一家银行保证对符合信用证条款规定的单据履行付款义务。保兑是指开证行以外的银行保证对信用证承担付款责任。

(二)非保兑信用证(Unconfirmed L/C)

它是指开出的信用证没有经另一家银行保兑。

四、即期信用证和远期信用证

(一)即期信用证

注明“即期付款兑现”(Available by Payment at Sight)的信用证称为即期付款信用证(Sight L/C)。此种信用证一般不需要汇票,也不需要领款收据,付款行或开证行只凭货运单据付款。证中一般列有“当受益人提交规定单据时,即行付款”的保证文句。即期付款信用证的付款行通常由指定通知行兼任。其到期日,一般也是以受益人向付款行交单要求付款的日期。

在即期信用证中,有时加列电汇索偿条款。即开证行授权议付行议付后,拍电报或通过通知开证行或指定付款行,说明提交的单据与信用证要求一致,开证行或指定付款行接到通知后,即用电汇将货款拨交议付行。

(1)开证行允许议付行电报电传或 SWIFT 网络传递方式通知开证行或指定付款行,说明各种单据与信用证相符,开证行或指定付款行、偿付行应以电汇方式将款项拨交议付行。

(2)付款后,如果发现收到的单据与信用证不符,开证行或付款行对议付行有追索权。

想一想:电汇索偿条款下开证行的责任有什么变化?

(二)远期信用证

远期信用证(Usance L/C, Time L/C)指开证行或付款行收到符合信用证规定的单据后,不立即付款,而是待信用证规定的到期日再付款的信用证。远期信用证可分为以下几种:

1. 承兑信用证

承兑信用证(Acceptance L/C)是以开证行作为远期汇票付款人的信用证。出口商开立远期汇票连同单据交议付行,银行审单无误,将汇票、单据寄给其在进口地的代理行或分行,由其向开证行提示请求承兑或直接寄开证行要求承兑,开证行承兑后,将单据留下,把“承兑书”寄给议付行或将汇票退给议付行在进口地的代理行保存,待到期时再向开证行要求付款。承兑信用证用于远期付款的交易。如果出口商要求贴现汇票,议付行在进口地的代理可将承兑的汇票交贴现公司贴现,把扣除贴息后的净款交给议付行,转交出口商。汇票到期时,由贴现公司向开证行索汇。

2. 假远期信用证

业务中还有一种信用证，虽然开立的是远期汇票，但信用证订明付款行可即期付款或同意贴现，所有贴现和承兑费用由进口人负担。这种信用证表面上看是远期信用证，对出口人而言却可即期收款，因此，称之为假远期信用证(Buyer's Usance L/C)，对进口人来说，可以等到汇票到期时才向付款行支付货款，所以，人们把这种信用证又称为买方远期信用证。

小看板

我方出口一批货物，合同规定买方开立不可撤销的即期信用证。但买方开来的却是一张××天的远期信用证，不过信用证中规定："Discount charges for payment at 60 days are born by buyers and payable at maturity in the scope of this credit."

想一想：此证是否为假远期信用证？我方可否接受？

3. 延期付款信用证

延期付款信用证(Deferred Payment L/C)是指受益人不用开具汇票，开证行保证货物装船后或收单后若干天付款的信用证。此种信用证项下出口商不能利用贴现市场资金，只能自行垫款或向银行借款。因此，延期付款信用证的货价比承兑信用证的货价高。这种信用证实际上是出口商向进口商提供资金融通。它与承兑信用证的区别在于卖方不能提前得到货款(不能贴现)。

五、议付信用证

议付信用证(Negotiation L/C)是指开证行在信用证中，邀请其他银行买入汇票及/或单据的信用证。即允许受益人向某一指定银行或任何银行交单议付的信用证。通常在单据符合信用证条款的条件下，议付银行扣除利息和手续费后将票款付给受益人。议付信用证可分为以下两种：

(一)公开议付信用证

公开议付信用证(Open Negotiation Credit)又称自由议付信用证(Freely Negotiation Credit)，是指开证行对愿意办理议付的任何银行作公开议付邀请和普通付款承诺的信用证，即任何银行均可按信用证条款自由议付的信用证。

(二)限制议付信用证

限制议付信用证(Restricted Negotiation Credit)是指开证银行指定某一银行或开证行本身自己进行议付的信用证。在限制议付信用证中，通常有下列限制议付文句："本证限××银行议付。"

公开议付信用证和限制议付信用证的到期地点都在议付行所在地。这种信用证经议付后，如果因故不能向开证行索得票款，议付行有权对受益人行使追索权。

六、可转让信用证和不可转让信用证

（一）可转让信用证

可转让信用证（Transferable L/C）是指受益人（第一受益人）有权将信用证的全部或部分金额同时转让给一个第二受益人使用的信用证。倘若信用证允许分批支款或分批装运，信用证可以被部分地转让给一个以上的第二受益人。

①只能转让一次。《UCP 600》规定："第二受益人不得要求将信用证转让给任何次序位居其后的其他受益人。第一受益人不属于此类其他受益人之列。"

②《UCP 600》规定：如果信用证被转让给一个以上的第二受益人，其中一个或多个第二受益人拒绝接受某个信用证修改并不影响其他第二受益人接受修改。对于接受修改的第二受益人而言，信用证已做相应的修改；对于拒绝接受修改的第二受益人而言，该转让信用证仍未被修改。

③买卖合同并没转让，只是进口人同意由出口人指定的其他人（供货商）履行交货、交单义务。

④转让行可以是付款行、承兑行或议付行（自由议付须特别授权）（第一受益人要求第二受益人向转让行交单，汇票、发票被替换）。

⑤须明确注明"Transferable"。

可转让信用证具有一定的风险，具体表现为：

对买方而言，承担第一受益人和第二受益人的双重履约风险。

对第二受益人而言，首先，收款无保障；其次，可能遭遇信用证第一受益人与开证申请人联手欺诈导致钱货两空；最后，第二受益人将很难得到出口资金融通，因为即使公开议付，第二受益人的往来银行也无权将"议付"后的汇票和其他票据寄送开证行索偿。

（二）不可转让信用证

不可转让信用证（Untransferable L/C）指受益人不能将信用证的权利转让给他人，并未注明"可转让"者，即为不可转让信用证。

七、循环信用证

循环信用证（Revolving L/C）是指信用证被全部或部分使用后，其金额又恢复到原金额，可再次使用，直至规定的次数或规定的总金额用完为止的信用证。循环信用证的使用可使买方免去多次开证的麻烦，节省开证费用，同时也简化了卖方审证、改证等手续，有利于合同的履行。这种信用证通常在分批均匀交货的情况下采用。循环信用证可分为自动循环、半自动循环和非循环信用证：

（一）自动循环信用证（Automatic Revolving）

受益人在规定时期内装运货物议付后，无须等开证行通知即可自动恢复到原金额再度使用的循环信用证。

（二）半自动循环信用证（Semi-Automatic Revolving）

受益人在规定时期内装运货物议付后，在若干天内开证行未提出不能恢复原金额的通知，即可自动恢复到原金额再度使用的循环信用证。

（三）非自动循环信用证（Non-Automatic Revolving）

受益人在规定时期内装运货物议付后，须开证行通知，才可恢复到原金额再度使用的循环信用证。

八、背对背信用证

背对背信用证（Back-to-back L/C）指原证受益人（中间商）要求原证的通知行或其他银行以原证为基础和担保，另开立的一张内容相似的新信用证，其装运期、到期日、金额和单价等可以较原证规定提前或减少，但货物的质量、数量必须与原证一致。

这种业务不仅能帮助中间商推动整个交易，获取利润，同时可以隔绝最终买方与实际供货人，避免他们从信用证条款或提交的单据中获知有关信息，从而有助于中间商保守商业秘密。

背对背信用证的内容除开证人、受益人、金额、单价、装运期限和有效期限等可有变动外，其他与原证相同，如果需修改，应得到原证开证人的同意，修改比较困难。

九、对开信用证

对开信用证（Reciprocal L/C）是指两张信用证的开证申请人互以对方为受益人而开立的信用证。第一张信用证的受益人就是第二张信用证（回头证）的开证申请人。两证金额大致相等，此种信用证一般用于来料加工、补偿贸易和易货交易。信用证生效办法，一是两张同时生效，即第一张信用证的生效以第二张信用证的开出为条件；再就是两张信用证分别生效，即第一张信用证开出后立即生效，第二张信用证以后再开；或者第一张信用证受益人交单议付时，附一份担保书，保证在一定期限内开出回头证。

十、预支信用证

预支信用证（Anticipatory L/C）是指允许受益人在货物装运交单前预支货款的信用证，有全部预支和部分预支两种。在预支信用证项下，受益人预支的方式有两种：一种是向开证行预支，出口人在货物装运前开具以开证行为付款人的汇票光票，由议付行买下向开证行索偿；另一种是向议付行预支，即由出口地的议付行垫付货款，待货物装运后交单议付时，扣除垫款本息，将余额支付给出口人。如果货未装运，由开证行负责偿还议付行的垫款和利息。为引人注目，这种预支货款的条款常用红字，故又称“红条款信用证”（Red Clause L/C）。但现在国际贸易实务中，信用证的预支条款并非都用红色表示，其效力相同。

程序五　信用证的国际惯例《UCP 600》

2006年10月ICC银行技术实务委员会修订了《国际商会第500号出版物》并通过《跟单信用证统一惯例2007年修订本》，国际商会第600号出版物《UCP 600》，并将于2007年7月1日正式生效。《UCP 600》共有39个条款，比《UCP 500》减少10条，但比《UCP 500》更准确、清晰；更易读、易掌握、易操作。《UCP 600》将一个环节涉及的问题归集在一个条款中，将L/C业务涉及的关系方及其重要行为进行了定义并纠正了《UCP 500》造成的许多误解。下面就《UCP 600》与《UCP 500》相比的部分实质性变动进行简单的说明。

一、把《UCP 500》难懂的词语改变为简洁明了的语言

取消了易造成误解的条款，如“合理关注”、“合理时间”及“在其表面”等短语。有人说这一改变会减少昂贵的庭审，意指法律界人士丧失了为论证或反驳“合理”、“表面”等所收取的高额费用。

二、取消了无实际意义的许多条款

如“可撤销信用证”、“风帆动力批注”、“货运代理提单”、《UCP 500》第 5 条“信用证完整明确要求”。第 12 条有关“不完整不清楚指示”的内容也从《UCP 500》中消失。

三、新概念描述极其清楚准确

如兑付(Honor)定义了开证行、保兑行、指定行在信用证项下，除议付以外的一切与支付相关的行为；议付(Negotiation)，强调是对单据(汇票)的买入行为，明确可以垫付或同意垫付给受益人，按照这个定义，远期议付信用证就是合理的。另外还有“相符交单”、“申请人”、“银行日”等。

四、更换了一些定义

如对审单做出单证是否相符决定的天数，由“合理时间”变为“最多为收单翌日起第 5 个工作日”。又如信用证《UCP 600》仅强调其本质是“开证行一项不可撤销的明确承诺即兑付相符的交单”，再如开证行和保兑行对于指定行的偿付责任，强调是独立于其对受益人的承诺的。

五、方便贸易和操作

(一)拒付后单据处理

增加“拒付后，如果开证行收到申请人放弃不符点的通知，则可以释放单据”；增加拒付后单据处理的选择项，包括持单候示、已退单、按预先指示行事，以便受益人、申请人及相关银行操作。

(二)转让信用证

强调第二受益人的交单必须经转让行。但当其提交的单据与转让后的信用证一致，而第一受益人换单导致单据与原证出现不符时，又在第一次要求时不能做出修改的，转让行有权直接将第二受益人提交的单据寄开证行，以保护正当发货制单的第二受益人的利益。

(三)单据在途中遗失

强调只要单证相符，即只要指定行确定单证相符、并已向开证行或保兑行寄单，不管指定行是兑付还是议付，开证行及保兑行均对丢失的单据负责。

程序六　合同中的信用证条款

在国际货物买卖合同中对信用证条款做出的规定，主要涉及开证时间、开证银行、受益人、信用证类别、信用证金额、信用证有效期和到期地点等方面。

一、即期信用证支付条款

例如："买方应通过卖方可接受的银行于装运月份前 30 天(或接到卖方通知后 30 天)开立不可撤销的××天即期信用证并送达卖方，有效期至装运月份后第 30 天在中国议付。"

The buyer shall open through a bank acceptable to the seller an Irrevocable Sight Letter of Credit to reach the sellers 30 days before the month of shipment (of within 30 days after receipt of the seller's advice), valid for negotiation in china until the 30 days after the months of shipment.

二、远期信用证支付条款

例如："买方应通过卖方可接受的银行于装运月份前 30 天开立并送达卖方不可撤销的见票后 30 天付款的信用证，有效期至装运月份后第 30 天在中国议付。"

The buyer shall open through a bank acceptable to the seller an Irrevocable Sight Letter of Credit at 30 days to reach the sellers 30 days before the month of shipment valid for negotiation in china until the 30 days after the months of shipment.

任务四　银行保函和备用信用证

本任务可以分解为两个教学程序：银行保函；备用信用证。

程序一　银行保函

一、银行保函的定义和性质

银行开立的信用凭证，除信用证外，还有银行保证函。银行保证函(Letter of Guarantee，简称 L/G)又称银行保证书、银行保函，简称保函，是指银行或其他金融机构(保证人)应开证申请人(委托人)的请求向第三方(受益人)开立的一种书面信用担保凭证，保证申请人按规定履行合同义务，否则，由保证人承担经济赔偿责任。

银行保函与信用证同属银行信用，但与信用证又有明显区别，主要表现为以下几点。

(一)银行承担责任不同

跟单信用证的开证行承担第一性付款责任，而银行保函的保证行大都是负第二性付款责任。

(二)使用范围不同

跟单信用证通常都是为进口人开立的，而银行保函不仅可用于进口，也可用于其他场合，其形式、内容更为广泛。

(三)付款条件不同

跟单信用证是以货运单据作为付款的条件。而银行保函是在被保证人未履行合同时负责付款或赔偿。

(四)合同的关系不同

处理信用证业务中,有关各方均凭信用证条款支付,与合同无关。而银行保函通常与基础合同联系在一起。

二、银行保函的当事人及法律关系

银行保证函的当事人主要有:委托人、受益人、保证人。

①委托人(Principal),又称申请人,是指要求银行开立保证函的当事人,即为被保证人。

②受益人(Beneficiary),是指凭银行保证函要求银行承担经济赔偿责任的当事人。

③保证人(Guarantor),也称担保人,是指开立保证函的银行。有时可能是其他金融机构,如信托投资公司、保险公司等。

除了以上当事人外,往往还有反担保人、通知行及保兑行等。这些当事人之间形成了一环扣一环的合同关系,他们之间的法律关系如下:

1. 委托人与受益人

委托人与受益人之间基于彼此签订的合同而产生的债权债务关系或其他权利义务关系。此合同是他们之间权利和义务的依据,相对于保函协议书和保函而言是主合同,他是其他两个合同产生和存在的前提。如果此合同的内容不全面,会给银行的担保义务带来风险。因而银行在接受担保申请时,应要求委托人提供他与受益人之间签订的合同。

2. 委托人与银行

委托人与银行之间的法律关系是基于双方签订的《保函委托书》而产生的委托担保关系。《保函委托书》中应对担保债务的内容、数额、担保种类、保证金的交存、手续费的收取、银行开立保函的条件、时间、担保期间、双方违约责任、合同的变更、解除等内容予以详细约定,以明确委托人与银行的权利义务。《保函委托书》是银行向委托人收取手续费及履行保证责任后向其追偿的凭证。因此,银行在接到委托人的担保申请后,要对委托人的资信、债务及担保的内容和经营风险进行认真的评估审查,以最大限度降低自身风险。

3. 担保银行和受益人

担保银行和受益人之间的法律关系是基于保函而产生的保证关系。保函是一种担保合同,受益人可以以此享有要求银行偿付债务的权利。在大多数情况下,保函一经开立,银行就要直接承担保证责任。

三、银行保函的主要内容

由于银行保函的用途不一,各种保证函的内容也不完全相同。但总的来说,基本内容还是一致的。主要内容应该包括以下几个方面:

①银行保函的名称和性质。银行保函因为用途不一,所以名称也不同。应该将银行保函的名称予以明确规定。

②银行保函的当事人。保函中应详列主要当事人,即申请人、受益人、担保人的名称和地

址。保函如果涉及通知行或转开行，还应列明通知行或转开行的名称和地址。

③银行保函的编号、开立日期及有关合约号。

④工程项目名称或者标的物的名称。

⑤担保金额。担保金额由委托人和受益人约定，可以是合同总金额的 5%～15%，也可以是合同总金额的 100%，担保金额还可以不明确规定。

⑥银行保证责任条款。银行保证责任条款是银行承担的责任。银行承担的责任常常是委托人是否履约或以受益人是否履约为前提条件。银行保证好责任条款是保证函的主要内容。

⑦索偿佐证文件。

⑧索偿期限和保证函的到期时间。保证函的索偿期限是从保证函生效日期至失效日期为止，具体生效日期由当事人确定。

⑨保证函的退还。银行保证函的最后结尾部分都规定："保证函到期后，请将其退回或自行注销"的字样。

四、银行保函的种类

银行保函在实际业务中的使用范围很广，它不仅适用于货物的买卖，而且广泛适用于其他国际经济合作的领域。

(一)还款保函

还款保函又称预付款保函或定金保函。是指担保人应合同一方当事人的申请，向合同另一方当事人开立的保函。如成套设备等合同采用分期或延期付款方式时，进口方银行往往要为进口人开立这种保函。

(二)履约保函

在一般货物进出口交易中，履约保函又可分为进口履约保函和出口履约保函。进口履约保函是指担保人应申请人(进口人)的申请开给受益人(出口人)的保证承诺；出口履约保函是指担保人应申请人(出口人)的申请开给受益人(进口人)的保证承诺。

(三)投标保函

投标保函是指投标人(委托人)通过银行(保证人)向招标人(受益人)所作出的投标保证。

(四)预付款保函

预付款保证函是指担保银行应卖方或承包人的请求向买主或雇主开立的保证卖方或承包人履行合同。如果卖方或承包人不履约时，由担保银行负责偿还买方或雇主已预付款项的本息。

(五)借款保函

借款保函是指在使用出口信贷时，担保银行应借款人(委托人)的请求开立给贷款人的保证函。如果借款人未能按借款合同规定向贷款人还本付息时，担保银行在接到贷款人的书面通知后，负责偿还借款人应付而未付的本金和利息。

除上述保函外，还可根据其他功能和用途的不同，分为其他种类的保函，如：投标保函、补偿贸易保函、来料加工保函、技术引进保函、维修保函、融资租赁保函等。

程序二 备用信用证

一、备用信用证的含义

备用信用证(Standby Credit Letter)是一种特殊形式的信用证,是开证行对受益人承担一项义务的凭证。在备用信用证中,开证行保证在开证申请人未能履行其应履行的义务时,受益人只要凭备用信用证的规定向开证行开具汇票,并随附开证申请人未履行义务的声明或证明文件,即可得到开证行偿付。

二、备用信用证与跟单信用证的区别

①备用信用证往往备而不用,只有当开证人未履行规定义务时,受益人才行使信用证所规定的权利。而跟单信用证只要受益人履行了规定的义务,即可向开证行要求付款。

②备用信用证适用于各种场合的银行保证,而跟单信用证一般仅用于货物买卖的付款保证。

③备用信用证一般是凭说明开证人已经违约的证明文件进行付款,而跟单信用证一般是凭符合信用证规定的单据进行付款。

三、备用信用证与银行保函的区别

①操作程序比保函简单。

②到期地点可在开证行所在地也可在受益人所在地,保函只能在担保行所在地。

③备用信用证不受任何合约的约束,保函有独立担保和附属担保。

④备用信用证灵活多样,拥有单到付款、向开证行电索、主动借记和授权借记等多种索偿方式,还可由开证行以外的其他银行议付,使受益人获得融资;保函则只有一种方式,即单到担保行审核无误后付款。

⑤在银行承担责任方面,银行保函的保证行处于次债务人地位,即承担第二性付款责任,而备用信用证和跟单信用证一样,开证行要承担第一性付款责任。

四、备用信用证的适用

备用信用证是在有些国家禁止银行开立保函的情况下产生的,首先产生于美国、日本的。它是备用于开证申请人违约时受益人取得补偿的一种方式。一般用在投标、履约、还款、预付货款或赊销等业务中,有些国家也将其用于买卖合同项下货款的支付方式。

任务五 合理运用各种支付方式

本任务可以分解为 3 个教学程序:信用证与汇付相结合;信用证与托收相结合;汇付和银行保函相结合。

程序一　信用证与汇付相结合

这是指部分货款用信用证支付，余数用汇付方式结算。例如，对于矿砂等初级产品的交易，双方约定：信用证规定凭装运单据先付发票金额若干成，余数待货到目的地后，根据检验的结果，按实际品质或重量计算出确切的金额，另用汇付方式支付。

程序二　信用证与托收相结合

信用证与托收相结合是指一笔交易的货款，部分用信用证方式支付，余额用托收方式结算。这种结合形式的具体做法通常是：信用证规定受益人开立两张汇票，属于信用证项下的部分货款凭光票支付，而其余额则将货运单据附在托收的汇票项下，按即期或远期付款交单方式托收。

这种做法，出口人收汇较为安全，进口人可减少垫金，易为双方接受。但信用证必须订明信用证的种类和支付金额以及托收方式的种类，也必须订明"在全部付清发票金额后方可交单"的条款。

在合同中，对于信用证与托收结合方式的条款通常可作如下规定："买方通过卖方可接受的银行于装运月份前××天开立并送达卖方不可撤销的即期信用证，规定发票金额的××%凭即期光票支付，余下××%用托收方式即期付款交单。发票金额100%的全套货运单据随附托收项下，于买方付清发票的全部金额后交出。如果买方未付清全部发票金额，则货运单据须由开证行掌握并凭卖方指示处理。"

程序三　汇付和银行保函相结合

一些成套设备和大型产品，如船舶、飞机等业务由于成交金额大，生产周期长，由买方根据制造、交货过程，按进度分期付款，一般采用汇款与保证函相结合的方式。在进口业务中，国外出口人往往要求我们以汇款方式预付全部价款的5%～10%，其余金额由我方银行出具保证函再分期付款或延期付款。

一、分期付款

分期付款(Payment by Installments)，是指进口人根据购买货物的生产进度和交货程序分期付清货款，其具体分期次数和每次付款金额可根据交货时间长短和对出口人的约束程度来确定。在分期付款条件下，最后一批货致一般是在出口人全部完成其承担责任之后经检验合格后再付清。

二、延期付款(Deferred Payment)

在成套设备和大宗交易的情况下，由于成交金额较大，买方一时难以付清全部货款，可采用延期付款的办法。其做法是，买卖双方签订合同后，买方一般要预付一小部分货款作为订金。有的合同还规定，按照工程进度和交货进度分期支付部分货款，但大部分货款是在交货后若干年内分期摊付，即采用远期信用证支付。延期支付的那部分货款，实际上是一种赊销，等于是卖方给买方提供的商业信贷，因此，买方应承担延期付款的利息。在延期付款的条件下，货物所有权一般在交货时转移。

三、分期付款和延期付款的区别

第一，分期付款是进口人按照约定的方法分若干次付款，但在出口人完成交货任务时，进口人已付清或基本付清贷款，所以也称为付现即期交易；延期付款是大部分货款于交货之后，较长的期限内摊还。所以是出口人给进口人的一种出口信贷。对进口人来说是赊购，利用出口人资金的一种方式，但进口人要承担延期付款的利息。

第二，分期付款是进口人在付清最后一期货款后，才取得货物所有权；延期付款是在出口人履行交货后，进口人即取得货物的所有权。

项目小结

汇票、本票和支票是国际贸易结算中经常使用的结算工具，其中汇票的使用最为广泛。由于在国际贸易中，买卖双方属于不同的国家或地区，因此国际货物贸易的结算通过汇付、托收、信用证和银行保函等方式进行。其中汇付和托收是商业信用，信用证和银行保函是银行信用。汇付和托收因买卖双方资金和风险分担不均衡，因此常用于小额交易、佣金折扣结算及老客户交易等。信用证支付方式尽管较为安全，但对买方而言资金负担较重，而且手续繁琐。因此，在国际贸易中，应将几种支付方式结合起来灵活运用。

增值阅读

信用证项下议付和出口押汇的区别

出口押汇主要是东亚地区的习惯做法，与议付有一定联系和区别。从我国银行的实践看，银行为了押汇和议付的安全性，通常将押汇银行和议付行的地位统一起来，不做区别，押汇的完成即议付行法律地位取得的标志。两者的关联性表现为：首先，都发生在信用证支付期之前；其次，受益人从银行所得融资都是扣除一定利息和手续费的款项；再次，在单证一致情况下，银行的垫付款可从开证行、保兑行或偿付行得到偿付。但二者之间也有如下的不同点：

1. 法律性质不同

出口押汇是一种质押与担保相结合的融资手段，其法律关系是质押关系和借贷关系。这种借贷是以信用证受益人（卖方）提供的出口货物全部单据作质押担保为基础的，因此借贷和质押担保构成了出口押汇的法律关系。如果信用证受益人（卖方）不能如期偿还银行提供的贷款，则银行对信用证受益人（卖方）可以根据质押关系对银行控制的质押物主张优先权。而议付其本质是一种购买单据行为，即所有权转让行为，且议付是信用证法律关系中的一个环节，根本不存在任何的质押贷款法律关系。

2. 对出口单据要求不同

出口押汇既可应用于跟单信用证也可应用于跟单托收。押汇行所要求的质押标的是作为权利证书的单据，因此申请人只需有提单及其他出口押汇单据等凭证即可，并不一定要求有跟单汇票。议付的应用场合却不同，议付行作对价交易买入的是金融票据，因而它多适用于有汇票要求的出口贸易融资。国际商会《UCP 600》规定，议付信用证项下，汇票应作成以议付银行为受票人，这使得议付这种方式在议付信用证结算中得到最为广泛的应用。

3. 融资额度评估和核放标准不同

出口押汇的融资额主要取决于出口商品的类别、品位以及其市场价格，所以它有相当大的弹性。例如，对于市场稳定、变现性良好的出口商品的单据，银行可考虑给予占其货价总值较高比例的押汇融资。银行通过宽严有别的弹性尺度衡量标准来控制其出口贸易融资风险。但议付只取决于受让汇票票面记载的金额及其付款期限。相比之下，出口押汇的额度在很大程度上与押汇行的主观判断和风险控制要求有关。而议付银行在融资额度上没有多少可松动、可优惠或可竞争的余地。

4. 银行对票据享有的权利不同

在出口押汇关系中，押汇申请人是将全套单据质押给银行，银行享有的是债权和质押权。提供出口押汇的银行是以包括提单在内的全套单据作为质押物，要求信用证受益人(卖方)签订质押书，凭此向信用证受益人(卖方)提供出口押汇融资。而议付法律关系中，银行支付了对价买入了单据，银行对单据享有所有权，议付的性质相当于贴现受让的金融票据。这显然不同于出口押汇中的质押权担保方式，在权利质押项下，质权人并不享有对质押标的物的所有权，只有当违约行为发生时它才具有对质押品的主张权。

5. 信用证单据遭拒付后银行的救济手段不同

在我国银行的实践中，出口押汇项下银行往往都要求保留对押汇款的追索权，即银行并不因获取了对信用证和单据的权利就放弃了对押汇款的追索权；出口押汇项下信用证遭拒付后银行可以根据押汇协议主张合同上的债权及附属的担保物权，并对单据项下的货物享有优先受偿权。在议付法律关系中银行的救济权利首先取决于议付信用证是否为有追索权的议付信用证。若是无追索权的议付信用证，则银行在遭拒付后自然无法行使追索权；若是有追索权的议付信用证，银行在遭拒付后既有权向开证行、保兑行追索，也有权向受益人行使票据上的追索权，同时还可自行处置信用证项下的货物。

说一说

(1)何为汇票？汇票有哪几种？汇票在市场上是如何流转的？

(2)汇票、本票和支票的区别是什么？

(3)何为汇付？何谓托收？汇付和托收的性质、特点和作用如何？采用汇付和托收应注意什么问题？

(4)远期付款交单凭信托收据借单收付方式的流程是怎样的？若日后进口商在汇票到期日收不回货款，责任应由谁承担？

(5)何为信用证？信用证的性质、特点和作用是什么？

(6)信用证有哪些当事人？这些当事人之间是什么关系？

(7)信用证有哪些种类？不同种类的信用证的使用情况如何？

(8)为什么信用证在国际贸易中能被广泛采用？

(9)何为银行保函？何谓备用信用证？银行保函和备用信用证有什么区别？

(10)在一笔大宗出口交易中，应如何结合运用各种收付方式以确保收汇安全？

议一议

(1)一家银行为从某港装运的货物给发货人开立了一份不可撤销信用证,列明按《UCP 600》办理。该信用证以后被修改,要求增加由开证申请人指定的检验机构签发的商检证书,遭到受益人拒绝后,开证行开始宣称,如果提单的单据不包括该商检证书将拒不付款,继而又申明:如果开证人收到货物与信用证条款相符,可以照付。货到达目的地后,经检验发现收到的货物仅为发票所列数量的80%,因此遭到拒付。为此,受益人起诉开证行违反信用证承诺。试对此案进行评论。

(2)某公司接到一份经B银行保兑的不可撤销信用证。当该公司按信用证规定办完装运手续后,向B银行提交符合信用证各项要求的单据要求付款时,B银行却声称:该公司应先要求开证行付款,如果开证行无力偿付时,则由他保证付款。问B银行的要求对不对?

练一练

(1)分别用中英文订立一个“汇付和信用证相结合”和“托收和信用证相结合”的条款。

(2)根据下列业务背景写出货款收付流程。

出口商:合肥东亚进出口公司

往来银行:中国银行合肥分行

进口商:美国ABS贸易公司

往来银行:美国花旗银行

支付方式:全部交易金额以银行汇票付款

(3)根据以下信用证示例,说明该信用证的主要当事人及信用证的类别。

信用证示例:

SEQUENCE OF TOTAL.	1/1
FORM OF DOC. CREDIT.	IRREVOCABLE
DOC. CREDIT NUMBER.	DBS 268330
DATE OF ISSUE.	040202
EXPIRY.	DATE 040402 PLACE IN COUNTRY OF BENEFICIARY
APPLICANT.	ABDULLAH SALEM AND CO., P. O. BOX 3472, DUBAI, U. A. E.
BENEFICIARY.	ZHEJIANG LIGT INDUSTRIAL PRODUCTS IMPORT AND EXPPORT CORP.,191 BAOCHU ROAD, HANGZHOU, CHINA
CURRENCY AMOUNT.	USD AMOUNT 760 000
POS./NEG. TOL.(%)	05/05
AVAILABLE WITH/BY.	ANY BANK BY NEGOTIATION

DRAFT AT.	AT SIGHT
PARTIAL SHIPMENT.	ALLOWED
TRANSSHIPMENT.	NOT ALLOWED
LOADING IN CHARGE.	SHANGHAI
FOR TRANSPORT TO.	DUBAI
LATEST DATE OF SHIP.	040321
DESCRIPT OF GOODS.	ART. NO. S821/29099, 4500PCS, USD 9.60 PER PC. ART. NO. F807/22199, 2500PCS, USD 9.60 PER PC. AS PER S/C NO. 98HM23600256 DATED NOV. 10,2003. CFR DUBAI
DOCUMENTS REQUIRED.	+SIGNED COMMERCIAL INVOICE IN THREE COPIES SHOWING INDENT NO. GG/NSN/04/07. +FULL SET OF ORIGINAL CLEAN ON BOARD MARINE BILL OF LADING MADE OUT TO ORDER, BLANK ENDORSED, MARKED FREIGHT PREPAID, NOTIFY GARGERN NASAMN CO., P. O. BOX 2926, DUBAI, U. A. E. TEL:2-284321. +SHIPPING COMPANY'S CERTIFICATE CERTIFYING THAT THE CARRYING VESSEL DOES NOT CALL AT ANY ISRAELI PORT NOR ISRAELI NATIONALITY DURING HIS VOYAGE TO DUBAI U. A. E. +COPY OF FAX SENT BY BENEFICIARY TO DUBAI INSURANCE COMPANY ON FAX ON:02-571334 SHOWING GARGERN NASAMN CO.'S OPEN POLICY NO., GG/04/325, EVIDENCING THAT THE DESCRIPTION OF GOODS, QUANTITY AND NUMBER OF KINDS PACKAGE, NAME OF VESSEL AND VOYAGE NUMBER, PORT OF LADING AND E. T. D., PORT OF DESTINATION AND E. T. A. TWO DAYS BEFORE SHIPMENT. THE RELEVANT FAX REPORT WILL BE PRESENTED FOR NEGOTIATION. + BENEFICIARY CERTIFICATE CERTIFYING THAT COPIES OF INVICE, BILL OF LADING AND PACKING LIST HAVE BEEN FAXED TO APPLICANT ON FAX NO. 02-384364 WITHIN 3 DAYS OF BILL OF LADING DATE. THE RELEVANT FAX REPORT WILL BE PRESENTED FOR NEGOTIATION.
ADDITIONAL COND.	+ A DISCREPANCY HANDLING FEE OF USD 60.00 SHOULD BE DEDUCTED AND INDICATED ON THE

BILL SCHEDULE FOR EACH PRESENTATION OF DISCREPANT DOCUMENTS UNDER THIS CREDIT。
+ EXCEPT SO FAR AS OTHERWISE EXPRESSLY STATE, THIS DOCUMENTARY CREDIT IS SUBJECT TO UNIFORM CUSTOMS AND PRACTICE FOR DOCUMENTARY CREDIT ICC PUBLICATION NO. 600
+2 PCT OF INVOICE VALUE WILL BE REMITTED TO M/S. ABDULLAH SALEM AND CO. AS AGENTS COMMISSION AT THE TIME OF NEGOTIATION BY US.

PRESENTATION PERIOD. WHTHIN 12 DAYS AFTER THE DATE OF B/L BUT WITHIN THE VALIDITY OF THIS CREDIT. CONFIRMATION ALL BANK CHARGES OUTSIDE DUBAI, U. A. E. ARE FOR THE ACCORNT OF BNEFICIARY.

项目七　商品检验、索赔、不可抗力与仲裁

项目分解

任务一　商品检验

要求学生能够认识到进出口商品检验的重要性，并学会在合同中订立商品检验条款。

任务二　索赔

要求学生认识到贸易争议发生后，受损方可通过索赔维护自身权益，学会在合同中订立索赔条款。

任务三　不可抗力

要求学生能够认识不可抗力起因和法律后果，理解不可抗力的构成条件，能够订立合同中的不可抗力条款。

任务四　仲裁

要求学生能够掌握仲裁的特点和仲裁协议的作用，熟悉仲裁的程序，能够订立合同中的仲裁条款。

实现目标

知识目标：掌握进出口货物检验、索赔、不可抗力与仲裁的基本知识，为订立合同和顺利履行合同奠定基础。

能力目标：能够正确制定货物检验、索赔、不可抗力与仲裁条款；能够运用所学知识处理相关实际问题。

案例导入

我国某公司于 2009 年 11 月 9 日与澳大利亚某公司签订了一份出口化工产品的合同。合同规定的品质规格是 TiO_2，含量最低为 98%，检验条款规定："商品的品质以中国进出口商品检验证书或卖方出具的证明书为最后依据"。我方收到信用证后，按要求出运货物并提交了单据，

其中商检证由我国某省进出口商品检验局出具，检验结果为 TiO_2 含量为 98.53%，其他各项也符合规定。

2010 年 3 月，澳方公司来电反映我方所交货物质量有问题，并提出索赔，5 月 2 日，澳方公司再次提出索赔，并将澳大利亚商检部门 SGS 出具的抽样与化验报告副本传真给我方。SGS 检验报告称根据抽样调查，货物颜色有点发黄，有可见的杂质，TiO_2 的含量是 92.95%。2010 年 6 月我方公司对澳方公司的索赔作了答复，指出货物完全符合合同规定，我方有合同规定的商检机构出具的商检证书。

但澳方认为，我方货物未能达到合同规定的标准，理由是：

①经用户和 SGS 的化验，证明货物与合同规定"完全不符"。

②出口商出具的检验证书不是合同规定的商检机构出具的，并且检验结果与实际所交货物不符。

后来，本案经我国驻悉尼领事馆商务室及贸促会驻澳代表处从中协调，由我方公司向澳方赔偿相当一部分损失后结案。

分析：本案是涉及国际贸易商品检验问题的典型案例。合同规定"以中国进出口商品检验证书为最后依据"，根据该规定，我方出具的某省进出口商检局检验证书不符合合同规定，没有法律效力，视为中方公司未提供商检证明。根据国际贸易惯例，买方可行使复验权，并以复验结果作为货物品质规格的依据，根据澳大利亚 SGS 出具的商检报告，中方公司交货确实与合同不符，所以应当承担违约责任，赔偿澳方损失。

任务一　商品检验

本任务可分解为 3 个教学程序：商品检验机构和检验证书；商品检验的时间和地点；买卖合同中的检验条款。

商品检验(Commodity Inspection)，是指进出口商品检验检疫机构对进出口货物的品质、数量、包装、卫生、安全等方面的内容进行检验检疫，以确定商品的实际情况是否符合合同规定，或对装运技术条件或在进出口商品发生残损、短缺时进行检验或鉴定，以确定事故起因及责任归属。

在国际贸易中，对进出口商品进行检验检疫具有非常重要的作用。从出口方来说，商品检验是提高商品的信誉，提高企业的信用和国家的声誉，保证本国出口商品的质量，加强在国际市场的竞争力的重要手段；从进口方角度来说，对进口商品进行检验检疫，可以保护国内市场和国内消费者的利益。

程序一　商品检验机构和检验证书

一、商品检验机构

在国际货物买卖中，交易双方除了可自行对货物进行必要的检验外，通常还要委托独立于买卖双方之外的第三方对货物进行检验。有时，虽然买卖双方未要求对所交易的商品进行检验，但根据有关法律或法规的规定，必须由某机构进行检验，经检验合格后方可出境或入境。这种根据客户的委托或有关法律、法规的规定对出入境商品进行检验、鉴定和管理的机构就是商品检验机构，简称检验机构或商检机构。

（一）国际商品检验机构

国际上的商品检验机构名称各异，也有称公正行（Authentic Surveyor）、宣誓衡量人（Sworn Measurer）、实验室（Laboratory）等的。国际商品检验机构虽然种类繁多，但按其性质划分，可分为以下几类：

1. 官方检验机构

是指由国家或地方政府投资，按照国家有关法律法令对出入境商品实施强制性检验、检疫和监督管理的机构。如美国食品药物管理局（FDA）、美国粮谷检验署、法国国家实验室检测中心等。

2. 半官方检验机构

是指一些有一定权威的，由国家政府授权，代表政府行使某项商品检验或某一方面检验管理工作的民间机构。例如，根据美国政府的规定，凡是进口与防盗信号、化学危险品以及电器、供暖、防水等有关的产品，必须经美国担保人实验室（Underwriters' Laboratory）这一半官方检验机构检验认证合格，并贴上该实验室的英文缩写标志“UL”，方可进入美国市场。

3. 非官方(民间)检验机构

是指由私人创办，具有专业检验、鉴定技术能力的公证行或检验公司。这类机构中有些历史比较悠久，在国际上具有较高的权威性，如英国埃劳氏公证行；还有些检验机构已经发展成为规模庞大、具有垄断性的全球性机构，如瑞士日内瓦通用鉴定公司等。

小看板

美国食品药品监督管理局

FDA 即美国食品药品监督管理局（Food and Drug Administration），归于联邦卫生和公共服务部管辖，总部位于马里兰州的洛克威尔，在全美及美属维京群岛和波多黎各拥有 13 个实验室，有“美国人健康守护神”之称。FDA 是一个由医生、律师、微生物学家、药理学家、化学家和统计学家等专业人士组成的致力于保护、促进和提高国民健康的政府卫生管制的监控机构。FDA 主要职责为对美国国内生产及进口的食品、膳食补充剂、药品、疫苗、生物医药制剂、血液制剂、医学设备、放射性设备、兽药和化妆品进行监督管理。

FDA 在美国乃至全球都有巨大影响，通过 FDA 认证的食品、药品、化妆品和医疗器械等产品，被全球公认为是对人体有效且能够确保安全的产品，是产品品质与效果的全球最高标准证明。全世界的药品商和食品商对其又爱又怕，它的信誉和专业水准深得很多专家和民众的信赖。FDA 严格的检测和评估在提供良好保障的同时也引起不少药商和食品商的非议，指责其束缚了发明创新，是阻挠民众获得特效药的最大障碍，并游说国会削减 FDA 的权限，但这种做法并未影响 FDA 对其使命和职责的神圣守护与履行。时至今日，FDA 已成为全球食品药品消费者心中的金刚盾牌。

想一想：FDA 为什么有“健康守护神”之称？

（二）我国的商品检验机构

在我国，主管全国出入境商品检验、检疫、鉴定和管理工作的是中华人民共和国国家出入境检验检疫局及其设在各地的分支机构，中国国家出入境检验检疫局是中国国内最权威、最大的检验机构。中国国家出入境检验检疫局与中国国家质量技术监督局合起来叫国家质量监督与检验检疫总局，简称质检总局，主管全国质量、计量、出入境商品检验、出入境卫生检疫、出入境动植物检疫和认证认可、标准化等工作。

各专业部门也根据专业特点设置了相应的检验机构。例如，农业部的中华人民共和国动植物检疫及其所属各省、自治区、直辖市和陆、海、空港口的检疫局；交通部的中华人民共和国船舶检验局和各地的分局；卫生部的中华人民共和国卫生检疫所、中华人民共和国药品检验所等。

二、商品检验证书

检验检疫机构对进出口商品检验检疫或鉴定后，根据不同的检验结果或鉴定项目签发的各种检验证书、鉴定证书和其他证明书，统称为检验证书（Inspection Certificate）。

（一）检验证书的作用

1. 作为买卖双方交接货物的依据

国际货物买卖中，卖方有义务保证所提供货物的质量、数（重）量、包装等与合同规定相符。因此，合同或信用证中往往规定卖方交货时须提交商检机构出具的检验证书，以证明所交物与合同规定相符。

2. 作为索赔和理赔的依据

如果合同中规定在进口国检验，或规定买方有复验权，那么货到买方经检验后发现货物与合同规定不符，买方可凭指定检验机构出具的检验证书，向卖方提出异议和索赔。

3. 作为买卖双方结算货款的依据

在信用证支付方式下，信用证规定卖方须提交的单据中往往包括商检证书，并对检验证书名称、内容等作出了明确规定。当卖方向银行交单要求付款、承兑或议付货款时，必须提交符合信用证要求的商检证书。

4. 作为海关通关放行的凭证

凡属于法定检验的商品，在办理进出口清关手续时，必须提交检验机构出具的合格检验证书，海关才准予办理通关手续。

（二）检验证书的种类

在进出口贸易中，由于商品的种类、特性或各国贸易习惯、政府有关法令的不同，检验证书的种类也有差别。目前，我国检验检疫机构签发的检验证书的种类主要有：

1. 品质检验证书

品质检验证书（Inspection Certificate of Quality）是证明进出口商品的品质、规格、等级等实际情况的证明文件，具体证明进出口商品的质量、规格是否符合买卖合同或有关规定。

2. 重量或数量检验证书

重量或数量检验证书（Inspection Certificate of Weight or Quantity）是证明进出口商品重量或数量的证书，证明有关商品的重量或数量是否符合买卖合同的规定。

3. 包装检验证书

包装检验证书(Inspection Certificate of Packing)是用于证明进出口商品包装及标志情况的证书。

4. 兽医检验证书

兽医检验证书(Veterinary Inspection Certificate)是证明出口动物产品或食品经过检疫合格的证书。适用于冻畜肉、冻禽、禽畜罐头、冻兔、皮张、毛类、绒类、猪鬃、肠衣等出口商品。

5. 卫生/健康证书

卫生/健康证书(Sanitary/Health Inspection Certificate)是证明可供人类食用的出口动物产品、食品等经过卫生检验或检疫合格的证书。该证书适用于肠衣、罐头、冻鱼、冻虾、食品、蛋品、乳制品、蜂蜜等食品和动物产品。

6. 消毒检验证书

消毒检验证书(Inspection Certificate of Disinfection)是证明出口动物产品经过消毒处理,保证安全卫生的证书。该证书适用于猪鬃、马尾、皮张、山羊毛、羽毛、人发等商品。

7. 熏蒸证书

熏蒸证书(Inspection Certificate of Fumigation)是证明出口粮谷、油籽、豆类、皮张等商品,以及包装用木材与植物性填充物等,已经过熏蒸灭虫的证书。该证书主要证明使用的药物、熏蒸的时间等情况。

8. 温度检验证书

温度检验证书(Certificate of Temperature)是证明出口冷冻商品温度的证书。如果国外仅需证明货物温度,不一定要单独的温度证书,可将测温结果列入品质检验证书。

9. 残损检验证书

残损检验证书(Inspection Certificate on Damaged Cargo)是证明进口商品残损情况的证书。适用于进口商品发生残、短、渍、毁等情况,可作为收货人向发货人或承运人或保险人等有关责任方索赔的有效证件。

10. 船舱检验证书

船舱检验证书(Inspection Certificate on Tank/Hold)是证明承运出口商品的船舱清洁、牢固、冷藏效能及其他技术条件是否符合保护承载商品的质量和数量完整与安全的要求的证书。可作为承运人履行租船契约适载义务,进出口贸易关系方进行货物交接和处理货损事故的依据。

11. 货载衡量检验证书

货载衡量检验证书(Inspection Certificate on Cargo Weight & Measurement)是证明进出口商品的重量、体积吨位的证书,可作为计算运费和制定配载计划的依据。

12. 价值证明书

价值证明书(Certificate of Value)主要用于证明发票所列商品的价格真实正确,作为进口国管理外汇和征收关税的凭证。在发票上签盖商检机构的价值证明章与价值证明书具有同等效力。

13. 产地证明书

产地证明书(Certificate of Origin)是证明出口商品原产地的证书,是各国执行贸易管制、差别关税、进口配额制度和海关统计所必需的证书,出口商品在进口国通关输入和享受减免关税优惠待遇和证明商品产地的凭证。

在实际业务中，买卖双方应根据成交货物的种类、性质、有关国家的法律和行政法规、政府的涉外经济贸易政策和贸易习惯等来确定卖方应提供何种检验证书，并在买卖合同中予以明确。

小看板

进口方委托银行开出的信用证上规定：卖方须提交“商品净重检验证书”。进口商在收到货物后，发现除质量不符外，卖方仅提供重量单。买方立即委托开证行向议付行提出拒付，但货款已经押出。事后，议付行向开证行催付货款，并解释卖方所附的重量单即为净重检验证书。

想一想：①重量单与净重检验证书一样吗？

②该例中开证行能否拒付货款给议付行？

程序二　商品检验的时间和地点

商品检验的时间和地点是指在什么时间、什么地点行使对货物的检验权。因为谁享有对货物的检验权，谁就拥有对货物的品质、数量、包装等内容进行最后评定的权利，所以如何规定检验的时间和地点，直接关系到买卖双方的切身利益。

根据国际上的习惯做法和我国的业务实践，关于买卖合同中检验时间和地点的规定方法，主要有以下几种。

一、在出口国检验

这种检验方法又包括产地（工厂）检验和装运港（地）检验两种。

（一）产地（工厂）检验

即货物离开生产地点（如工厂、农场、矿山等）之前，由产地或工厂的检验部门或买方的验收人员对货物进行检验和验收，并由合同中规定的检验机构出具的检验证书作为卖方交货的最后依据。卖方只承担货物离开产地或工厂前的责任，货物在运输途中可能发生的一切问题，卖方概不负责。

（二）装运港（地）检验

又称“离岸品质、离岸重量（或数量）（Shipping Quality and Shipping Weight or Quantity）”，是指货物在装运港或装运地装运前或装运时由双方约定的检验机构对货物进行检验，并以该机构出具的检验证书作为卖方交货的品质、重量或数量等的最后依据。按照这种做法，货物抵达目的港或目的地时，买方若对货物进行复检，即使发现了问题，也无权再对卖方货物表示拒收或提出异议和索赔。

二、在进口国检验

这种检验方法包括目的港（地）检验和在买方营业处所或最终用户所在地检验。

(一)目的港(地)检验

又称“到岸质量、到岸重量(Landed Quality and Landed Weight or Quantity)”,是指货物运抵目的港或目的地卸货后的一定时间内,由双方约定的目的港(地)的检验机构对商品进行检验并出具检验证书作为卖方交货的最后依据。若检验证书证明货物与合同规定不符且责任归属于卖方时,买方可向卖方提出索赔、退货等要求。

(二)买方营业处所或最终用户所在地检验

买方营业处所(最终用户所在地)检验,是指货物运抵目的港(地)买方营业处所或最终用户所在地后的一定时间内,由双方约定的检验机构对货物进行品质、数量、包装等内容的检验,并以其出具的检验证书作为卖方交货的最后依据。这种检验方法主要适用于那些需要安装调试进行检验的成套设备、机电仪表产品以及在口岸开件检验后难以恢复原包装的商品。

按照上述两种检验方法,卖方必须承担到货品质、数量的责任。若买方在目的港、目的地或买方营业处所或最终用户所在地经商检机构检验,其出具的检验证书证明货物与合同有不符点且属于卖方责任所致,则买方有权凭检验证书向卖方提出索赔,卖方不得拒绝。可见,这两种做法对卖方较为不利。

三、出口国检验、进口国复验

是指货物在装运前,由双方约定的检验机构检验货物,其出具的检验证书作为卖方要求买方支付货款或要求银行支付、承兑或议付时提交的单据之一;货物运抵目的港或目的地卸货后的一定时间内,买方有权复检,并由双方约定的检验机构对货物进行复检。此时,若发现货物与合同规定不符,且确定属卖方责任,而不属于承运人或保险公司的责任范围的时候,买方可在规定时间内凭复检证书向卖方提出异议和索赔。

由于这种做法兼顾了买卖双方的利益,公平合理,它既承认卖方所提供的检验证书是有效的文件,作为双方交接货物和结算货款的依据之一,同时也给予买方复验权,因此在国际货物买卖中已被大多数当事人所接受,成为国际贸易中最常见的一种规定检验时间和地点的方法。我国的进出口贸易基本上也都采用这一做法。

四、装运港检验重量、目的港检验品质

也称“离岸重量、到岸品质(Shipping Weight and Landed Quality)”。它是指货物的重量以装运港或装运地的检验机构验货后出具的重量检验证书,作为卖方交货重量的最后依据;而目的港或目的地的检验机构验货后出具的品质检验证书,作为卖方交货品质的最后依据。这种做法多用于国际大宗商品交易中,目的是为了调和买卖双方在商品检验上的矛盾,才将商品的重量和品质检验分别进行。货物到达目的港或目的地后,若经检验货物在品质方面与合同规定不符,且此责任可归属于卖方,则买方可凭质量检验证书,向卖方提出异议和索赔,此时买方无权对货物的重量向卖方提出异议。

近年来,在检验的时间、地点及具体做法上,国际上也出现了一些新的做法和变化。例如,在出口国装运前预检验,在进口国最终检验,即在买卖合同中规定货物在出口国装运前由买方派员自行或委托检验机构人员对货物进行预检验,货物运抵目的港/地后,买方有最终检验权和和索赔权。采用这一做法,有的还伴以允许买方或其指定的检验机构人员在产地或装运港或装

运地实施监造或监装。对进口商品实施装运前预检验，这是当前国际贸易中较普遍采用的一种行之有效的质量保证措施。在我国进口交易中，对关系到国计民生、价值较高、技术又复杂的重要进口商品和大型成套设备，必要时也应采用这一做法，以保障我方的利益。

小看板

某合同商品检验条款中规定以装船地商检报告为准。但在目的港交付货物时，买方委托的检验机构经检验却发现在货物原装时的品质与约定规格不符。买方经当地商检机构检验并凭其出具的检验证书向卖方索赔，卖方却以上述商检条款拒赔。

想一想：卖方拒赔是否合理？

程序三　买卖合同中的检验条款

一、合同检验条款的内容

国际货物买卖合同中的货物检验条款一般包括以下内容：有关检验权的规定、检验或复验的时间和地点、检验机构、检验项目和检验证书等。

二、检验条款的举例

例如："买卖双方同意以装运港（地）中国出入境检验检疫局签发的质量和重量（数量）检验证书作为信用证项下议付提交的单据的一部分，买方有权对货物的质量和重量（数量）进行复验，复验费由买方负担。但若发现质量和/或重量（数量）与合同规定不符时，买方有权向卖方索赔，并提供经卖方同意的公证机构出具的检验报告。索赔期限为货物到达目的港（地）后××天内。"

"It is mutually agreed that the certificate of quality and weight(quantity) issued by the China Exit and Entry Inspection and Quarantine Bureau at the port/place of shipment shall be part of the documents to be presented for negotiation under the relevant L/C.

The buyers shall have the right to re-inspect the quality and weight (quantity) of the cargo. The re-inspection fee shall be borne by the Buyers, the quality and/or weight (quantity) should be found not in conformity with that of the contract, the buyers are entitled to lodge with the sellers a claim which should be supported by survey reports issued by a recognized surveyor approved by the sellers. The claim, if any, shall be lodged within ×× days after arrival of the cargo at the port/place of destination."

例如："在交货前制造商应就订货的质量、规格、数量、性能做出准确全面的检验，并出具货物与本合同相符的检验证书。该证书为议付货款时向银行提交单据的一部分，但不得作为货物质量、规格、数量、性能的最后依据，制造商应将记载检验细节的书面报告附在品质检验书内。"

"Before delivery the manufacturer should make a precise and overall inspection of the goods regarding quality, quantity, specification and performance and issue the certificate indicating the goods in conformity with the stipulation of the contract. The certificates are one part of the documents presented to the bank for negotiation of the payment and should not be considered as final regarding quality, quantity, specification and performance. The manufacturer should include the inspection written report in the Inspection Certificate of Quality, stating the inspection particulars."

三、拟定商品检验条款应注意的问题

1. 明确规定商品检验的时间和地点

在国际货物买卖合同中一般采用出口国检验、进口国复验,因为买方只有在复验期限内复验并取得检验证书,才能作为索赔的依据,所以,在条款中要对复验的期限予以明确。

2. 明确规定检验的标准和方法

在我国合同没有规定或规定不明确的,按国家标准检验,没有固定标准的按照部颁标准,没有部颁标准的,按照企业标准。

3. 检验条款应明确具体

避免与信用证的规定和合同中其他条款相冲突。

任务二 索 赔

本任务可分解为两个教学程序:索赔条款;罚金条款。

国际货物买卖合同签订后,任何一方当事人都必须按照合同的约定履行合同,但在合同的实际履行过程中经常出现当事人的违约现象。一方当事人违约可能会给另一方当事人造成损害,受害方为了维护自身的合法权益,便会向违约方提出索赔。

程序一 索 赔 条 款

一、索赔的含义

索赔(Claim)是指合同中遭受损害的一方在争议发生后向违约的一方提出损害赔偿的要求。违约方对受损方所提出的赔偿要求予以受理并进行处理,称为理赔(Settlement of Claim)。可见,索赔与理赔是一个问题的两个方面。对受损方而言是索赔,对违约方而言则是理赔。

小看板

1. 短交

指货物包装良好,但买方在收到货物后,经开箱检验,将实际货物与装箱单核对,发现货件短少。这种情况多数为卖方疏忽或故意短交,所以应向卖方提出索赔。

2. 短卸

指运输工具到达目的地后,所卸货物的数量与提单或运单所列明的数量不相符。这种情况多是运输公司将货物误卸其他口岸，或因疏忽短卸，甚至有的故意短卸。通常索赔对象为承运人。

3. 短失

指发票、装箱单和提单等单证均证明货物已经全部装到运输工具上，或已交承运人，但货到后，发现货物短少。出现这种情况的原因有几种：一是运输公司可能将货物误卸其他口岸，或因疏忽或故意短卸，这时的索赔对象是运输公司；也可能是在运输途中货物被盗或遗失，特别是陆运，货物被盗和遗失的可能性较大。如果投保范围包括了这种情况，可向保险公司提出索赔。

4. 货物散失

货物到达目的地或目的港后，发现包装已经破裂，货物散失，而提单中却没有注明。导致这种情况的原因有：一是卖方没有针对货物的特性和运输状况进行包装，经商检部门出具证明后，可向卖方提出索赔；二是卖方对货物进行良好包装，在运输途中，由于搬运或堆积操作不当造成的包装破损与货物散失，如钩损等，这种情况应由承运人负责；另外，如果货物在运输途中遇上自然灾害或意外事故等造成包装破损、货物损害，如海水浸入纸箱，则属于保险公司的承保范围，应向保险公司提出索赔。若发生上述情况很难判断最终责任方时，则应根据商检部门出具的证明向各责任方同时进行索赔。

5. 品质规格与合同不符

这是指所交货物全部或部分，经商检部门检验后认为品质或规格与合同不相符合。出现这种情况，有的是卖方交货品质低劣，有的是货物本身原因造成的，有的是运输原因造成的。首先要弄清事实，如果品质低劣，货物本身含有瑕疵，多半是卖方的责任；如果是运输途中出现的自然灾害所致，如恶劣气候，海水入舱，而使金属生锈，则应向保险公司提出索赔。

想一想：如果出现以上索赔事故，该如何处理？

二、合同中索赔条款的基本内容

为了便于处理合同履行中出现的争议与索赔问题，买卖双方在合同中一般都订立索赔条款。合同中索赔条款的基本内容包括索赔的依据、索赔的期限、索赔的方法等。

例："Any discrepancy about quality should be presented within 30 days after the arrival of the goods at the port of destination; any discrepancy about quantity should be presented within 15 days after the arrival of the goods at the port of destination, both of which cases should be on the strength of the certificates issued by the related surveyor. If the Seller is liable he should send the reply together with the proposal for settlement within 20 days after receiving the said discrepancy."

（一）索赔的依据

当事人在向对方索赔时，必须要有充分的依据，若证据不全或不清，出证机构不符合要求，都可能遭到对方拒赔。索赔依据包括法律依据和事实依据两个方面，法律依据如销售合同、运输合同、保险单据等；事实依据如证明对方违约事实的书面材料，主要是由双方约定的出证机构出具的各种检验证书。

（二）索赔的期限

索赔期限是指受害方向违约方提出索赔的有效期限，逾期索赔，违约方可不予受理。索赔期限的规定应当根据不同商品的特性、运输、检验的情况而定。对于食品、农产品等易腐商品的索赔期可规定的短一些；对于一般货物的索赔期限，通常为货到目的港后30～45天；对于机器设备的索赔期限则就数量和品质作不同的规定，有关数量方面的索赔期一般为货物到目的港后60天，有关规格、性能等品质方面的索赔期一般为一年或一年以上。

在规定索赔期限时，还应该对索赔期限的起算时间做出具体规定。通常有以下几种规定方法：

①货物到达目的港后××天算起。

②货物到达目的港卸离海轮后××天算起。

③货物到达买方营业处所或用户所在地后××天算起。

④货物经检验后××天算起。

小看板

我A公司向意大利B公司进口新机器一台，合同规定索赔期限为货到目的港后30天。货到目的港卸船后，因A公司厂房未建好，机器无法安装试机。半年后厂房完工试机发现机器不能正常运转。经检验部门检验证明该机器为旧货。于是A公司向B公司提出索赔，但遭到拒绝，A公司遭受重大经济损失。

想一想：A公司遭拒赔的原因是什么？我们从该例中能得到什么启示？

（三）索赔的方法

索赔条款对合同双方当事人都有约束力，不论哪一方违约，受害方都有权提出索赔。但在实践活动中，索赔可能发生在不同的环节，很难在合同中把它全部列入，因此，合同有时只做笼统规定，如整修、换货、退货、还款等。所以在处理索赔时应分清责任，并区别不同情况，有理有据地提出索赔。

小看板

有一份CIF合同，出售100公吨大米，单价为每公吨500美元，总值50 000美元，事后卖方只交货5公吨。

想一想：在此种情况下，买方可主张何种权利？如果卖方交货90公吨，买方可主张何种权利？为什么？

三、约定索赔条款的注意事项

（一）明确索赔的对象

根据损失的原因和责任的不同，索赔可分为三种情况：凡属于合同当事人的责任造成的损失，可向责任方提出索赔；如果属于承保范围内的货物损失，应向保险公司索赔；如果属于承运人的责任造成的货物损失，则应向承运人索赔。

(二)索赔期限的确定要适当

按照法律和国际惯例,受害方只能在索赔的期限内提出索赔,如果超过了索赔的期限,即丧失了索赔的权利。索赔的期限有约定和法定两种,约定期限一般根据商品的实际需要,比法定期限要短一些。例如,《联合国国际货物销售合同公约》规定:买方向卖方提出索赔的期限是自买方实际收到货物之日起两年之内。

(三)备齐索赔的单据

如提单、保险单、装箱单、商检证书以及索赔清单等。

程序二 罚金条款

一、罚金的概念

罚金(Penalty)又称违约金或罚则,是指合同当事人一方未履行合同义务而向对方支付一定数额的约定罚金,以补偿对方的损失。罚金条款一般适用于卖方延期交货或者买方延迟开立信用证、延期接运货物、拖欠货款等情况。在合同中规定罚金条款,是促使合同当事人履行合同义务的重要措施,能起到避免和减少违约行为发生的预防作用,在发生违约行为的情况下,能对违约方起到一定的惩罚作用,对受损方的损失起到补偿性作用。

二、罚金条款的内容

罚金条款一般包括罚金的数额和罚金起算日的计算方法两项内容。罚金的数额大小,根据违约事件的长短,由买卖双方商定,并规定出最高限额。

1. 确定罚金数额

在一方违约没有给对方造成损失的情况下,按照约定的违约金支付。在当事人约定了违约金的情况下,一方违约同时给对方造成了损失时,确定违约金数额的参考标准就是损失的数额。违反合同的一方当事人支付违约金后,还应当继续履行合同义务。

2. 计算罚金起算日

计算罚金起算日期的方法有两种:一种是以约定的交货期或开证期终止后立即起算;另一种是规定一个优惠期,即在约定的交货期或开证期终止后再宽限一段时期即优惠期,在此优惠期内可免于罚款,待优惠期届满后再开始计算罚金。

三、罚金条款举例

下为罚金条款示例:

"Unless caused by the Force Majeure Specified in Clause ×of this contract, in case of delayed delivery, the Sellers shall pay to the Buyers for every week of delay a penalty amounting to 0.5% of the total value of the goods whose delivery has been delayed. Any fraction part of a week is to be considered a full week. The total amount of penalty shall not, however, exceed 5% of the total value of the goods involved in late delivery and is to be deducted from the amount due to the Sellers by the paying bank at the time of negotiation, Or by the Buyers direct at the time of payment. In case the period of delay exceeds ten weeks later than the time of shipment as stipulated in the contract, the Buyers have the right to terminate this contract but the Sellers shall not thereby be exempted from payment of penalty."

小看板

德国等国的法律承认罚金条款并予以保护。而英、美、澳大利亚、新西兰等国家的法律则对罚金有异议,这些国家的法律认为对于违约行为只能要求赔偿,而不能惩罚。英、美的法院对于合同中固定赔偿金额条款首先要判断这一金额是属于预定的损害赔偿金额,还是属于罚款。如果法院认为属于损害赔偿金额则可按合同规定的固定金额判给。如果认为属于惩罚性的罚金,则法院不予承认而只能按照受损害一方所受损失的证据另行确定其金额。因此我们在与英、美等国商人订立合同时,如果需规定罚金或损害赔偿金条款,应注意约定的金额是否合宜,以免在发生纠纷时,使我方处于被动。

想一想:以上国家对罚金条款的规定,对于中国来说有什么借鉴意义?

任务三　不可抗力

本任务可分解为两个教学程序:不可抗力的概述;合同中不可抗力条款的规定方法。

国际货物买卖合同签订后,有时可能会发生当事人无法预料又不能控制的意外事故,致使遭受意外事故的一方不能履行合同或不能如期履行合同。为了保证合同的顺利进行,可以在合同中订立不可抗力条款,这样做既可以避免因发生不可抗力而引起的不必要的纠纷,也可以防止合同当事人任意解释不可抗力事件的性质和范围,或提出不合理的要求。

程序一　不可抗力的概述

一、不可抗力的含义和构成条件

不可抗力(Force Majeure)又称人力不可抗拒,是指买卖合同签订后,不是由于合同当事人的过失或疏忽,而是由于发生了合同当事人无法预见、无法预防、无法避免又无法控制的意外事故,以致当事人不能履行或不能如期履行合同,遭受意外事故的一方可以免除履行合同的责任或延期履行合同。因此,不可抗力是一项免责条款。这种免责是指遭遇意外事故的一方当事人免除损害赔偿的责任,而另一方当事人仍然拥有除要求损害赔偿之外的其他任何权利,包括履约、减价和宣告合同无效等。

当然,并不是任何一种意外事故都可以作为不可抗力事件。双方当事人要认真分析事件性质,看其是否属于不可抗力事件,以防止有些当事人故意扩大不可抗力事件的范围,以不可抗力为借口免除履行合同的责任。一般来说,不可抗力事件的认定要符合以下几点:

第一,意外事故必须是发生在合同签订以后;

第二,不是由于合同当事人双方自身的过失或疏忽而导致的;

第三,意外事故是当事人双方所不能控制的、无能为力的。

二、不可抗力的起因和后果

(一)不可抗力的起因

不可抗力事件的范围很广,但从起因的角度讲,可以分为自然灾害和政治或社会原因。自然灾害原因是指合同订立后,发生地震、洪水、海啸、火灾等导致合同不能履行;政治原因是指合同订立以后,政府当局颁布新的法律、政策、行政措施而致使合同不能履行;社会原因主要是指一些偶发的事件阻碍合同的履行,如罢工、骚乱等,这些事件是一些人为的行为,但对于合同当事人来说,在订约时是不可预见的,因此也可以称为不可抗力事件。

(二)不可抗力的后果

不可抗力事件所造成的后果一般有两种,一种是解除合同,另一种是变更合同。所谓变更合同是指由一方当事人提出并经另一方当事人同意,对合同内容作适当修改,包括:延期履行、分期履行、替代履行和减少履行等,其中延期履行是较常见的一种变更合同方式。至于在什么情况下可以解除合同,在什么情况下只能变更合同,则要视所发生事故的原因、性质、规模和对履行合同所造成的实际影响程度而定,或由买卖双方在合同中作出具体规定。

如果合同中没有明确的规定,一般的解释是如果不可抗力事件使合同履行成为不可能,致使无法实现合同目的,例如,特定标的物的整体灭失,或事故影响非常严重,短期内不能恢复原样,则受害方可要求解除合同;如果不可抗力事件的发生只是部分地、暂时地阻碍了合同的履行,则受害方只能要求延迟履行合同,待事故影响消除后,继续履行合同。因此,在不可抗力条款中,应规定在哪些情况下可免除履约的责任;在哪些情况下,只能延迟履约。另外,我国《合同法》规定,一方当事人在延迟履行合同后又发生了不可抗力的,则不能免除责任。

小看板

某贸易商与某国外客户成交一批玩具,国外开来信用证并规定 7 月底交货。谁知在 7 月初该玩具厂仓库失火,产品、半产品及原材料均被烧毁,以至于无法交货。

想一想:这属于不可抗力吗? 如果该商行有两个供货玩具厂,其中一个仓库失火,国外客户应如何处理?

三、不可抗力的通知和证明

我国法律规定,当不可抗力事件发生后,当事人一方因不能按规定履行合同,要取得免责权利,必须及时通知另一方,并在合理时间内提供必要的证明文件,以减轻可能给另一方造成的损失。《联合国国际货物销售合同公约》规定,如果当事人一方未及时通知而给对方造成损害的,仍应负赔偿责任。在实践中,为防止争议发生,不可抗力条款中应明确规定具体的通知和提交证明文件的期限和方式,另一方当事人收到不可抗力的通知及证明文件后,无论同意与否,都应及时回复。不可抗力事件出具证明的机构,大多为当地商会。在我国,由中国国际贸易促进委员会出具。

程序二　合同中不可抗力条款的规定方法

一、概括式规定

即在合同中不具体规定哪些事件属于不可抗力事件，而只是笼统地规定，例如：

“如果由于不可抗力的原因导致卖方不能履行合同规定的义务时，卖方不负责任，但卖方应立即电报通知买方，并须向买方提交证明发生此类事件的有效证明书。”

“If the fulfillment of the contract is prevented due to force majeure, the Seller shall not be liable. However, the Seller shall notify the buyer by cable and furnish the sufficient certificate attesting such event or events.”

这种规定方法过于笼统，双方会因为解释上的差异而产生纠纷，在实际业务中一般不宜采用。

二、列举式规定

即在合同中对不可抗力事件一一详细列明，凡在合同中没有订明的，均不能作为不可抗力事件加以援引，例如：

“如果由于战争、洪水、火灾、地震、雪灾、暴风的原因致使卖方不能按时履行义务时，卖方可以推迟这些义务的履行时间，或者撤销部分或全部合同。”

“If the shipment of the contracted goods is delayed by reason of war, flood, fire, earthquake, heavy snow and storm, the seller can delay to fulfill, or revoke part or the whole contract.”

这种规定方法虽然明确，但灵活性较差，很容易造成遗漏。一旦发生了列举范围外的事故，受损方就会丧失援引不可抗力条款以免除责任的权利，故在实际业务中应尽量避免采用。

三、综合式规定

即将概括式和列举式两种规定方法综合起来，先列举出双方当事人达成共识的一些常见的不可抗力事故，然后再加上“其他不可抗力事故”，并有双方当事人共同磋商确定是否作为不可抗力事故，例如：

“如果因战争或其他人力不可控制的原因，买卖双方不能在规定的时间内履行合同，如此种行为或原因，在合同有效期后继续三个月，则本合同的未交货部分即视为取消，买卖双方的任何一方，不负任何责任。”

“If the fulfillment of the contract is prevented by reason of war or other causes of force majeure, which exists for three months after the expiring the contract, the non-shipment of this contract is considered to be void, for which neither the Seller nor the buyer shall be liable.”

这种方法既明确具体又具有一定的灵活性，是一种可取的办法，在国际上被广泛采用。我国进出口业务中，也大多采取这种规定办法。

小看板

某年5月我国南方一外企与日方签订一份大米出口合同，交货期为当年10月至11月。夏季南方发生特大洪水灾害，我方以不可抗力为由，要求免除交货责任。但对方回电拒绝，称大米市场价格已经上涨，因我方未交货已造成其损失，要求我方赔偿。双方因此产生争议。

想一想：日方的做法是否合理？为什么？

任务四　仲　　裁

本任务可分解为两个教学程序：仲裁的概述；合同中的仲裁条款。

程序一　仲裁的概述

一、仲裁的含义

仲裁（Arbitration），国际商事关系的双方当事人在争议发生之前或之后，依据仲裁条款或仲裁协议，自愿将争议提交某一临时仲裁机构或某一国际常设仲裁机构审理，由其根据有关法律或公平合理原则作出裁决（Award），从而解决争议。仲裁机构作出的裁决是终局的（Final），对双方都有约束力，双方必须遵照执行。

小看板

协商（negotiation）是指争议的双方当事人以口头或书面的方式直接交涉来解决争议。双方对某一问题发生争议，通过协商的方式解决，可以不拘形式和程序，不求助于第三方的介入。协商方式解决争议的速度快、保密性强、气氛平和，有助于保持甚至促进当事人之间的友好合作关系，协商不妨碍当事人采取其他方式解决争议。

调解（conciliation）是指当事人自愿将争议提交给一个第三方，澄清事实的基础上分清责任，以促进当事人之间达成和解。调解是在双方自愿接受调解的前提下进行的，对当事人没有任何强迫。采用调解方式解决争议快捷灵活，调解书对当事人有约束力，调解可以与仲裁或诉讼结合起来，从而使争议的解决更灵活、更具有自主性。

诉讼（litigation），就是打官司，一方当事人向法院起诉，控告另一方有违法违约行为，要求法院依法给予救济或惩处另一方当事人。基于合同关系而产生的争议案件，在诉讼时，一方当事人一般要求另一方当事人以赔偿经济损失或支付违约金的方式承担违约的责任。诉讼虽然容易解决问题，但很伤害双方当事人的感情。

想一想：争议的解决方式各有什么特点？

二、仲裁的特点

仲裁相比诉讼等其他解决争议的方式，有如下特点：

①仲裁是以双方自愿为基础。即当事人之间的纠纷是否提交仲裁，交与谁仲裁，仲裁庭如何组成，由谁组成，仲裁的审理方式及开庭形式等都是在当事人自愿的基础上，由双方当事人协商确定的。当事人的自愿性是仲裁最突出的特点，因而仲裁是最能充分体现当事人意思自治原则的争议解决方式。

②仲裁程序较简单，费用较诉讼费低。另外仲裁员一般都是熟悉业务的专家，处理问题比较迅速。

③仲裁就交易中发生的争议寻求公正而权威的人士协调解决，比通过诉讼对当事人之间的感情产生的影响更小，有利于当事人今后的交易继续进行。

④仲裁一般实行一裁终局制，仲裁裁决一经仲裁庭作出即发生法律效力，对双方当事人均有约束力，当事人双方必须执行裁决，使当事人之间的纠纷得以迅速解决。

三、仲裁协议

仲裁协议是指双方当事人在自愿、协商、平等互利的基础之上将他们之间已经发生或者可能发生的争议提交仲裁解决的书面文件。当事人向仲裁机构申请裁决，必须提交书面仲裁协议。

（一）仲裁协议的形式

仲裁协议的形式有以下两种：

1. 仲裁条款

仲裁条款（Arbitration Clause）是指双方当事人在合同中订立的，将今后可能因该合同所发生的争议提交仲裁的条款。这种仲裁协议的特点是当事人就他们将来可能发生的争议约定提交仲裁解决，而且是在合同中用一个条款来约定。该条款作为合同的一项内容订立于合同中，是合同的组成部分。仲裁条款是仲裁实践中最常见的仲裁协议的形式。

2. 仲裁协议书

仲裁协议书（Arbitration Submission）是指当事人之间订立的，一致表示愿意将他们之间已经发生或可能发生的争议提交仲裁解决的单独的协议。这种仲裁协议的特点是它是单独的仲裁协议，是在合同中没有规定仲裁条款的情况下，双方当事人为了专门约定仲裁内容而单独订立的一种协议。而且，当事人可以在争议发生之前也可以在争议发生之后订立。

（二）仲裁协议的作用

①约束双方当事人只能以仲裁方式解决争议，不得向法院起诉。

②排除法院对有关案件的管辖权。如果当事人一方违背仲裁协议，自行向法院起诉，另一方可根据仲裁协议作出抗辩，要求法院不予受理，并将争议案件退交仲裁庭裁断。

③使仲裁机构取得对有关争议案件的管辖权。日后如果一方当事人将争议案件提交仲裁，而另一方在规定的时限内未出庭应诉，则仲裁机构有权进行缺席审理和作出缺席裁决。

小看板

我某出口公司向外商出口货物一批，合同规定凡发生争议，双方应通过友好协商解决；如果协商不成，将争议提交中国国际经济贸易仲裁委员会在北京仲裁。后来在履约中双方就货物品质发生争议，对方在其所在地法院起诉我方，法院也发了传票传我方公司出庭应诉。

想一想：我方应如何处理？

四、仲裁程序

根据《中国国际经济贸易仲裁委员会仲裁规则》规定的仲裁程序如图 7.1 所示。

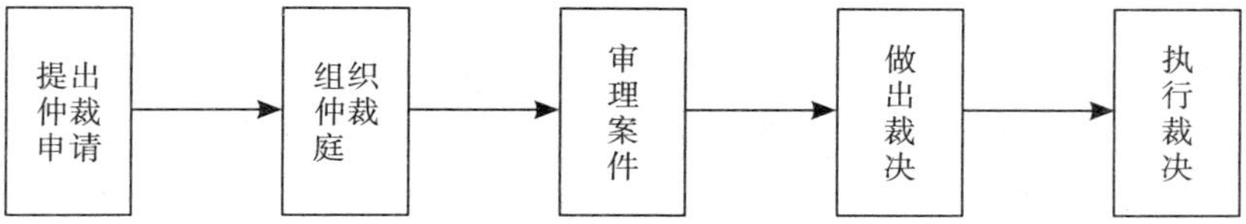

图 7.1 促裁程序

（一）提出仲裁申请

这是仲裁程序的首要手续。申诉人向仲裁委员提交仲裁申请书时，应附具本人要求所依据的事实的证明文件，指定一名仲裁员，预缴一定数额的仲裁费。如果委托代理人办理仲裁事项或参与仲裁的，应提交书面委托书。

（二）组织仲裁庭

根据我国仲裁规则的规定，申诉人和被申诉人各自在仲裁委员会仲裁员名册中指定一名仲裁员，并由仲裁委员会主席指定一名仲裁员为首仲裁员，共同组成仲裁庭审理案件。双方当事人亦可在仲裁委员名册共同指定或委托仲裁委员会主席指定一名仲裁员为独任仲裁员，成立仲裁庭，单独审理案件。

（三）审理案件

仲裁庭审理案件的形式有两种：

不开庭审理，这种审理一般是经当事人申请，或由仲裁庭征得双方当事人同意，只依据书面文件进行审理并做出裁决。

开庭审理，这种审理按照仲裁规则的规定，采取不公开审理，如果双方当事人要求公开进行审理时，由仲裁庭做出决定。

（四）作出裁决

裁决是仲裁程序的最后一个环节。裁决作出后，审理案件的程序即告终结，因而这种裁决被称为最终裁决。根据我国仲裁规则，仲裁裁决必须于案件审理终结之日起 45 天内以书面形式做出，仲裁裁决除由于调解达成和解而作出的裁决书外，应说明裁决所依据的理由，并写明裁决是终局的和作出裁决书的日期地点以及仲裁员的署名等。

程序二　合同中的仲裁条款

合同中的仲裁条款的具体内容一般包括：仲裁地点、仲裁机构、仲裁规则、仲裁裁决的效力、仲裁费用的负担等。例如：

"All disputes arising from the execution of, or in connection with, this Contract shall be settled through Arbitration Commission of China, for settlement by arbitration in accordance with the Commission's Provisional Rules of Procedures. The award and decision made by the Commission shall be final and binding on both parties. The arbitration charges, unless otherwise stipulated by the arbitration unit, shall all be born by the party losing the lawsuit."

一、仲裁地点

仲裁地点通常是指在什么地方进行仲裁。在商定仲裁地点时，买卖双方一般都希望在本国进行仲裁，这主要是因为，按照许多国家法律的解释，凡属程序方面的问题，除非仲裁协议另有规定，基本上都适用审批地的法律，即在哪个国家仲裁就适用哪个国家的法律，而当事人对本国的仲裁机构和仲裁规则比较熟悉，所以都希望在本国仲裁。

我国进出口贸易合同中的仲裁地点，根据贸易对象和情况的不同，一般可以采取以下三种规定方法：

①力争规定在我国仲裁。

②可以规定在被告所在国仲裁。

③规定在双方同意的第三国仲裁。

二、仲裁机构的选择

仲裁机构是指受理仲裁案件并作出裁决的机构。一般应在合同中明确规定由哪个仲裁机构仲裁，但也可在发生争议后由双方协议商定。仲裁机构的形式一般有两种：

1. 常设的仲裁机构

国际性或区域性的仲裁组织，如总部在巴黎的国际商会仲裁院。

全国性的仲裁机构，如英国伦敦仲裁院、瑞典斯德哥尔摩商会仲裁院、瑞士苏黎世商会仲裁院、日本国际商事仲裁协会和中国贸促会的对外经贸仲裁委员会。

设在行业内的专业性仲裁机构，如伦敦油籽协会常设仲裁机构，专门有一套相对稳定的仲裁人员班子，受理各种仲裁事件。

2. 临时仲裁庭

临时仲裁庭一般是为了解决特定的贸易争议而临时组成的仲裁庭，没固定人员，争议处理完毕即自动解散。

小看板

国际商会促裁院

国际商会仲裁院(The International Court of Arbitration of International Chamber of Commerce

ICCCA)成立于1923年，总部及其秘书局设在法国巴黎，是附属于国际商会的一个国际性常设调解与仲裁机构。作为一个国家间的商会，其成立目的是为了促进国际商事活动的进行，其仲裁院的成立也是延续其促进和维护国际商事活动，处理国际性商事争议，促进国际间的经济贸易的合作与发展的目的。在国际商事仲裁领域，ICCCA无疑是最具影响力的仲裁机构。

国际商会仲裁院是国际性民间组织，尽管它是根据法国法律设立的，但不属于任何国家，具有很强的独立性。国际商会仲裁院的委员来自40多个国家，他们都具有法律背景和国际商事法律及争议解决的专业经验。国际商会的仲裁员来自世界各个国家，其仲裁的一个主要特点是可以在世界上的任何一个地方进行仲裁。国际商会仲裁院秘书局的工作人员也来自不同的国家，能够使用多种语言进行工作。但不可否认的是，国际商会仲裁院无疑深受欧洲法律和文化的影响。

想一想：国际商会仲裁院在国际贸易领域发挥了什么样的作用？

三、仲裁规则

仲裁机构一般都有自己的仲裁程序规则。在仲裁条款中，一般都规定采用哪个仲裁机构的仲裁规则。按照国际仲裁的一般做法，原则上采用仲裁所在地的仲裁规则，但也允许当事人自由选用其他仲裁规则。

四、仲裁裁决的效力

仲裁裁决的效力主要是指由仲裁庭作出的裁决，对双方当事人是否具有约束力，是否为决定性的，能否向法院起诉要求变更裁决。

仲裁的裁决是终局性的，当事人不能再向法院上诉，即使有一方依法上诉，法院也只是审查仲裁裁决在法律手续上是否完备，而不审查裁决是否正确。只有在发现仲裁员未按仲裁程序规则审理案件时，法院才可以撤销裁决。仲裁裁决作出后，如果败诉方拒不履行仲裁裁决，而仲裁机构又不具有强制执行的权利，胜诉方可以向法院提出申请，要求法院强制执行。

五、仲裁费用的负担

通常在仲裁条款中明确规定出仲裁费用由谁负担。一般规定由败诉方承担仲裁费用，也有的规定为由仲裁庭酌情决定。

项目小结

商品检验是进出口贸易中不可缺少的环节，货物检验的内容主要包括：商品的品质、重量、卫生、包装、残损等，货物的检验可以在出口国进行也可以在进口国进行。检验机构检验合格后签发商检证书，商检证书可以作为通关、征税、解决争议的依据。

在合同履行的过程中，有时会发生当事人违约的现象，一方违约给另一方当事人造成损害，受害方可向违约方提出索赔，在索赔时应注意索赔的依据、索赔的期限、索赔的方法和金额等。在履行合同的过程中，如果一方当事人遭遇了不可抗力，使其不能履行合同，受害方可以要求解除合同或变更合同，但遭受意外事故的一方应及时通知对方，并出具不可抗力证明书。

如果当事人有违约行为，发生了争议，双方可以协商解决，如果协商不成可以提请仲裁机构进行仲裁，但双方必须有仲裁协议，仲裁协议排除了法院对案件的管辖权。合同中仲裁条款一般包括：仲裁机构、仲裁地点、仲裁规则、仲裁裁决的效力、仲裁费用的负担等。

增值阅读

中华人民共和国国家质量监督检验检疫总局的职责

中华人民共和国国家质量监督检验检疫总局（Administration of Quality Supervision，Inspection and Quarantine of the People's Republic of China AQSIQ）是主管全国质量、计量、出入境商品检验、出入境卫生检疫、出入境动植物检疫、进出口食品安全和认证认可、标准化等工作，并行使行政执法职能的正部级国务院直属机构。AQSIQ 的职责如下：

1. 出入境卫生检疫管理

根据《国境卫生检疫法》及其实施条例，国家质检总局负责在我国口岸对出入境人员、交通工具、集装箱、货物、行李、邮包、尸体骸骨、特殊物品等实施卫生检疫查验、传染病监测、卫生监督和卫生处理，促进国家对外开放政策的实施，防止传染病的传入和传出，保证出入境人员的健康卫生。

2. 出入境动植物检疫管理

根据《进出境动植物检疫法》及其实施条例，国家质检总局对进出境和旅客携带、邮寄的动植物及其产品和其他检疫物，装载动植物及其产品和其他检疫物的装载容器、包装物、铺垫材料，来自疫区的运输工具以及法律、法规、国际条约、多双边协议规定或贸易合同约定应当实施检疫的其他货物和物品实施检疫和监管，以防止动物传染病、寄生虫病和植物危险性病、虫、杂草以及其他有害生物传入和传出，保护农、林、牧、渔业生产和人体健康，促进对外贸易的发展。

3. 进出口商品检验管理

根据《进出口商品检验法》及其实施条例，国家质检总局对进出口商品及其包装和运载工具进行检验和监管。对列入《出入境检验检疫机构实施检验检疫的进出境商品目录》（简称《目录》）中的商品实施法定检验和监督管理；对《目录》外商品实施抽查；对涉及安全、卫生、健康、环保的重要进出口商品实施注册、登记或备案制度；对进口许可制度民用商品实施入境验证管理；对法定检验商品的免验进行审批；对一般包装、危险品包装实施检验；对运载工具和集装箱实施检验检疫；对进出口商品鉴定和外商投资财产价值鉴定进行监督管理；依法审批并监督管理从事进出口商品检验鉴定业务的机构。

4. 进出口食品安全管理

根据《食品卫生法》和《进出口商品检验法》及相关规定，国家质检总局对进出口食品和化妆品安全、卫生、质量进行检验监督管理，组织实施对进出口食品和化妆品及其生产单位的日常监督管理。对进口食品（包括饮料、酒类、糖类）、食品添加剂、食品容器、包装材料、食品用工具及设备进行检验检疫和监督管理。建立出入境食品检验检疫风险预警和快速反应系统，对进出口食品中可能存在的风险或潜在危害采取预防性安全保障和处理措施。

5. 特种设备安全管理

根据国务院颁布的《特种设备安全监察条例》（国务院总理令第 373 号），国家质检总局管理锅炉、压力容器、压力管道、电梯、起重机械、客运索道、大型游乐设施、场（厂）内机动车辆等特种设备的安全监察、监督工作；拟订特种设备安全监察目录、有关规章和安全技术规范并组织实施和监督检查；对特种设备的设计、制造、安装、改造、维修、使用、检验检测等环节和进出口进行监督检查；调查处理特种设备事故并进行统计分析；负责特种设备检验检测机构的核准和相应检验检测人员、作业人员的资格考核工作。

6. 产品质量监督管理

根据《产品质量法》及其实施条例，国家质检总局组织实施国家产品质量监督抽查。拟订国家重点监督的国内产品目录并组织实施监督。组织实施 QS 标志制度。管理和协调产品质量的行业监督、地方监督与专业质量监督。管理质量仲裁的检验和鉴定工作。监督管理产品质量检验机构，管理国家产品质量监督抽查免检工作；管理工业产品生产许可证的工作。

7. 食品生产监管

根据《产品质量法》、《食品卫生法》及其实施条例，国家质检总局组织实施国内食品生产加工环节质量安全卫生监督管理。组织实施国内食品生产许可、强制检验等食品质量安全准入制度。负责调查处理国内食品生产加工环节的食品安全重大事故。

8. 国际合作

国家质检总局负责管理质量监督检验检疫方面的国际合作与交流。国家质检总局与世界大多数国家和地区的相关主管部门建立了合作关系，与许多国家和地区建立了双边磋商合作机制；积极参与双边、多边及区域经济体的合作，单独或参与外交部、商务部与有关国家进行磋商和谈判；以备忘录、议定书、会谈纪要、合作协议等多种形式，与 50 个国家和地区签署了多项双边合作文件。

说一说

(1)货物检验在国际贸易中有何作用？

(2)我方向对方索赔应注意什么问题？

(3)什么是不可抗力？不可抗力事件是如何认定的？

(4)什么是仲裁？仲裁协议的作用有哪些？

(5)合同中仲裁条款主要包括哪些内容？

议一议

(1)某进出口公司以 CIF 鹿特丹出口食品 1 000 箱，即期信用证支付，货物装运后，凭已装船清洁提单和已投保一切险及战争险的保险单，向银行收妥货款，或到目的港后经进口人复验发现下列情况：

①该批货物共有 10 个货批号，抽查 20 箱，发现其中有 2 个批号涉及 200 箱，箱内含沙门氏细菌超过进口国标准。

②收货人只实收 998 箱，短少 2 箱。

③有 15 箱货物外表状况良好，但箱内货物短少 60 千克。

根据上述情况，进口方应分别向谁索赔？

(2)我A公司与美国B公司以CIF纽约条件出口一批农产品。订约时,我A公司已知该批货物要转销加拿大。该货物到纽约后,立即转运加拿大。货到加拿大后,B公司获知货物检验不合格,遂即凭加拿大商检机构签发的在加拿大检验的证书,向我方提出索赔。

问:我方A公司应不应该接受这次索赔?

(3)我某公司从国外进口货物一批,检验条款约定:由装运港检验局出具的有关证书证明的品质和数量是终局的。货到目的港后,我国海关检验发现部分货物霉变,且交货数量与合同不符。该公司经当地检验机构出具检验证书向卖方提出索赔。但卖方以检验条款规定为由拒赔。

请问:卖方是否有权拒赔?

(4)我某企业与外商按国际市场通用规格进口某化工原料。订约后不久,该化工原料市价明显上涨。交货期届满前,该商生产该化工原料的两家工厂之一失火被毁,该商以火灾为不可抗力为由要求解除其交货义务。

问:对此,我方应如何处理?为什么?

(5)我国某出口企业以CIF纽约与美国某公司订立200套家具的出口合同。合同规定12月交货。11月底,我企业出口商品仓库发生雷击火灾,致使一半左右的出口家具烧毁。我企业以发生不可抗力事件为由,要求免除交货责任,美方不同意,坚持要求我方按时交货。我方经过多方努力,最后无奈之下于次年1月初交货,美方要求索赔。

试分析:我方要求免除责任的要求是否合理?为什么?

(6)我公司以CFR条件对德国出口一批小五金工具。合同规定货到目的港后30天内检验,买方有权凭检验结果提出索赔。我公司按期发货,德国客户也按期凭单支付了货款。可半年后,我公司收到德国客户的索赔文件,文件称上述小五金工具有70%已锈损,并附有德国某内地一检验机构出具的检验证书。

问:对德国客户的索赔要求,我公司应如何处理?

练一练

请指出下列合同条款错误或不合理的地方。

(1)品质异议须于货到目的地口岸之日起30天内提出,数量异议须于货到目的地口岸之日起15天内提出,买方仅需提供当地检验机构的检验证明。卖方将根据具体情况解决异议。由自然原因或船方、保险商责任造成的损失,卖方将不予考虑任何索赔。信用证未在合同指定日期到达卖方,在FOB条款下,买方未按时派船到指定港口,或信用证与合同条款不符,买方未在接到卖方通知所规定的期限内电改有关条款时,卖方有权提出索赔,但无权撤销合同或延迟交货。

(2)卖方如果不能按合同规定如期交货,并同意支付罚金,买方可同意延期交货,付款银行相应减少议定的支付金额,但罚款不得超过迟交货物总额的150%。卖方如果逾期10个星期仍不能交货,买方有权撤销本合同。尽管合同已撤销,但卖方仍应如期支付上述罚金。

(3)If the shipment of the contracted goods is prevented or delayed in whole or in part by reason of Force Majeure such as war, earthquake, fire, flood or heavy snow, the sellers shall not be liable for non-shipment or late shipment of the goods of this contract. The Sellers should furnish the letter immediately by registered airmail with a certificate attesting such event or events.

(4)All disputes arising from the execution or in connection with this contract, shall be settled amicably through friendly negotiation. In case no settlement can be reached through negotiation, the case shall then be submitted for arbitration. The arbitral award is not final. The arbitration fee shall be borne by the losing party unless otherwise awarded by the arbitration court.

项目八　国际货物买卖合同的商订

项目分解

任务一　交易磋商的环节

要求学生能认知交易磋商的形式与内容，掌握交易磋商经历的环节，理解主要环节的法律效力及构成发盘和接受的条件，能够准确熟练使用外贸函电进行交易磋商。

任务二　交易合同的订立

要求学生能认知国际货物买卖合同的含义和特征，理解国际货物买卖合同的成立条件，了解合同的形式，熟悉合同的条款，正确缮制一份国际货物买卖合同。

实现目标

知识目标：掌握交易磋商工作经历的四个环节，理解询盘、发盘、还盘和接受的法律效力以及构成发盘和接受的要件；认知国际货物买卖合同的含义和特征，理解国际货物买卖合同的成立条件，了解合同的形式，熟悉合同的条款。

技能目标：能够准确熟练使用外贸函电同外商进行交易磋商，并根据交易磋商的内容正确缮制一份国际货物买卖合同。

案例导入

一位法国商人于某日上午走访我国上海一家外贸企业洽谈购买某商品。我方口头发盘后，对方未置可否，当日下午法商再次来访表示无条件接受我方上午的发盘，那时，我方已获知该商品的国际市场价格有趋涨的迹象。对此，你认为我方应如何处理？为什么？

分析：中国与法国均系《联合国国际货物销售合同公约》缔约国，洽谈过程中，双方对《公约》均未排除或作出任何保留。因此，双方当事人均应受该《公约》约束。按《公约》的规定，对于口头要约，须立即接受方能成立合同。上午我方发盘后，法商未置可否，也未提出任何要求，则合同没有成立。据此，我方鉴于市场有趋涨迹象，可以对法商予以拒绝或提高商品售价继续洽谈。

任务一　交易磋商的环节

本任务可分解为5个程序:交易磋商的概述;询盘;发盘;还盘;接受。其中发盘和接受是达成交易、订立合同不可缺少的两个基本环节。

程序一　交易磋商的概述

在与客户建立了关系后,买卖双方就可以就具体的商品发询盘函或报盘函,进入交易磋商阶段。交易磋商(Business Negotiation)是在国际贸易中,买卖双方为达成合同就买卖商品的交易条件进行的协商。交易磋商是进出口贸易工作的重要环节,交易磋商的好坏直接关系到交易能否达成,将来买卖双方之间的权利、义务和经济利益。为此,国际商务谈判人员不仅要有认真负责的工作态度,熟悉掌握国际货物买卖合同的条款和国际贸易政策、法规、惯例,而且还能够灵活应用国际商务谈判的策略技巧。

一、交易磋商的形式

交易磋商在形式上可分为口头和书面两种。

口头磋商主要指在谈判桌上面对面的谈判。如参加各种交易会、洽谈会以及贸易小组出访、邀请客户来华洽谈交易等。此外,还包括双方通过国际长途电话进行的交易磋商。口头磋商方式由于是面对面的直接交流,便于了解对方的诚意和态度,采取相应的对策,并根据进展情况及时调整策略,以达到预期的目的。口头磋商比较适合谈判内容复杂、涉及问题较多的业务。

书面磋商是指通过信件、电报、电传等通信方式来洽谈交易。随着现代通信技术的发展,书面洽谈越来越简便易行,费用也越来越低廉。采用书面方式磋商时,语言应当正确清晰、简洁明了,无需过多客套或拐弯抹角的内容,同时为了与客户保持长期的业务联系,采用正式而礼貌的用语是非常必要的。

二、交易磋商的内容

一般来讲,交易磋商的内容包括合同的各项交易条件,即货物的品名、品质、数量、包装、价格、运输、保险、支付、检验、索赔、不可抗力和仲裁等。其中品名、品质、数量、包装、价格、装运、支付等七项为主要内容或主要交易条件。买卖双方欲达成交易、订立合同,必须至少就这七项交易条件进行磋商并取得一致意见。至于其他交易条件,如检验、索赔、不可抗力和仲裁,它们虽不是成立合同不可缺少的内容,但是为了提高合同履约率,防止和减少争议的发生以及便于解决可能发生的争议,买卖双方在交易磋商时也不容忽视。

程序二　询　　盘

一、询盘的含义

询盘(Inquiry)又称询价，是指在国际贸易中，交易的一方打算出售或者购买某一商品而向对方询问买卖该项商品的有关交易条件，或者就该项交易提出带有保留条件的建议。询盘内容可繁可简，可以涉及商品的品质规格、数量包装、成交价格等，但多数是询问成交价格。

询盘实例：

"We are one of the leading importers of toys in the UK. We have seen your toys displayed at the Guangzhou Trade Fair. We are very interested in your products. Will you please send us catalogue by airmail and quote us the lowest price C. I. F. Manchester, inclusive of our 5% commission. Should your price be found competitive, we will purchase in large quantities. We look forward to hearing from you soon."

二、询盘的类型

(一)买方询盘

买方主动发出的向国外厂商询购所需货物的函电，又叫递盘(Bid)。在实际业务中，询盘一般多由买方向卖方发出。在实际业务中，买方询盘的常用语有：

Please advise…：请告……

Please offer…：请发盘……

Please quote…：请报价……

Interested in…please：对……有兴趣，请……

买方询盘过程中应注意的问题有：

①对多数大路货商品，应同时向不同地区、国家和厂商分别询盘，以了解国际市场行情，争取最佳贸易条件。

②对规格复杂或项目繁多的商品，不仅要询问价格，也应注意询问其他交易条件，争取获得比较全面的交易信息或条件。

③ 对垄断性较强的商品，应提出较多品种，要求对方一一报价，以防对方趁机抬价。

④询盘对发出人虽无法律约束力，但买方要尽量避免询盘而无购买诚意的做法，否则容易丧失己方信誉。

(二)卖方询盘

卖方主动向买方发出的征询其购买意见的函电，又叫索盘(Selling Enquiry)。在实际业务中，卖方询盘的典型用语如："We can supply…，please book/order/bid…"。

卖方询盘过程中应注意的问题是：

①卖方应尽可能使用多种方法和途径询盘，如：邮件、电话、传真等，探听市场虚实，选择成交时机。

②无论对方是否真正购买，卖方均应及时处理与答复，以示尊重对方。

③询盘可以同时向一个或几个交易对象发出，但不应在同时期集中对外询盘，以免暴露己方售货心切的意图。

三、询盘的性质

询盘往往是一笔交易的起点，但不是交易磋商的必经步骤。如果交易双方彼此都了解情况，不需要向对方探询成交条件或交易的可能性，则不必使用询盘，可直接向对方作出发盘。同时，询盘只是探询交易的可能性，不具有法律上的约束力。询盘对买卖双方均无法律约束力，接受询盘的一方可给予答复，亦可不做回答。

小看板

如何识别客户询盘的价值

首先，从询盘内容来看。一般专业的有诚意的买家对所需产品的描绘会比较具体，不是需要一个类别的产品而是某个具体的产品，并且对产品的称谓是行业内人士的常用称谓。

其次，如果客户要求就某一种产品报价，同时具体到数量、规格、包装、产地、质量标准、交货时间、提供相关证书、到货港口等，这样的询盘真实的可能性非常大。

值得一提的是，当客户提出你方公司网站或产品目录里没有的相近产品的款式、规格、颜色等其他方面的信息的要特别重视，因为一方面客户发这类询盘时往往是因为以前供应商无法满足要求，对你而言这就是一个很好的机会；另一方面就算最后你没有拿到这张订单，你还是可以了解到新产品的市场需求和各项技术指标，而这是平时花大价钱也很难了解到的。

最后，可以从署名和网址上看。比较专业、有诚意的买家会留下完整的联系方式，尤其是网址，让你去了解他们。专业买家一般会用自己公司的邮件地址，如果用 hotmail 等公共邮件地址，该客户一般非假即小。

想一想：如何在交易过程中针对客户询盘进行有效应答？

程序三　发　　盘

一、发盘的含义

发盘(Offer)又称发价或报价，在法律上称为“要约”，是买卖双方中的一方向对方提出各项交易条件，并愿意按照这些条件达成交易、订立合同的一种承诺。根据《联合国国际货物销售合同公约》第 14 条第 1 款的规定：“凡向一个或一个以上的特定的人提出的订立合同的建议，如果其内容十分确定并且表明发盘人有在其发盘一旦得到接受就受其约束的意思，即构成发盘。”

发盘实例：

“We are in receipt of your letter dated 1st August, and are willing to enter into business relations with you on the basis of mutual benefit.

We are pleased to make you a special offer as follows:

Name of commodity: west lake brand color TV set 21 inches

Quantity: 1 000 sets

Unit price: USD 150 per set CFR Vancouver

Payment should be made by Irrevocable Sight L/C and shipment will be made within one month after the receipt of L/C.

Our color TV sets are of top quality and reasonable price. All TV sets are guaranteed for one year, and we can also provide spare components and after-sales services to customers.

We hope that the above quote will be accepted and assure you of our best services at any time."

小看板

询盘是己方要求对方提出交易条件，发盘是己方向对方正式提出交易条件。

询盘中即使有自己提出的交易条件，但所提出的交易条件是不足以使合同成立的，因此，询盘没有法律约束力。

发盘中提出的交易条件是合同的主要交易条件，足以使合同成立，且对方无异议接受该发盘通常具有法律效力。

想一想：从业务进程来看，发盘与询盘有哪些不同之处？

二、发盘的类型

（一）实盘

实盘(Firm Offer)是指在一定时期内对发盘人具有约束力的发盘。

实盘必须同时具备几个条件：实盘内容必须完整、明确、无保留；发盘人有肯定的意思表示，即发盘人愿意按照提出的各项交易条件同受盘人订立合同。实盘必须规定有效期，一经受盘人在有效期内接受，发盘人便受其约束，不得变更或反悔，否则将承担违约的法律责任。例如：

"Subject to your reply here within five days…"

"Subject to your reply here by 6 p. m. our time Friday, November 20…"

（二）虚盘

虚盘(Non-firm Offer)是发盘人有保留地愿意按一定条件达成交易的一种表示。

虚盘内容不肯定，交易条件不完善、不明确、附有保留条件。虚盘对发盘人和受盘人没有约束力，发盘人可以随时撤回或修改虚盘的内容。受盘人对虚盘表示接受之后，仍需发盘人最后确认后才发生效力，才能成为一项对双方都有约束力的合同。

虚盘一般会加上"以我方最后确认为准"或"以我货物未售出为准"。例如：

"Subject to our final confirmation…"

"Subject to goods being unsold an offer without engagement…"

三、构成发盘的要件

（一）向一个或一个以上的特定人提出

特定的人(Specific Person)，即有名有姓的公司或个人。向特定的人提出是为了把发盘同普通商业广告及向广大公众散发的商品价目单等行为区别开来。对广大公众发出的商业广告是否构成发盘的问题，各国法律规定不一。大陆法系规定，发盘需向一个或一个以上特定的人提出，凡向公众发出的商业广告，不得视为发盘。如北欧各国认为，向广大公众发出的商业广告，原则上不能作为发盘，而只是邀请看到广告的公众向登广告的人提出发盘。英美法系的规定则与此相反，如英国有判例认为，向公众做出的商业广告，只要内容确定，在某些场合下也可视为发盘。

《联合国国际货物销售合同公约》对此问题持折中态度，该公约第 14 条第 2 款规定："向一个或一个以上特定的人提出的建议，仅应视为邀请发盘，除非提出建议的人明确地表示相反的意向。"根据此项规定，商业广告本身并不是一项发盘，通常只能视为邀请对方提出发盘。但是，如果商业广告的内容符合发盘的条件，而且登此广告的人明确表示它是作为一项发盘提出来的，如在广告中注明"本广告构成发盘"或"广告项下的商品将售给最先支付货款或最先开来信用证的人"等，则此类广告也可作为一项发盘。

鉴于《公约》对发盘的上述规定既原则又具体，且有一定的灵活性，加之世界各国对发盘又有不同的理解，因此，在实际应用时要特别小心。我方对外做广告宣传和寄发商品价目单时，要避免使对方理解我方有"一经接受，即受约束"的含义。在寄发商品价目单时，最好在其中注明"可随时调整，恕不通知"或"需经我方最后确认"等的字样。

（二）发盘内容必须十分确定

构成一项发盘应包括的内容，各国的法律规定不尽相同。有些国家的法律要求对合同的主要条件，如品名、品质、数量、包装、价格、交货时间与地点以及支付办法等，都要有完整、明确肯定的规定，并不得附有任何保留条件，以便受盘人一旦接受即可签订一项对买卖双方均有约束力的合同。

根据《联合国国际货物销售合同公约》第 14 条第 1 款的规定，发盘的内容必须十分确定。所谓十分确定，是指在提出的订约建议中，至少应包括下列三个基本要素：

①清楚标明货物的名称。

②明示或默示地规定货物的数量或规定数量的方法。

③明示或默示地规定货物的价格或规定确定价格的方法。

凡包含上述三项基本因素的订约建议，即可构成一项发盘。如果该发盘被对方接受，买卖合同即告成立。《公约》关于发盘内容的上述规定，只是构成发盘的起码要求。在实际业务中，如果发盘的交易条件太少或过于简单，会给合同的履行带来困难，甚至容易引起争议。因此，在对外发盘时，最好将品名、品质、数量、包装、价格、交货时间、地点和支付办法等主要交易条件一一列明。

（三）表明经受盘人接受发盘人即受约束的意思

发盘是订立合同的建议，这个意思应当体现在发盘之中，如果发盘人只是就某些交易条件同对方进行磋商，而根本没有受其约束的意思，则此项建议不能被认为是一项发盘。例如，发盘人在其提出的订约建议中加注诸如"仅供参考(Just for your information.)"、"须以发盘人的最后确认为准(Subject to the final confirmation.)"或其他保留条件，这样的订约建议就不是发盘，而只是邀请对方发盘。

在此需要指出，我国《合同法》对发盘及构成要件的规定同上述《公约》的规定与解释基本上是一致的。我国《合同法》第 14 条规定，要约是希望和他人订立合同的意思表示，该意思表示应当符合下列规定：内容具体确定；表明受要约人一旦承诺，要约人即受该意思表示的约束。

四、发盘的有效期

在通常情况下，采用函电成交时，发盘人一般都明确规定发盘的有效期，作为对方表示接受的时间限制。超过发盘规定的时限，发盘人即不受约束。发盘的有效期的规定方法有以下几种。

（一）规定最迟接受的期限

例如，“发盘限 9 月 10 日复到我方”。当规定限 9 月 10 日复时，按有些国家的法律解释，受盘人只要在当地时间 9 月 10 日 24 点以前将表示接受的通知投邮或向电报局交发即可。但在国际贸易中，由于交易双方所在地大多存在时差，所以发盘人往往采取以收到受盘人接受的通知为准的规定。受此规定，受盘人的接受通知不得迟于 9 月 10 日送达发盘人。

（二）规定一段接受的期限

例如，“发盘有效期为 6 天，或发盘限 8 天内复”。采用这种方法存在一个如何计算“一段接受期间”的起讫问题。按《联合国国际货物销售合同公约》第 20 条规定，应从电报交发时刻或信上载明的发信日期起算。如果信上未载明发信日期，则从信封所载日期起算。采用电话、电传发盘时，则从发盘送达受盘人时起算。如果时限的最后一天在发盘人营业地是正式假日或非工作日，则应顺延至下一个工作日。

（三）未规定明确有效期

如果发盘未明确规定有效期时，应理解为在合理时间（Reasonable Time）内有效。何谓“合理时间”，需根据具体情况而定。对所谓的合理时间，在国际上并无统一明确的解释，也无明确的标准，弹性很大，在实际业务中，还是以明确规定发盘的有效期为妥。

小看板

国外 A 公司应我国 B 公司的请求，报出铜矿石的实盘。但 B 公司接到 A 公司报盘后，未作还盘，而是一再请求其增加数量，降低价格，并延长报价的有效期。A 公司随后满足了 B 公司的要求，有效期最后延至 3 月 31 日，B 公司于 3 月 28 日来传真表示接受该盘。A 公司接到该传真时，得知国际市场铜矿石价格上涨，于是向 B 公司发传真表示拒绝出售。而 B 公司拒绝接受，认为在发盘有效期内接受了 A 公司的发盘，坚持要求按发盘的条件执行合同。

想一想：该发盘是否有效成立？为什么？

五、发盘的撤回与撤销

（一）发盘的撤回

发盘的撤回（Withdrawal）是指发盘人将尚未被受盘人收到的发盘予以取消的行为。

根据《联合国国际货物销售合同公约》的规定：一项发盘，即使是不可撤销的，也可以撤回，只要撤回的通知在发盘到达受盘人之前或同时到达受盘人即可。因此，如果发盘人发盘内容有误或因其他原因想改变主意，可以用更迅速的通信方法，将发盘的撤回或更改通知赶在受盘人收到该发盘之前或同时送达受盘人，则发盘即可撤回或修改。

了解这一点，对我国从事进出口业务的工作人员具有很强的实际意义。假如想撤回或修改已经发出的发盘，就必须要有准确的时间概念，例如，发盘是何时发出的，预计何时可送达对方，然后再考虑采取最快的通信方法是否可以撤回或修改发盘。

在实际业务中，发盘的撤回只有在使用信件或电报向国外发盘时才适用。如果发盘是使用电传或电子邮件等方式，则不存在撤回发盘的可能性。

（二）发盘的撤销

发盘的撤销（Revocation）是指发盘人将已经被收盘人收到的发盘予以取消的行为。

关于发盘能否撤销的问题，英美法系与大陆法系存在严重的分歧。英美法系认为，在受盘人表示接受之前，即使发盘中规定了有效期，发盘人也可以随时予以撤销，这显然对发盘人片面有利。这种观点，在英美法系国家中也不断受到责难。有的国家在制定或修改法律时，实际上已在不同程度上放弃了这种观点。大陆法系国家对此问题的看法相反，认为发盘人原则上应受发盘的约束，不得随意将其发盘撤销。例如，德国法律规定，发盘在有效期内，或没有规定有效期，则依通常情况在可望得到答复之前不得将其撤销。法国的法律虽规定发盘在受盘人接受之前可以撤销，但若撤销不当，发盘人应承担损害赔偿的责任。

为了调和上述两大法系在发盘可否撤销问题上的分歧，《联合国国际货物销售合同公约》采取了折中的办法，公约第16条规定，在发盘已送达受盘人，即发盘已经生效，但受盘人尚未表示接受之前这一段时间内，只要发盘人及时将撤销通知送达受盘人，仍可将其发盘撤销。但受盘人一旦发出接受通知，则发盘人无权撤销该发盘。

此外，《公约》还规定，并不是所有的发盘都可撤销，下列两种情况下的发盘，一旦生效，则不得撤销。

①在发盘中规定了有效期，或以其他方式表示该发盘是不可撤销的，如有注明“Firm”、“Irrevocable”等。

②受盘人有理由信赖该发盘是不可撤销的，并本着对该发盘的信赖采取了行动。

六、发盘的生效和失效

（一）发盘的生效

对于以口头方式做出的发盘，如果未特别说明，其法律效力自对方了解发盘内容时生效；以书面形式作出的发盘，关于其生效时间，英美法系与大陆法系存在着严重分歧。英美法系采取投邮主义（Dispatch Theory），即认为发盘人将发盘发出的同时，发盘就生效；大陆法系采取到达主义（Arrival Theory），即认为发盘必须到达受盘人时才生效。根据《联合国国际货物销售合同公约》规定，发盘送达受盘人时生效。我国《合同法》关于发盘生效时间的规定同上述《公约》的规定是一致的，即也采取到达主义。

此外，我国《合同法》第16条还同时对采用数据电文方式的到达时间如何确定作出了具体规定：“采用数据电文形式订立合同，收件人指定特定系统接收数据电文的，该数据电文进入特定系统的时间，视为到达时间；未指定特定系统的，该数据电文进入收件人的任何系统的首次时间，视为到达时间。”

（二）发盘的失效

任何一项发盘，其效力均可在一定条件下终止。发盘的失效，一般有以下几个原因：

①发盘规定的有效期届满。

②受盘人还盘。

③发盘人依法撤回或撤销发盘。

④发盘人发盘之后，发生了不可抗力事件，如政府禁令或限制措施。

⑤发盘人或受盘人在发盘被接受前丧失行为能力（如得精神病等）。

小看板

中国A公司于8月10日向荷兰B公司发盘：“可供花生油5 000公吨，CIF鹿特丹695美元”，该发盘于8月14日送达B公司。8月13日A公司收到B公司来电：“欲向你方购买5 000公吨花生油，CIF鹿特丹695美元。”

想一想：A公司向B公司的发盘是否成立？为什么？

程序四　还　　盘

一、还盘的含义

还盘（Counter Offer）又称还价，在法律上称为反要约。还盘是指受盘人不同意或不完全同意发盘提出的各项条件，并提出了修改意见，建议原发盘人考虑，即还盘是对发盘条件进行添加、限制或其他更改的答复。

还盘实例：

“We are in receipt of your letter of April 20 offering us 100 sets of the captioned goods at USD 585 per set. While appreciating the quality of your computers, we find your price is too high. Some computers of similar quality from other countries have been sold here at a level about 30% lower than yours. Should you be ready to reduce your limit by 10%, we might come to terms with you. It is hoped that you would seriously take this matter into consideration and let us have your reply soon.”

二、还盘的性质

在贸易谈判中，一方在发盘中提出的条件与对方能够接受的条件不完全吻合的情况经常发生，特别是在大宗交易中，很少有一方一发盘即被对方无条件全部接受的情况。因此，虽然从法律上讲，还盘并非交易磋商的必经环节，但在实际业务中，还盘的情况还是很多，有时一项交易须经过还盘、再还盘等多次讨价还价，才能做成。

还盘既是受盘人对原发盘的拒绝，原发盘即失去效力，原发盘人不再受其约束；同时，还盘也是受盘人以发盘人地位向原发盘人提出的一项新的发盘。根据《公约》的规定，受盘人对货物的价格、付款、品质、数量、交货时间与地点、一方当事人对另一方当事人的赔偿责任范围或解决争端的办法等条件提出添加或更改，均作为实质性变更发盘条件。

三、还盘应注意的问题

在进出口业务中，针对还盘应注意以下问题：

①还盘可以针对价格，也可以针对交易商品的品质、数量、装运及支付等。

②在还盘时，一般只针对原发盘提出不同意见和需要修改的部分，已同意的内容在还盘中可以省略。

③接到还盘后要与原发盘进行核对，找出还盘中提出的新内容，结合市场变化情况和销售意图认真对待和考虑。

还盘的技巧

为了促进早日成交，还盘要给出适当的理由，选择适当的角度，提出适当的条件。

技巧一："要求降价"的还盘思路。

"要求降价"的还盘一般是买方要求卖方降低其所售商品的价格。这样的还盘买方要注意表明降价的理由，例如：市场疲软；商品正处在销售淡季；报价高于当地市价；可以用较低的价格获得同样质量的商品；可以从别的供应商处以较低的价格购入等。

技巧二："拒绝降价"的还盘思路。

"拒绝降价"的还盘一般是卖方否定买方提出的降价条件。这样的还盘卖方要注意强调坚持原价，无法降价的理由。例如：商品的质量上乘；正处在销售旺季；已收到对方所在地区进货商的大量订单；销售利润已低至极限等。或者推荐对方购买与所要求价格相近的，质量较低的替代商品。

技巧三："作出降价让步"的还盘思路。

"作出降价让步"的还盘一般是卖方对买方提出的价格有条件地进行减让。这样的还盘要注意坚持原报价的合理性、突出给予降价让步的动机和意愿。例如：原报价符合市价；考虑到以前双边的贸易关系；今后发展与对方的业务等。还要明确降价的幅度和实现降价的附带条件，如数量折扣等。

技巧四："要求提价"的还盘思路。

"要求提价"的还盘一般是卖方对双方曾经同意的某种商品的价格上调。这样的还盘一定要注意说明提价的客观性，存在一些突然的不利因素，如商品市价在上扬、材料价格上涨、运输费用提高、劳动力工资上涨等。

想一想：在实际业务中，如何巧用还盘的技巧？

程序五 接 受

一、接受的含义

接受(Acceptance),在法律上称为“承诺”,是交易的一方无条件地接受对方在发盘中提出的各项交易条件,并愿意按这些条件与对方达成交易、订立合同的一种意思的表示。发盘一经接受,交易达成,合同即告订立,对双方当事人具有约束力。

接受实例:

“The cost of raw material is increasing sharply these days. However, in order to make the ball rolling, we accept your price for candles in 10-pc boxes at USD 0.145/box CIF London. Please find the attached S/C No. D2005PA100, and sign and return one copy for our file.

Also enclosed is our banking information. Please open the covering L/C as soon as possible.

We are glad to have concluded this initial transaction with you. We hope this would mark the beginning of a long-standing and steady business relationship between us.”

二、接受的构成条件

(一)接受必须由特定的受盘人做出

发盘是向特定的人提出的,因此只有特定的人才能对发盘做出接受。由第三者做出的接受,不能视为有效接受,只能作为一项新的发盘。

(二)接受必须表示出来

接受的实质是对发盘表示同意。这种同意,通常应以某种方式向发盘人表示出来。根据《公约》的规定,受盘人对发盘表示接受,既可以通过口头或书面形式向发盘人发表声明(Statement)的方式接受,也可以通过其他实际行动(Act)来表示接受,例如,卖方发运货物,卖方支付价款等。沉默或不行为本身,并不等于接受,如果受盘人收到发盘后,不采取任何行动对发盘做出反应,而只是保持缄默,则不能认为是对发盘表示接受。

(三)接受必须是同意发盘所提出的交易条件

从原则上讲,接受必须无条件的与发盘相符。但在实际业务中,常有这种情况,受盘人在表示接受的同时,又对发盘的内容做了增加、限制或修改,这在法律上称为有条件的接受。例如:

“Yours 10th accepted but D/P sight instead of sight L/C.”

“Yours 15th acceptable subject to import licence to be obtained.”

“Yours 15th accepted but buyer shall have the right to reinspect the goods.”

有条件的接受是否有效,主要取决于内容的变更是否属于实质性的。

实质性变更(Material Alteration)是对货物的价格、付款、货物的质量和数量、交货的时间或地点、一方当事人对另一方当事人赔偿责任范围或解决争端等等的添加、限制或更改。《公约》规定对发盘条件提出实质性的变更,不能构成有效接受,而只能视作还盘。

非实质性变更(Non-material Alteration)是要求增加重量单、装箱单、原产地证明或某些单据的份数,提供样品、刷制唛头等的非实质性的添加、限制和更改。《公约》规定对发盘条件提出非实质性变更是否有效取决于发盘人是否反对。

《公约》还规定:除非发盘人在不过分迟延的时间内表示反对其间的差异外,仍可构成有效的接受,从而使合同得以成立。合同的条件就以该项发盘的条件以及接受中所提出的某些更改为准。

小看板

(1)我某公司向法国一客户发盘,后者很快回复接受,但数量增加 50 公吨,我方不予理睬,而是以高价卖给了其他客户,法国商人坚持合同有效。

(2)我某公司向美国一客户发盘,后者很快回复接受,但要求提供产地证明,我方不予理睬,而是以高价卖给了其他客户,美国商人坚持合同有效。

想一想:以上两种情况,如果诉诸法律,结果会怎样?

(四)接受必须在发盘规定的时效内做出

当发盘规定了接受的时限时,受盘人必须在发盘规定的时限内做出接受,方为有效。如果发盘没有规定接受的时限,则受盘人应在合理时间内表示接受。对何谓“合理时间”,往往有不同的理解。为了避免争议,最好在发盘中明确规定接受的具体时限。

三、接受生效的时间

在接受生效的时间问题上,英美法系与大陆法系同样存在着严重分歧。英美法系采用“投邮生效”的原则,即接受通知一经投邮或交电报局发出,则立即生效;大陆法系采用“到达生效”的原则,即接受通知必须送达发盘人时才能生效。《公约》第 18 条第 2 款明确规定,接受送达发盘人时生效。如果接受通知未在发盘规定的时限内送达发盘人,或者发盘没有规定时限,且在合理时间内未送达发盘人,则该项接受称作逾期接受(Late Acceptance)。按各国法律规定,逾期接受不是有效的接受。由此可见,接受时间对双方当事人都很重要。

此外,接受还可以在受盘人采取某种行为时生效。《公约》第 8 条第 3 款规定,如果根据发盘或依照当事人之间已确立的习惯做法或惯例,受盘人可以做出某种行为来表示接受,而无须向发盘人发出接受通知。例如,发盘人在发盘中要求“立即装运”,受盘人可做出立即发运货物的行为对发盘表示同意,而且这种以行为表示的接受,在装运货物时立即生效,合同即告成立,发盘人就应受其约束。

四、逾期接受

逾期接受又称迟到的接受(Late Acceptance),是指接受的通知超过发盘规定的有效期,或者发盘未规定有效期但是超过合理的时间才到达发盘人。各国法律和《公约》都认为逾期接受是无效的,只能视为一项新的发盘。但是《公约》又根据实际情况提出灵活处理的方法,《公约》规定逾期接受在下列两种情况下仍具有效力:

①如果发盘人毫不迟延地用口头或书面形式通知对方,该逾期接受仍然有效,合同仍可于

接受通知送达发盘人时候订立。

②如果载有逾期接受的信件或其他书面文件表明，它在传递正常的情况下是能够及时送达发盘人的，那么这项逾期接受仍具有接受的效力，除非发盘人毫不迟延地用口头或书面形式通知受盘人，认为该发盘已经失效。

因此，对于逾期接受的态度主要还是看原发盘人的态度，主动权在原发盘人手中。

小看板

我出口企业对意大利某商人发盘限10日复到有效，9日意商人用电报通知我方接受该发盘，由于电报局传递延误，我方于11日上午才收到对方的接受通知，而我方在收到接受通知前获悉市场价格已上涨。

想一想：我方应如何处理？

五、接受的撤回或修改

《公约》第22条规定："如果撤回通知于接受原发盘应生效之前或同时送达发盘人，接受得予撤回。"由于接受在送达发盘人时才产生法律效力，故撤回或修改接受的通知，只要先于原接受通知或与原发盘接受通知同时送达发盘人，则接受可以撤回或修改。如果接受已送达发盘人，即接受一旦生效，合同即告成立，就不得撤回接受或修改其内容，因为这样做无异于撤销或修改合同。

需要指出的是，在当前通信设施非常发达和各国普遍采用现代化通信的条件下，当发现接受中存在问题而想撤回或修改时，往往已来不及了。为了防止出现差错和避免发生不必要的损失，在实际业务中，应当审慎行事。采用传真、EDI、电子邮件等形式订立合同，发盘和接受都不可能撤回。

小看板

(1)Your eighteenth accept provided USD 1.50 CIF L/C at sight pls confirm.

(2)Interested in"Changhong"brand color TV, please offer.

(3)Yours tenth lowest USD 200 subject reply fourteenth here.

(4)Yours fifth we accept.

(5)Please quote as requested in our inquiry sheet your lowest price and state earliest delivery date.

(6)Offer firm until Dec fifteenth our time 255mt LDPE in bag US Dollars nine hundred and forty per mt CFR Guangdong Jan. shipment O/A.

想一想：以上是交易磋商中的哪个环节？

任务二 交易合同的订立

本任务可以分解为3个教学程序：国际货物买卖合同的含义和特征；国际货物买卖合同成立的时间和条件；国际货物买卖合同的形式和内容。

程序一 国际货物买卖合同的含义和特征

一、国际货物买卖合同的含义

按照《联合国国际货物销售合同公约》的规定，国际货物买卖合同(Contracts for the International Trade of Goods)是指营业地处于不同国家的当事人所订立的货物买卖合同。国际贸易买卖合同的缔结与履行不仅是一种经济行为，而且是一种法律行为，它不仅体现着缔约双方的经济关系，而且体现着当事人双方的法律关系。

二、国际货物买卖合同的特征

与国内货物买卖合同相比，国际货物买卖合同具有下列特征：

①合同当事人的营业地分别处在不同的国家。营业地分处在不同国家的当事人之间签订的货物买卖合同应属国际货物买卖合同。如果当事人没有营业地则以惯常住所地来确定。

②复杂性。由于国际货物买卖是跨越一国国界的贸易活动，合同所涉及的交易数量和金额通常都比较大，合同的履行期限也比较长，又采用与国内买卖不同的结算方式，故比国内货物买卖合同复杂得多。

③风险性。在进出口活动中，双方当事人要与运输公司、保险公司或银行发生法律关系，长距离运输会遇到各种风险，使用外汇支付货款和采用国际结算方式，可能发生外汇风险。此外，还涉及有关政府对外贸易法律和政策的改变。因此，国际货物买卖合同是当事人权利、义务、风险责任的综合体。

④在国际货物买卖中，买卖双方面临着法律适用多样性的问题。国内货物买卖合同中一般只适用本国法即可，而国际货物买卖合同从签订到履行要涉及国内法、外国法、国际法等一系列的法律规范。

程序二 国际货物买卖合同成立的时间和条件

一、国际货物买卖合同成立的时间

在国际贸易中，合同成立的时间是一个十分重要的问题。根据《公约》的规定，合同成立的时间为接受生效的时间，而接受生效的时间，又以接受通知到达发盘人或按交易习惯及发盘要求做出接受的行为为准。由此可见，国际货物买卖合同成立的时间有两个判断标准：一是有效接受的通知到达发盘人时，合同成立；二是受盘人做出接受行为时，合同成立。此外，在实际业务中，有时双方当事人在洽商交易时约定，合同成立的时间以订约时合同上所写明的日期为准，或以收到对方确认合同的日期为准。

二、国际货物买卖合同成立的条件

根据各国合同法的规定，一项合同除买卖双方就交易条件通过发盘和接受达成协议后，还需具备以下要件才是一项有效的合同，才能得到法律上的保护。

（一）合同当事人必须具有签约能力

按各国法律的一般规定，自然人签订合同的行为能力，是指精神正常的成年人才能订立合同；未成年人、精神病人、禁治产人订立合同必须受到限制。关于法人签订合同的行为能力，各国法律一般认为，法人必须通过其代理人在法人的经营范围内签订合同，即越权的合同不能发生法律效力。我国《合同法》第 9 条规定："当事人订立合同，应当具有相应的民事权利能力和民事行为能力。"由此可见，在订立合同时，注意当事人的缔约能力和主体资格问题是十分重要的。

（二）合同当事人的意思表示必须真实

意思表示真实是指意思表示的行为人的表示行为应当真实反映其内心的效果意思，即当事人的内在意志和外在意思一致即为真实。各国法律都认为，合同当事人的意思表示必须是真实的才能成为一项有约束力的合同，否则这种合同无效。任何一方以欺诈、胁迫、乘人之危、威逼利诱等手段签订的合同自始至终都是无效的。

（三）合同必须有对价或约因

英美法系认为，对价是指当事人为了取得合同利益所付出的代价。大陆法系认为，约因是指当事人签订合同所追求的直接目的。按照英美法系和大陆法系的规定，合同只有在有对价或约因时，才是法律上有效的合同，无对价或无约因的合同，是得不到法律保障的。

（四）合同内容必须合法

许多国家往往从广义上解释合同内容必须合法，其中包括不得违反法律、不得违反公共秩序或公共政策以及不得违反善良风俗或道德三个方面。根据我国《合同法》第 7 条规定："当事人订立、履行合同应当依照法律、行政法规，尊重社会公德，不得扰乱社会经济秩序，损害社会公共利益。"

（五）合同的形式必须符合法律规定

世界上大多数国家，只对少数合同才要求必须按法律规定的特定形式订立，而对大多数合同，一般不从法律上规定应当采取的形式。根据我国《合同法》的有关规定，在实际业务中，涉外经济合同的订立、变更或解除都必须采取书面形式，即合同书、信件、电报、传真、电子数据交换和电子邮件等可以有形地表现所载内容的形式。

此外，根据我国《合同法》第 52 条规定，有下列情形之一的，合同无效。

①一方以欺诈、胁迫的手段订立合同，损害国家利益。

②恶意串通，损害国家、集体或者第三人利益。

③以合法形式掩盖非法目的。

④损害社会公共利益。

⑤违反法律、行政法规的强制性规定。

小看板

买卖双方订有长期贸易协议，协议规定：卖方必须在收到买方订单后 15 天内答复，若未答复则视为已接受订单。11 月 1 日卖方收到买方订购 2 000 件服装的订单，但直到 12 月 25 日卖方才通知买方不能供应 2 000 件服装，买方认为合同已经成立，要求供货。

想一想：双方的合同是否成立？为什么？

程序三　国际货物买卖合同的形式和内容

一、国际货物买卖合同的形式

合同的形式是合同当事人内在意思的外在表现形式。在国际贸易中，交易双方订立合同有下列几种形式。

（一）口头形式

采用口头形式订立的合同，即指当事人之间通过当面谈判或通过电话方式达成协议而订立的合同。采用口头形式订立合同，有利于节省时间、简便行事，对加速成交起着重要作用。但是，因无文字依据，空口无凭，一旦发生争议，往往举证困难，不易分清责任。这是导致有些国家的法律、行政法规强调必须采取书面合同的最主要的原因。

（二）书面形式

根据国际贸易的一般习惯做法，交易双方通过口头或书面形式达成协议后，多数情况下还签订一定格式的书面合同。采用书面形式订立的合同，既可以作为合同成立的证据，也可以作为履行合同的依据，还有利于加强合同当事人的责任心，使其依约行事。即使履约中发生纠纷，也便于举证和分清责任，故书面合同成为合同的一种主要形式。鉴于采用书面形式订立合同有许多好处，故有些国家的法律或行政法规甚至明文规定必须采用书面形式。

关于书面合同的名称，并无统一规定，其格式的繁简也不一致。书面合同的形式包括合同(Contract)、确认书(Confirmation)和协议书(Agreement)等。从形式上看，不同的只是格式条款项目和内容的繁简有所差异，确认书和协议书都是合同的简化形式。从法律效力来看，这三种形式的书面合同没有区别，都是交易双方履行权利和义务的依据。在我国进出口贸易实践中，书面合同通常一式两份，由双方合法代表分别签字后各执一份，作为合同订立的证据和履行合同的依据。

（三）其他形式

这是指上述两种形式之外的订立合同的形式，即以行为方式表示接受而订立的合同。例如，根据当事人之间长期交往中形成的习惯做法，或发盘人在发盘中已经表明受盘人无需发出接受通知，可直接以行为做出接受而订立的合同。

上述订立合同的三种形式，从总体上来看，都是合同的法定形式，因而均具有相同的法律效力，当事人可根据需要，酌情做出选择。根据我国《合同法》第 10 条规定："当事人订立合同，有书面形式、口头形式和其他形式。法律、行政法规规定采用书面形式的，应当采用书面形式。当事人约定采用书面形式的，应当采用书面形式。"由此可见，当事人签订合同时，究竟采用什么形式，应根据有关法律、行政法规的规定和当事人双方的意愿行事。

小看板

我某公司就某商品的进口事宜与国外某客户进行洽谈，经过双方多次的往来函电，最终使交易达成，但未签订正式的书面合同。根据双方的往来函电表明，对方应于 2012 年 12 月前向我方提供该商品，而直至 2013 年 1 月，对方仍未向我方提供该商品。我方曾多次要求对方履行合约，对方却以未签订正式书面合同为由否认合同已达成。

想一想：双方的交易是否已达成？为什么？

二、国际货物买卖合同的基本内容

书面合同不论采取何种格式，其基本内容通常包括约首、基本条款和约尾三个组成部分。

（一）约首部分

约首（Head）部分一般包括合同名称、合同编号、缔约双方名称和地址、电报挂号、电传号码等项内容。约首要写明双方订立合同的意愿和执行合同的保证。该序言对双方均具约束力。

（二）基本条款

基本条款（Body）是合同的主体部分，详细列明了各项交易条件。

1. 合同的标的

包括货物的名称、质量、数量、包装、运输和保险等。

2. 货物的价格

包括货物的单位价格和总价，或如何确定价格的方法。

3. 卖方的义务

何时何地以何种方式交付货物，移交与货物有关的单据和转移货物的所有权。

4. 买方的义务

何时何地以何种方式支付货物价款和收取货物。

5. 争议的预防与处理

包括商品检验、索赔、不可抗力、仲裁等事项的规定。

（三）约尾部分

约尾（Tail）部分一般包括订约日期、订约地点和双方当事人签字等项内容。

为了提高履约率，在规定合同内容时应考虑周全，力求使合同中的条款明确、具体、严密和相互衔接，且与磋商的内容一致，以利合同的履行。

项目小结

交易磋商是国际货物买卖双方为达成合同就买卖商品的交易条件进行的协商。交易磋商经历的四个环节：询盘、发盘、还盘和接受。其中，发盘和接受是交易磋商必不可少的环节。国际货物买卖合同是营业地处于不同国家的当事人所订立的货物买卖合同。合同的形式有口头合同、书面合同等。合同成立后，双方当事人都要按照合同的约定履行合同，任何一方当事人违约都会给另一方当事人造成损失，违约方要承担相应的法律责任。

增值阅读

外贸人员参加广交会必备手册

自2007年4月第101届起，广交会由中国出口商品交易会更名为中国进出口商品交易会，由单一出口平台变为进出口双向交易平台。广交会创办于1957年春季，迄今已有五十余年历史。每年春秋两季，来自世界各地的客商云集广州，互通商情，增进友谊。广交会贸易方式灵活多样，除传统的看样成交外，还举办网上交易会，还可以开展多种形式的经济技术合作与交流以及商检、保险、运输、广告、咨询等业务活动。

广交会是中国目前历史最长、层次最高、规模最大、商品种类最全、到会客商最多、成交效果最好的综合性国际贸易盛会。那么，作为外贸人员如何准备参加广交会呢?

1. 收集样品实物

抓紧时间下工厂收集典型样品实物，数码相机一定要随身携带。样品不求多，但求精。带不了的样品一定要拍相片。要做好样品的分类和编号，记下供应价格。

2. 建立商品档案

将数码相机拍摄的商品图片，批量导入数据库。批量导入图片可自动按编号建立商品档案，自动完成图片裁剪缩放。然后，看图补充商品其他详细描述，输入货源价格。这样可在一两周内建立起商品资料库。

3. 制作样品条码

批量制作所有样品的条码标签，打印到不干胶纸上。剪下每个编号的样品条码标签，贴到相关样品实物上。做好这一步，可以在现场报价时用实物直接输入电脑编码，极大提高工作效率。否则就要手工查找和输入商品编号，这样会很慢。

4. 动画展示样品

交易会展台上，在电脑大屏幕最显眼的位置，以丰富的动画效果自动展示手头上所有精美的商品图片。

5. 快速扫描报价

客商喜欢什么样品，可用条码扫描器(一点都不贵)逐一扫描入电脑。再输入预期利润额后按下按钮即可准确算出美元报价，大大缩短人工计算时间。

6. 正规报价单据

三五分钟算好价格，即可打印多款正规格式的报价单。公司Logo、详细联系方式、数量和单价等全在一张纸上,清晰明确。配一台彩色喷墨打印机,含清晰图片的报价单即可呈现在客人眼前。

7. 即刻成交签单

运气好时客人会立刻下单,切记要及时把那份报价单转成订单,填上谈妥的交易条款。核对无误,即可打印正式的出口合同或销售确认书,让客人签字即可。

8. 回工厂准备出货

将客户资料、报价、订单导入公司的业务数据库中,再安排手下人准备采购、制作发票、安排托运、保险和报关等。

说一说

(1)交易磋商一般要经过哪些环节?它们的含义是什么?

(2)没有具体规定有效期的发盘可否为对方所接受而成立合同?

(3)一项法律上有效的发盘必须具备哪些条件?

(4)一项有效的接受必须具有哪些条件?

(5)在什么情况下,逾期接受仍然具有接受效力?

(6) 国际货物买卖合同与国内货物买卖合同有什么不同?

议一议

(1)我出口公司于5月10日向外商发盘某商品每公吨CFR Shanghai USD 200,有效期至5月17日复到。5月12日收到该外商发来电传称:“接受CFR Shanghai USD 180”。我未予答复。5月14日,该商品价格剧涨。外商于5月15日又向我公司电传表示“接受你方5月10日发盘,信用证已开出”。

问:此项交易是否达成?我公司应如何处理?为什么?

(2)我某外贸企业向国外购某商品,不久接到外商3月20日的发盘,有效期至3月26日,我方于3月22日电复:“如果能把单价降低5美元,可以接受。”对方没有反应。后因用货部门要货心切,又鉴于该商品行情看涨,我方随即于3月25日又去电表示同意对方3月20日发盘所提各项条件。

试分析,此项交易是否达成?

(3)我某出口公司于3月1日向外商A发盘某商品,限3月8日复到。由于传递过程中的延误,外商A表示接受的电传于3月9日上午送到我方。我方认为答复逾期,未予理睬。这时,该商品国际市场价格已上涨,我公司以较高价将该商品出售给另一个商。22日,外商A来电称:“信用证已开出,请立即装运”。我公司复电:“逾期接受合同不成立”。而外商A坚持认为合同已成立。

问:根据《公约》的解释,此合同是否成立?为什么?

(4)A公司有大量库存设备出售,便向国外B公司发盘,并在发盘中规定有效期为6月底。B公司认为发盘条件合适,决定接受,但未立即发出接受通知,而是派专人到A公司营业处办理具体购买手续和安排接运货物事宜。但在6月中旬前几天，一家急于欲采购此种设备的C公司前来A公司洽谈，双方一拍即合，当场达成交易，便立即将设备买走。当国外B公司代表于6月20日赶到A公司处时，A公司已无货可供，于是B公司就此提出索赔。

试问，B公司是否有权向A公司索赔？

(5)香港某中间商A就某商品以电传方式邀请我方发盘，我方于6月8日向A方发盘并限6月15日复到有效。12日我方收到美国B商按我方发盘规定的各项条件开来的信用证，同时收到中间商A的来电称："你8日发盘已转美国B商。"经查该商品的国际市场价格猛涨，于是我方将信用证退回开证行，再按新价格向B发盘，而B以信用证于发盘有效期内到达为由，拒绝接受新价格，并要求我方按原价发货，否则将追究我方的责任。

问：对方的要求是否合理？为什么？

练一练

上海进出口贸易公司是一家大型的国际贸易公司。该公司经营的主要产品有玩具、服装等轻工业产品，销往日本、欧美等国际市场，出口商品和服务质量在国际社会上有一定的声誉。在本年度华交会上获悉日本高田商社对本公司的玩具感兴趣，请根据上述信息给高田商社写一封建立业务函，要求格式正确、内容完整、语句诚恳热情。

项目九　国际货物买卖合同的履行

项目分解

任务一　履行出口合同

要求学生能够顺利进行备货、报检、催证、审证、改证、办理货运、报关、投保、制单结汇等工作。

任务二　履行进口合同

要求学生能够完成开立信用证、派船接运货物、投保货运险、审单和付汇、报关、纳税、验收和拨交货物等工作任务。

任务三　缮制主要进出口单据

要求学生能够缮制报验单、报关单、投保单、货物托运单、大副收据、出口收汇核销单、汇票、发票、海运提单、保险单、产地证明书、普惠制单据、装箱单和重量单、检验证书等主要进出口单据。

实现目标

知识目标：掌握进出口合同履行的各环节的内容和做法，通晓主要结汇单据的缮制和处理，协调好各环节所涉及的相关部门的业务工作。

能力目标：能够正确履行进出口合同，把握好每一个环节；能够正确缮制各种结汇单据。

案例导入

中国南方某公司与丹麦AS公司在某年9月按CIF条件签订了一份出口圣诞灯具的商品合同，支付方式为不可撤销即期信用证。AS公司于7月通过丹麦日德兰银行开来信用证，经审核与合同相符，其中保险金额为发票金额的110%。就在我方正在备货期间，丹麦商人通过通知行传递给我方一份信用证修改书，内容为将保险金额改为发票金额的120%。我方没有理睬，仍按原证规定投保、发货，并于货物装运后在信用证交单期和有效期内，向议付行议付货款。议付行审单无误，于是放款给受益人，后将全套单据寄丹麦开证行。开证行审单后，以保险单与信用证修改书不符为由拒付。

问:开证行拒付是否有道理?为什么?

分析:按照《UCP》的规定,信用证经过修改后,银行即受修改后的信用证的约束。出口商可自行决定修改内容或拒绝修改,但其应发出是否同意修改的通知。当出口商告知其接受修改之前,原证对开证行继续有效,即原证的条款对出口商仍具有约束力。但如果出口商未发出接受或拒绝的通知,而其提交的单据与原证的条款相符,则视为出口商拒绝其修改;如果出口商提交的单据与经修改后的信用证条款相符,则视为出口商接受了其修改。从这时起,信用证就被视为已经修改。总之,出口商是否同意修改的信用证可以用在结汇提交单据时来表示。

在本案中,我公司在收到有关信用证修改的通知后,并未发出接受或拒绝修改的通知,而且在交单时向银行提交了符合原信用证规定的单据,受益人以其行为作出拒绝信用证修改的表示,原信用证的条款对受益人仍然有效,信用证的修改因未获得受益人的同意而无效。因此,开证行审单后,以保险单与信用证修改书不符为由拒付是不合理的。

在国际贸易中,国际货物买卖合同一旦依法有效成立,双方当事人必须各自履行合同规定的权利和义务。对出口贸易合同的签订和履行,有国际性的章程可循:如根据《联合国国际货物合同销售公约》的规定,卖方必须按合同和公约,交付货物,移交一切与货物有关的单据并转移货物所有权。履行合同是一项极为严肃的工作,必须谨慎对待,因为任何一方违反了合同中的某一条款,违约方就要承担相应的经济责任和法律责任。与此同时,履行合同还是衡量企业资信状况的一个重要指标。如果依法订立了合同却不履约,势必带来信誉上的损失。此外,在履约过程中,还必须严格地贯彻我国的对外贸易方针政策,在平等互利的基础上,做到"重合同,守信用",确保我国的对外贸易信誉。由此可见,严格履行合同具有十分重要的意义。

任务一　履行出口合同

本任务可分解为9个工作程序:备货;报验;催证;审证;改证;办理货运;报关;投保;制单结汇。

出口销售合同一旦成立,出口方就应立即履行合同规定的义务,以期顺利取得货款。履约的全部过程,由于环节多,涉及的部门多,单据多,手续也较复杂,很容易产生这样那样的问题。这就要求出口方不仅要有强烈的责任心,也要加强同各有关部门的协作和配合,十分细微地处理每一个环节,尽量避免工作脱节、延误装运期限以及影响安全收汇等事件的发生,以保证履约过程的顺利进行。

目前,我国的出口交易大多采用CIF或CFR贸易术语,并且凭信用证支付方式付款。履行这类合同时的主要环节包括备货、报验、催证、审证、改证、办理货运、报关、投保(CFR条件下省略此环节)、制单结汇等。概括起来就是货(备货、报验)、证(催证、审证和改证)、船(办理货运手续、报关、投保)、款(制单结汇)四个环节。在这一错综复杂的过程中,还要及时解决履约中所发生的各种问题,若处理不当,就会造成违约行为,从而造成经济上的重大损失。因此,卖方应做好出口合同的科学管理,力争各环节环环相扣,以提高履约率和经济效益。

下面以按CIF成交、凭信用证方式付款的合同为例,从货、证、船、款四个环节,列举出口合同履行所涉及的各项工作程序。

程序一 备 货

出口合同的履行，备货是关键。所谓备货，是指根据出口合同所规定的商品品质、规格、数量、重量、花色品种、包装等要求，按时保质保量准备好货物。其主要内容包括：及时向供货部门或生产企业进行逐一交代、检查和督促，核实应交货物的品质、规格、数量和交运时间，并进行必要的包装以及刷制唛头等项工作。为了使履约的各个环节有条不紊，在获得信用证之后，应立即根据出口贸易合同和来证的各项规定，向生产、加工、仓储等部门填发预先印制好的加工通知单（也称要货合同、工作联系单等），该通知单上的各栏目必须填写清楚，做到各栏内容与信用证和合同条款完全一致，作为确保各有关备货交运部门严格执行的共同依据。在备货交运过程中，应注意以下几点：

①对所备货物的品质、规格、花色品种要严格核对，使所交运的货物完全符合合同和信用证的规定。对于那些不符合要求的货物必须重新加工或调换。

②备货数量可适当有余，以备不测，在短缺时可以补足，避免短交。

③所备货物的包装必须符合出口合同规定，包括内外包装的方式方法、用料、重量等。由于运输公司按重量或体积计算运费，出口企业应尽量选择重量轻的小体积包装，以节省运输费用。随着技术进步，自动仓储环境处理的货物越来越多，货物在运输和仓储过程中，通常由传送带根据条形码自动扫描分拣。因此，应注意根据仓储要求，严格按统一尺寸对货物进行包装或将货物放置标准尺寸的牢固托盘上，并预先正确印制和贴放条形码。

④运输包装的刷唛，要按买卖双方约定的式样，要求图形和文字清晰、醒目，位置适当，涂料不易脱落和防止错刷。唛头式样一般由卖方自行制定，并及时通知买方，或在合同上加以说明，以便及时刷唛和确保货到时提货无误。如果在合同上仅规定由买方决定，则要求买方在开出的信用证上注明或发运前 10～15 天通知卖方，否则卖方可自行决定，并在货物运往装运港前刷唛完毕。

⑤货物备妥的时间应结合信用证规定的装运期限和船期安排，做到船货相衔接。

程序二 报 验

在出口货物备齐后，要根据合同或信用证要求向中国进出口商品检验检疫局申请检验，领取出口商品检验证书。报验的方法可根据商品的不同情况采取送样检验和邀请到产地或仓库检验。商品检验的主要内容有：商品的外观和内在质量，如包装、数量、重量、安全性能、卫生等。

申请报验的手续是：凡需要法定检验出口的货物，应填制“出口检验申请单”，向商检局办理申请报验手续。申请报验后，如果出口公司发现“申请单”内容填写有误，或因国外进口人修改信用证以致货物规格有变动时，应提出更改申请，并“更改申请单”，说明更改事项和更改原因。

货物经检验合格，即由商检局发给检验证书，进出口公司应在检验证书规定的有效期内将货物出运。如果超过有效期装运出口，应向商检局申请展期，并由商检局进行复验，经复验合格货物才能出口。对于一个合同分批装运的商品，一般要分批报验。若商品品质均匀划一，可进行一次性报验，经检验合格后分批装运。在取得商检证书后，随同报关单送交海关，海关凭此放行。检验不合格的货物，一般不得出口。

程序三　催　　证

催证是指买方不按合同规定及时开立信用证，卖方以书面或口头形式向买方催促开证的情况。在通常情况下，国外客户能按时开证，但如果国外行市发生变化或进口商资金发生短缺，往往会拖延开证或不开证，甚至故意不开证。这对我方极为不利。有鉴于此，我们应催促对方迅速办理开证手续。催证可在以下情况下进行：

①在合同规定的开证期之前催证，以提醒客户注意开证时间即将来临。

②在客户未按时开证的情况下催证或连续催证，以示必须立即开证，否则将延误装运期。

③在装运期已到客户仍不开证的情况下催证。在这种情况下，如果经催证客户开来了信用证，则应在来证符合合同规定的条件下予以接受，但应注意装运期和信用证效期必须以我方能接受为条件。

小看板

某纺织品进出口公司与国外H公司按CFR条件签订一份棉织品出口合同，合同规定装运期为10月份，但未规定具体开证日期。外商拖延开证，我方见装运期快到，从9月底开始连续多次电催外商开证。10月5日，收到开证的简电通知书(详情后告)，我方因怕耽误装运期，即按简电办理装运。10月28日，外商开来信用证正本，正本上对有关单据作了与合同不符的规定。我方审证时未予注意，交银行议付时，银行也未发现，开证行即以单证不符为由，拒付货款。

想一想：我方应从此事件中吸取哪些教训？

程序四　审　　证

审证是指收到国外客户开来的信用证之后，对来证的各项条款逐一核对和审查，这是信用证业务中极其重要的一个环节。从理论上讲，信用证是依据买卖合同开立的，其内容应与合同条款保持一致。但在实际业务中，由于种种原因，如工作的疏忽、电文传递的错误、贸易习惯的不同、市场行情的变化或买方有意利用开证的主动权加列对其有利的条款等，往往会出现合同条款与信用证不符。若在审证中发现“不符点”，应立即要求开证人进行修改，否则会影响到出口方收汇的安全。

在实际业务中，银行(指通知行)和出口企业共同承担审核信用证的任务，但其分工不同。就银行而言，侧重于政策性及信用证真实性的审核，如开证银行的政治背景、资信能力、付款责任和索汇路线等方面的内容。出口企业则侧重于信用证条款的审核。审证要点如下。

一、来证性质

如果来证加注限制性条款或保留条款，受益人对此必须特别注意，不能轻易受理。对于合同上规定“保兑的”信用证，信用证上必须有“保兑”字样，否则，不能接受。之所以在合同上规定保兑，说明开证银行资信存在问题，需要有另一个银行进行保证付款。

小看板

我某轻工业进出口公司向国外客户出口某商品一批,合同中规定以即期不可撤销信用证为付款方式,信用证的到期地点规定在我国。为保证款项的收回,应议付行的要求,我商请香港某银行对中东某行(开证行)开立的信用证加以保兑。在合同规定的开证时间内,我方收到通知银行(即议付行)转来的一张即期不可撤销保兑信用证。我出口公司在货物装运后,将有关单据交议付银行议付。不久接保兑行通知:“由于开证行已破产,我行将不承担该信用证的付款责任。”

想一想:

①保兑行的做法是否正确?为什么?

②对此情况,我方应如何处理?

二、开证银行的付款责任

为了保证收汇安全,对于开来的不可撤销信用证,应注明开证行保证付款的责任文句。如果来证中对开证银行保证付款责任方面加列了限制或保留条件,如“以领到进口许可证后通知卖方方能生效”、“在付款人拒付货款时,不承担付款责任”或类似加注,则不予接受。

三、信用证条款

来证所列条款必须符合出口合同的各项条款,要特别注意品名、规格、数量、包装、计价货币、单价及价格术语、总金额、装运期、目的港、险别等必须与出口合同规定相符。在成交数量方面,有的商品有进出口“配额”,应注意配额使用情况。

四、信用证金额和支付货币

来证中的金额和支付货币应与合同规定相一致。单价与总值要填写正确,大、小写并用。如果合同订有溢短装条款,信用证中也应包括溢短装部分的金额。此外还必须注意信用证中所采用的支付货币与合同的规定是否相同。如果两者规定不一致,则应按国家外汇管理部门公布的人民币外汇牌价,将来证中的支付货币折算成合同货币,在不低于或相当于合同货币金额时方可接受。

五、信用证装运期、有效期、到期地点、交单期

信用证应注明装运期,且装运期必须与合同规定一致。如果国外来证晚,无法按期装运,应及时电请国外买方延展装运期限。

信用证的有效期与装运期之间有一定的合理间隔,一般规定在装运期限后 15 天,以便在装运货物后有足够时间办理制单结汇工作,从而保证如期安全收汇。

关于信用证的到期地点,通常规定在中国境内到期,如果信用证将到期地点规定在国外,一般不宜轻易接受。因为出口方到议付行提示单据议付货款后,银行寄单到开证行需要较长一段时间,若单据不能及时到达开证行,超过了信用证规定的时效,则被视为“逾期”,就会遭到拒付。同时也很难知道开证行何时收到单据,故货款得不到保障。因此,信用证到期地点必须在中国,如:“信用证付款……交货后 15 天内在中国议付为有效”(Payment be effected by L/C…valid for negotiation in China until 15 days after shipment)，以保证按时收汇。

通常情况下，信用证还须规定一个在装运日后若干天必须向银行提交单据的特定期限，即交单期。信用证的受益人应至少有 21 天的交单时间。如果信用证中未规定交单期，必须在不迟于提单签发日期的 21 天内，同时不超过信用证到期日，向银行提交单据，否则，银行有权拒付货款。如果信用证规定的交单期过短，以致无法在规定的期限内交单，必须及时提出修改。

六、信用证规定的单据

对于来证中要求提供的单据种类、份数及填制方法等，要进行仔细审核，如果发现有不正常规定，例如，要求产地证书、检验证书或其他任何单据必须由国外第三方签证，则不能接受。在实际业务中，客户往往规定商品检验证书由买方出具，这就失去了检验商品和发运的主动权。对于这种要求，要力争摆脱，争取卖方的主动权。有的信用证还规定在提单上的目的港后面加上指定的卸货码头，这就难以控制能否卸货或及时卸货，故须慎重对待。

七、当事人的名称

对于当事人的名称，如开证人、付款人、开证行、通知行、议付行、受益人等，必须逐一查核，不能有错，一字之差，名称就改变了，在货、款两个方面均会带来极大的影响或损失。

八、特殊条款

国外来证往往受到开证行所在国的政策和法律的限制，规定了一些出口合同上未规定的条款，如指定船公司、船籍、船龄、船级等条款，或不准在某个港口转船等。对此我出口公司一般不应轻易接受。但若对我方无关紧要，而且也可办到，则也可酌情灵活掌握。

程序五　改　　证

在对信用证进行了全面细致的审核以后，如果发现问题，应区别问题的性质，分别同银行、运输、保险、商检等有关部门联系，做出恰当妥善处理。凡是不影响收汇的，可给予通融，不必修改信用证；凡是间接或直接影响交货和收汇的，应由受益人立即要求开证申请人，通过原开证行对已开出的信用证进行必要的书面修改，或解释或删除。如果开证申请人同意修改，通常先直接通知受益人，然后由原开证行通过原通知行转递正式信用证修改书。当受益人接受修改内容以后，修改书即成为原信用证不可分割的组成部分，信用证就此生效，当事人必须坚决执行。

在办理改证工作中，凡需要修改的各项内容，应做到一次向国外客户提出，尽量避免由于我方考虑不周而多次提出修改要求，否则，不仅会增加双方的手续和费用，而且会导致拖延交货。如果遇收到的信用证修改书中仍有不能接受之处，可以再次或多次要求修改，直到完全接受为止。但要注意，多次修改势必有多张修改书，这时要注意修改书的编号，不能出现漏号，凡是对修改书的再修改，必须将原修改书在 3 个工作日内退回银行，超过 3 个工作日则视为接受。退回修改书的意思是对整个修改书表示不接受，不能只要求再修改其中的某一个问题。

关于信用证和合同之间存在的“不符点”，必须修改的，坚决要求修改；可改可不改的或对我有利的，可不要求修改。例如，合同规定同意转船，而信用证规定禁止转船，如果可以订到直达船的舱位，则不要求修改；又如合同规定“不同意分批装运”，而信用证规定“同意分批装运”，这对我有利，可以不要求修改。但要防止望文生义。例如，信用证的金额为100 000英镑，而合同金额只有10 000英镑，明明是疏忽造成的错误，却认为对我有利，可以多出口，多收汇，即发运100 000英镑的货物。曾有类似实例发生，结果造成被动，在经济上受到很大损失，信誉上也受到一些影响。

此外，对来证不符合合同规定的各种情况，还需要作出具体分析，只要来证内容不违反政策原则并能保证我方安全迅速收汇，我们也可灵活掌握，不一定坚持要求对方办理改证手续。

总之，对国外来证的审核和修改，是保证顺利履行合同和安全迅速收汇的重要前提，我们必须给予足够的重视，认真做好审证工作。

程序六　办理货运

在实际业务中，出口企业往往在备齐货物并审核信用证无误后，即开始着手办理租船或订舱、报关和投保等事宜。下面我们仍以CIF为例，了解出口企业办理出口货物托运的程序。

出口企业在履行CIF出口合同时，对于数量大，需要整船装运的货物，可办理租船手续；对于数量小的零散货物，则洽订班轮舱位。办理出口货物班轮的基本程序是：

①查看船期表，填写出口货物托运单。

②船舶公司或其代理人签发装货单。

③在取得出口许可证后，提货装船，获取大副收据。

④缴纳运费，换取提单。

⑤向进口方发装运通知。

办理货物发运手续前，出口企业应了解和掌握装运港的情况，如港口是否拥挤等，密切注意国际运输的动向。在整个发运过程中，要与外运公司经常取得联系，密切配合，发现问题，共同研究解决，保证如期装船。外运公司定期编制的船期表上载有船名、航线、国籍、抵港日期、截止收单期(简称截单期)、受载日期、停挂港口等内容，是船、货衔接的依据，可以作为参考。如果出口货物具有自身的特点(如易腐、易燃、易爆)，需要租用特种舱位或船舶，应在托运单上加以表明，以便使货物安全装运。

程序七　报　关

报关是指出口货物出运前，由发货人或其代理在规定的期限内向海关交验有关单证，办理出口货物申报手续的法律行为。按照我国《海关法》规定：凡是进出国境的货物，必须通过设有海关的港口、车站、国际航空站进出，接受海关的监管，经过海关查验、放行后，货物才可提取或者装运出口。

目前，我国的出口企业在办理报关时，可以自行办理报关手续，也可以通过专业的报关经纪行或国际货运代理公司来办理。无论是自行报关，还是由报关行来办理，都必须填写出口货物报关单，必要时，还需提供出口合同副本、发票、装箱单或重量单、商品检验证书及其他有关证件，向海关申报出口。办理出口货物报关一般需经过以下程序：

一、申报

出口企业按照实际出口的货物，根据“外销出仓通知单”填写“出口货物报关单”，一式三份，其中两份连同出口许可证、出口合同副本、发票、装货单、装箱单、出口收汇核销单、商品检验证及其他有关证件，一并向装运口岸海关申报出口。

二、查验

海关对各种申报单据进行核实，必要时要拆箱（包）查验货物种类、品质、数量、包装等项目。查验时货物所有人或其他代理人必须在场，以便及时处理发现的问题。经核查确定，出口货物符合国家有关法令，海关在有关货运单据上签署放行。

三、纳税

指出口货物的发货人或其代理人在规定的期限内向海关缴纳税款。按照我国《海关法》的规定，发货人应在海关填发“税款缴纳证”次日起的 14 日内缴纳税款；逾期缴纳的由海关征收滞纳金。超过 3 个月未缴纳的，海关可以责令担保人缴纳税款，或者将货物变价抵缴；必要时通知银行在担保人或者发货人存款内扣缴。

四、放行

指海关经审核单证和查验货物未发现问题，在应纳税货物完成出口纳税或提供担保后，由海关在有关报关单证和查验货物记录上签章，并在装货单加盖放行印章，准予货物出境。海关放行后，出口企业或其代理即可提取和发运货物。

程序八　投　　保

按 CIF 条件成交的出口合同，应由出口企业为货物办理保险。在货物装船前，须及时向保险公司办理投保手续，投保时要防止漏保和错保，以免遭受不必要的损失。投保的一般程序是：首先，由出口企业填写投保单，根据信用证规定，逐项如实地表明货物名称、数量、险别、保额、起讫地点、保险期限、投保人名称等，然后交由保险公司签发正式保险单。货物投保后，在运输途中遇到不测风险，投保人即可按照保险单规定的权利和义务向保险公司提出索赔。该保险单既是索赔的主要依据，也是向银行议付货款必不可少的单据。

程序九　制单结汇

出口企业在货物装运后，应立即按照信用证的要求，正确缮制各种单据，并在信用证规定的有效期和交单期内，将单据及有关证件送交银行，通过银行收取外汇，并将所得外汇出售给银行换取人民币的过程即为出口结汇。结汇在不同的支付方式下，其程序有所差异。信用证支付方式下的结汇，出口企业只需将符合信用证要求的所有单证交给议付行，后续工作均由银行负责。目前，我国银行采取的出口结汇方式有三种。

一、收妥结汇

收妥结汇又称“先收后付”，是指议付行收到出口企业的出口单据后，经审查无误，将单据寄交国外付款行索取货款，待收到付款行将货款拨入议付行账户通知书时，即按当时外汇牌价折成人民币拨给出口企业。

二、定期结汇

定期结汇是指议付行根据向国外付款行索偿所需时间，预先确定一个固定的结汇期限（7到14天不等），到期后主动将票款金额折成人民币付给出口企业。

三、出口押汇

出口押汇也称“买单结汇”或“议付”，是指议付行在审单无误的情况下，按信用证条款买入受益人（出口企业）的汇票和单据，从票面金额中扣除从议付日到估计收到票款之日的利息，将余款按议付日牌价折成人民币拨给出口公司。议付行向受益人垫付资金，买入跟单汇票后，即成为汇票持有人，可凭票向付款行索取票款。银行同意做出口押汇，是为了对出口公司提供资金融通，有利于出口公司的资金周转。

出口押汇方式下，出口地银行买入跟单汇票后，面临开证行自身的原因或对单据的挑剔而拒付的风险。因此，目前我国银行只对符合以下条件的出口信用证业务作押汇：开证行资信良好；单证相符的单据；可由议付行执行议付、付款或承兑的信用证；开证行不属于外汇短缺或有严重政治经济危机的国家和地区。

在信用证项下的制单结汇中，议付银行要求“单证表面严格相符”。但是，在实际业务中，由于种种原因，单证不符情况时常发生。如果信用证的交单期允许，应及时修改单据，使之与信用证的规定一致。如果不能及时改证，进出口企业应视具体情况，选择如下处理方法：

（一）表提

表提又称为“表盖提出”，即信用证受益人在提交单据时，如果存在单、证不符，向议付行主动书面提出单证不符点。通常，议付行要求受益人出具担保书，担保如果日后遭到开证行拒付，由受益人承担一切后果。在这种情况下，议付行为受益人议付货款。因此，这种做法也被称为“凭保议付”。表提一般是单证不符情况并不严重，或虽然是实质性不符，但事先已经开证人（进口商）确认可以接受。

（二）电提

电提又称为“电报提出”，即在单证不符的情况下，议付行先向国外开证行拍发电报或电传，列明单证不符点，待开证行复电同意再将单据寄出。电提的情况一般是单证不符属实质性问题，金额较大。用电提方式可以在较短的时间内由开证行征求开证申请人的意见。如果获同意，则可以立即寄单收汇；如果不获同意，受益人可以及时采取必要措施对运输中的货物进行处理。

（三）跟单托收

如果出现单证不符，议付行不愿用表提或电提方式征询开证行的意见。在此情况下，信用证就会彻底失效。出口企业只能采用托收方式委托银行寄单代收货款。

这里要指出的是，无论是采用“表提”、“电提”，还是“跟单托收”方式，信用证受益人都失去了开证行在信用证中所作的付款保证，从而使出口收汇从银行信用变成了商业信用。

任务二　履行进口合同

本任务可分解为7个工作程序：开立信用证；派船接运货物；投保货运险；审单和付汇；报关；纳税；验收和拨交货物。

进口合同经双方签字成立以后，即构成法律性文件，交易双方均受其制约。任何一方若有违约行为发生，都必须承担由此而造成的全部直接损失。因此，进口合同签字后，买方应履行合同条款所规定的义务，及时开证，卖方应按合同规定履行交货义务。

在我国的进口业务中，一般按FOB价格条件成交的情况较多，如果是采用即期信用证支付方式成交，履行这类进口合同的一般程序是：开立信用证、派船接运货物、投保货运险、审单和付汇、报关、纳税、验收和拨交。这些环节的工作是由进出口公司、运输部门、商检部门、银行、保险公司以及用货部门等各有关方面分工负责、紧密配合而共同完成的。现将履行进口合同的主要环节分别介绍和说明。

程序一　开立信用证

进口合同签订后，根据合同规定办理开证手续。首先填写开证申请书(Application for Letter of Credit)，然后向银行办理开证手续。进口商申请开立信用证，应向开证银行交付一定比率的押金(Margin)或抵押品，同时按规定向开证银行支付开证手续费。

申请开立信用证的注意事项如下：

①有充足的、可使用的外汇是进口方向银行申请开立信用证的前提。

②申请开证的时间要符合合同规定。

信用证的开证时间，应按合同规定办理，如果合同规定由卖方确定交货期，买方应在接到卖方交货期通知后开证；如果合同规定卖方获得出口许可证或提交履约保证金后开证，则买方应在收到卖方已领到许可证的通知，或银行转知保证金已照收后开证。

由于信用证的开证时间会影响装运期(有时甚至直接影响出口方的加工生产)，出口方只有在收到信用证后才可以放心地安排生产和装运。进口方一定要在规定的装运期前开出信用证，以便出口方有足够的时间安排货物出运。

③信用证的措辞和内容要与合同规定相符。

信用证应以合同为依据。信用证的内容，例如，品质、规格、数量、价格、交货期、装运条件及装运单据等，应与合同条款一致。有些信用证为了准确地表述合同的内容，在信用证上写明“参阅××合同”，这种做法是不科学的。因为这样容易造成合同和信用证的细微差别，从而使出口方无所适从。

④在我国，中国银行为进口企业开立信用证时还有以下规定和做法：

A. 不开立可转让信用证。

一般情况下，开证行无法对第二受益人的情况进行调查，尤其是对于跨地区或国家的转让活动更难了解和掌握。在这种情况下，一旦信用证被转让出去，开证行就很难控制。

在实际业务中，如果存在大额货物涉及多家出口商时，我国银行可以在所开立的信用证中表明“汇票和单据若由某厂商提供可以接受”或“第三方出具的装运单据可以接受”，以表明厂商可以作为本证的受益人。

B. 接受由开证人或出口方指定通知行的信用证。

信用证中的通知行是开证行在国外业务的延伸，两家银行合作是信用证安全运行的基础。因此，一般银行在其他国家都有其相对固定的合作银行。中国银行在为国内进口企业开立信用证时，就规定通知行由中国银行指定。如果国外出口方执意指定通知行，中国银行也接受进口企业在开证申请书上注明“该银行在中国银行选择通知行时供参考”。

C. 不开立载有 T/T 偿付条款的信用证。

T/T 偿付条款是指在该条款下，出口地的议付行在收到出口方提交的与信用证条款一致的单据后，即可直接向开证行发电索汇。在这种信用证中，出口方比一般信用证早十多天就可以取得货款，有利于其资金周转。但对于开证行来说，如果在议付后的审单过程中发现不符再向议付行交涉、追讨货款时，就会面临许多困难。因此，我国银行不接受开立该条款的信用证。

信用证开出后，若卖方对信用证提出修改意见，应视其具体情况，考虑是否应给予修改。最常见的修改内容有：延展装运期和信用证有效期、变更装运港口等。

程序二 派船接运货物

国外装船后，卖方应及时向买方发出装船通知，以便买方及时办理保险和做好接货等项工作。在 FOB 术语下的派船接货活动主要包括以下过程：

①进口方必须在合同规定的装运期以前向船公司提出租船订舱的申请，并告诉船公司预计的装船期和装运港。如果船公司可以接受该笔货物的运输业务，进口方就可与其签订租船合同。在办好租船订舱手续后，进口方向出口方提供船名、船期等信息，以便出口方就备货及装船方面的情况与船方保持联系。

根据《2000 通则》对 FOB 术语的解释，进口方必须在合同规定的装运期内订妥船只，并派船接货。如果由于进口方租船订舱不及时或所订船只不适航、不适载等问题造成出口方在装货方面的损失，均由进口方承担。因此，进口方按合同规定租船订舱非常重要。

②为了保证进口方所派船只与出口方的备货工作衔接，在 FOB 合同中通常会规定，出口方须在装运期前、备好货后向进口方发出货物备妥通知，以便进口方通知船公司在最短时间内前往装运港装货。

×年×月中国某地粮油进出口公司 A 与欧洲某国一商业机构 B 签订出口大米若干吨的合同。该合同规定：规格为水分最高 20%，杂质最高为 1%，以中国商品检验局的检验证明为最后依据，单价为每公吨××美元，FOB 中国某港口，麻袋装，每袋净重××千克，买方须于×年×月派船只接运货物。

但是 B 机构并没有按期派船前来接运，其一直延误了数月才派船来华接货，当大米运到目的地后，买方 B 机构发现大米生虫。于是委托当地检验机构进行了检验，并签发了虫害证明，买方 B 据此向卖方 A 提出索赔 20%货款的损失赔偿。当 A 接到对方的索赔后，不仅拒赔，而且要求对方B支付延误时期A方支付的大米仓储保管费及其他费用。另外，保存在中国商品检验局的检验货样至争议发生后仍然完好，未生虫害。

想一想：

①A方要求B机构支付延误时期的大米仓储保管费及其他费用能否成立，为什么？

②B机构的索赔要求能否成立，为什么？

③如果进口方在出口国设有办事处或代办处，进口方还会要求在合同中规定，由进口方派人到装运港验货、监装。这时，进口方可通过其代理在装运港履行监督的职责，以维护自身权益。

④在装运过程中，进口方需要与船公司和出口方随时保持联系，以掌握装船的进度。当货物完成装货时，进口方可以及时向保险公司投保。因为有时会发生出口方在货物上船以后，没有及时发装运通知而造成货物漏保或迟保的现象。

程序三　投保货运险

FOB或CFR交货条件下的进口合同，保险由买方办理。进口商（或收货人）在向保险公司办理进口运输货物保险时，有两种做法：一种是逐笔投保方式，另一种是预约保险方式。

逐笔投保方式是收货人在接到国外出口商发来的装船通知后，直接向保险公司填写投保单，办理投保手续。保险公司出具保险单，投保人缴付保险费后，保险单随即生效。

预约保险方式是进口商或收货人同保险公司签订预约保险合同，其中对各种货物应投保的险别作了具体规定，故投保手续比较简单。按照预约保险合同的规定，所有预约保险合同项下的按FOB及CFR条件进口货物保险，都由该保险公司承保。因此，每批进口货物，在收到国外装船通知后，即直接将装船通知寄到保险公司或填制国际运输预约保险起运通知书，将船名、提单号、开船日期、商品名称、数量、装运港、目的港等项内容通知保险公司，即作为已办妥保险手续，保险公司则对该批货物负自动承保责任，一旦发生承保范围内的损失，由保险公司负责赔偿。

我国某一进口商与东南亚某国以CIF条件签订合同进口香米，由于考虑到海上运输距离较近，且运输时间段海上一般风平浪静，于是卖方在没有办理海上货运保险的情况下将货物运至我国某一目的港口，适逢国内香米价格下跌，我国进口商便以出口方没有办理货运保险，卖方提交的单据不全为由，拒收货物和拒付货款。

想一想：我方的要求是否合理？

程序四　审单和付汇

在信用证支付方式下，进口方在确认对方已完成发货义务后，将凭出口方提交的符合信用证规定的单据进行付款。

在我国，一般情况下出口方提供的全套单据会通过信用证的开证行——中国银行转让给进口方,由进口方负责对单据进行全面的审核。进口方在审核单据时一定要把单据与信用证逐字逐句地进行核对。

一、审核的单据

出口方在完成出口义务之后缮制并提交的单据就是进口方需要审核的单据。审单的内容主要包括:单据是否齐全;单据的名称、份数、内容等与信用证是否一致;各单据之间是否矛盾;各种单据签发的日期之间是否存在矛盾(如装运期早于货物检验日期)等。

二、审单的时间限制

根据《跟单信用证统一惯例》第 14 条的规定:"开证行如果要拒绝单据,它必须毫不延迟地以电讯方式就此发出通知,如果不可能,就以其他快捷方式发出通知,时间不得迟于收到单据的次日起的第 7 个银行工作日"。即开证行和进口方进行的审单活动不得超过《跟单信用证统一惯例》所规定的时间。如果超过了时间限制,则认为开证行已接受了所有单据,开证行必须无条件付款。因此,我国的进口企业在得到单据后一定要抓紧时间审单,以免超过审单期限而被动。

三、审单的结果

在信用证支付方式下,进口方审单是一项非常重要的工作。进口方审单的目的是要保证"单单相符、单证相符"。只有做到这点,才能基本保证出口方提交的货物符合合同和信用证的需要,符合进口方的进货要求。

进口方的审单可能出现两种结果:

①进口方把出口方提交的单据与信用证条款进行严格对比,发现单据正确无误后,进口方即可通知开证行对外付款。

②进口方通过审单,发现单据和信用证规定存在不符。如果不符点对货物交付没有严重影响,进口方可以通知开证行暂时拒绝付款,并要求出口方进行修改;如果进口方发现不符点影响到合同履行的核心内容,如货物规格、数量、品质等重要条款与信用证不符,则进口方可拒绝付款提货,并可对由此造成的损失向对方提出索赔。

银行收到国外寄来的汇票及单据后,对照信用证的规定,核对单据的份数和内容。如果内容无误,即由银行对国外付款。同时进出口公司按照国家规定的有关外汇牌价向银行买汇赎单。进出口公司凭银行出具的"付款通知书"向用货部门进行结算。如果审核国外单据发现单证不符时,应做出适当处理,如停止对外付款;相符部分付款、不符部分拒付;货到检验合格后再付款;凭卖方或议付行出具担保付款;要求国外改正单据;在付款的同时,提出保留索赔权等。

程序五　报　　关

进口货物到港后,应及时向海关填送"进口货物报关单",并提交合同副本、正本提单、发票及其他有关单据,办理报关手续。若属于许可证管理的进口商品,还应递交有关进口许可证。若进口货物为"来料加工"或"进料加工"则无须提交进口许可证,但要办理免税手续,海关根据提交的各类单据对照进口货物,查验无误后放行。报关手续一般由外贸进出口公司委托国际货运代理公司代为办理。海关放行后,则根据委托人的要求,将货转运至收货人。一切费用均由国际货运代理公司向外贸公司结算，再由外贸公司与用户办理最终结算手续。有时也可经外贸公司提出证明，由用户自提货物。

程序六 纳 税

海关按照《中华人民共和国海关进口税则》的规定，对进口货物计征进口税。货物在进口环节由海关征收(包括代征)的税种有：关税、增值税、消费税、进口调节税等。它们的计算方法介绍如下：

一、关税

进口关税是货物在进口环节由海关征收的一个基本税种。进口关税的计算是以 CIF 价为基数计算。如果是 FOB 价格进口，应加上国外运费和保险费，其公式为：

进口关税税额＝CIF 价格×关税税率

二、增值税和消费税

增值税是指企业生产的产品中新增加的价值额或劳务中的增值额为课税对象征收的一种税。消费税是指以消费品或消费行为的流转额为课税对象的税种，消费税的计算公式为：

$$\text{消费税}=\frac{(\text{进口商品完税价格}+\text{关税})\times \text{消费税税率}}{1-\text{消费税税率}}$$

对于不征消费税的商品，增值税计算公式为：

增值税＝(进口商品完税价格＋关税)× 增值税税率

对于征收消费税的商品，增值税计算公式为：

增值税＝(进口商品完税价格＋关税＋消费税)× 增值税税率

三、进口调节税

进口调节税是国家对限制进口的商品或其他原因加征的税种。其计算公式为：

进口调节税＝CIF 价格×进口调节税税率

程序七 验收和拨交货物

一、验收货物

进口货物运达港口卸货时，港务局要进行卸货核对。如果发现短缺，应及时填制“短卸报告”交由船方签认，并根据短缺情况向船方提出保留索赔权的书面声明。卸货时如果发现残损，货物应存放于海关指定仓库，待保险公司同商检机构检验后作出处理。

对于法定检验的进口货物，必须向卸货地或到达地的商检机构报验，未经检验的货物不准投产、销售和使用。

如果进口货物经商检机构检验，发现有残损短缺，应凭商检机构出具的证书对外索赔。对于合同规定的卸货港检验的货物，或已发现残损短缺有异状的货物，或合同规定的索赔期将届满的货物等，都需要在港口进行检验。

一旦发生索赔，有关的单证，如国外发票、装箱单、重量明细单、品质证明书、使用说明书、产品图纸等技术资料、理货残损单、溢短单、商务记录等都可以作为重要的参考依据。

二、办理拨交手续

在办完上述手续后，如果订货或用货单位在卸货港所在地，则就近转交货物；如果订货或用货单位不在卸货地区，则委托货运代理将货物转运内地并转交给订货或用货单位。关于进口关税和运往内地的费用，由货运代理向进出口公司结算后，进出口公司再向订货部门结算。

任务三　缮制主要进出口单据

本任务可分解为 14 个工作程序：报验单；报关单；投保单；货物托运单；大副收据；出口收汇核销单；汇票；发票；海运提单；保险单；产地证明书；普惠制单据；装箱单和重量单；检验证书。

凡是采用信用证支付的合同，结汇单据必须按照信用证规定的单据种类及份数严肃认真地进行缮制。开证行只有在审核单据与信用证表面完全相符后，才承担付款的责任。开证行如果发现出口商所提交的单据与信用证有任何不符，均可能拒付货款。因此，结汇单据的缮制是否正确完备与安全迅速收汇有着十分重要的关系。对于结汇单据，一般都要本着“正确、完整、及时、简明、整洁”的原则来制作和审核。

1. 正确

制作单据只有做到内容正确，才能保证及时收汇，单据应做到两个一致，即：“单证一致”（指单据与信用证一致）；“单单一致”（指单据与单据一致）。此外，还应注意单据对货物的描述与实际装运货物相一致。这样，单据才能真实地代表货物，以免发生错装错运事故。

2. 完整

单据的完整是指信用证规定的各项单据必须齐全，不能短缺，单据的份数和单据本身的项目等都必须完整。

3. 及时

制作单据必须及时，并应在信用证规定的交单期或《UCP 600》规定的交单有效期内将各项单据送交指定的银行办理议付、付款或承兑手续。如有可能，最好在货物装运前，先将有关单据送交银行预审，以便有较充裕的时间来检查单据，及早发现其中的差错并进行改正。如有必要，也可及早联系国外买方办理修改信用证，以免在货物出运后不能收汇。

4. 简明

单据内容应按信用证规定和有关的国际惯例填写，力求简单明了，切勿加列不必要的内容，以免弄巧成拙。

5. 整洁

单据的布局要美观大方，缮写或打印的字迹要清楚，单据表面要整洁，更改的地方要加盖校对图章。有些单据，如提单、汇票以及其他一些重要单据的主要项目，如金额、件数、数量、重量等，不宜更改。

下面将介绍各种单据的缮制要点。

程序一　报　验　单

报验单也称检验申请单，是指根据我国《商检法》规定，针对法定检验的进出口货物向指定商检机关填制和申报货物检验的申请单，其内容一般包括：品名、规格、数量（或重量）、包装、产地等。如需有外文译文时，应注意使中、外文内容一致。

在填制和提交“出口检验申请单”时，要注意按一种商品，一次出运，一个收货人为一批，填写一张出口检验申请单。一般还应附上合同和信用证副本等有关凭据，供商检局检验和发证时参考。

在填写和提交“进口检验申请单”时，国内外贸企业一般应随货物买卖合同、国外发票、提单、装箱单、重量明细单、质量保证书和国外检验证书等资料。

程序二　报　关　单

报关单是进出口企业在货物装运前向海关申报货物进出口的单据，是海关征收关税的主要凭证，由我国海关总署统一印制，经过进出口地海关审核、签发以后生效。根据货物进出口的情况，又分为《出口货物报关单》和《进口货物报关单》。其主要填写项目为：经营单位、贸易性质、贸易国别（地区）、原产国别（地区）、货名、规格及货号、成交价格、数量等。

在提交进出口货物报关单时，一般还须按规定随附如下文件或单证：进出口许可证或批准文件；进出口货物提货单；装货单或运单；进出口货物发票；进出口货物装箱单；减税、免税或免验的证明文件，必要时还须附上货物买卖合同、产地证明等有关单证。

程序三　投　保　单

投保单是进出口企业向保险公司对运输货物进行投保的申请书，也是保险公司据以开立保险单的凭证，保险公司在收到投保单后缮制保险单。

投保单一般是在逐笔投保方式下采用的做法。进出口企业在投保单中要填制的内容包括货物名称、运输标志、包装及数量、保险金额、保险险别、运输工具、开航日期、提单号等。

程序四　货物托运单

货物托运单是指托运人根据买卖合同或信用证条款内容填写的向承运人办理货物托运的单证。不同运输方式或运输工具使用不同格式的托运单，现分别介绍如下：

一、海运托运单

出口企业填写托运单（Booking Note），作为向船方申请租船订舱的依据。承运人根据托运单内容，并结合船舶的航线挂靠港、船期和舱位等条件考虑，认为合适后，即接受这一托运，并在托运单上签章。留存一份，退回托运人一份。至此，订舱手续即告完成，运输合同即告成立。货运服务机构、船公司或其代理人在接受托运人的托运单证后，即发给托运人装货单（Shipping Order）。

海洋运输按运输工具不同分有两种运输方式：一种是传统的散货运输；另一种是现代化的集装箱运输，海运托运单又根据这两种不同运输方式分为以下两种：

(一)散货运输托运单

是在装货单(Shipping Order)和大副收据 (Mate's Receipt)基础上发展而成的一种多功能单据,一套 12 联。其内容包括目的港、运输标志、件数和包装式样、货名、运费到付或运费预付、重量、尺码、可否转船、可否分批、装运期和有效期等。

(二)集装箱货物托运单

是指集装箱运输专用出口单证。标准格式一套共 12 联,性质与散装运输托运单相同。此套单据的核心是装货单和场站收据(Dock Receipt),其内容与散装运输托运单基本相同。

二、陆运托运单

陆运托运单指陆上火车运输,主要分沪港联运和国际联运。两者都纳入货运代理人,如外运公司的货运代理业务范围。为简化工作,各出口单位一般以发票代托运单,但发票上必须加注必要的项目,如编号、装运期、有效期、可否分批等,并随附出口报关单、出口收汇核销单、出仓(提货)单等报关的有关单证。

三、空运托运单

中国民用航空局制订有统一的国际货物托运书(Shipper's Letter of Instruction),其内容与海运托运单大同小异,也与陆运托运单类似。

程序五　大副收据

大副收据(Mate's Receipt)是指货物装船后,由船长或大副签发给托运人的,表示已收到货物并已装船的临时收据,又称为收货单。托运人凭收货单向外轮代理公司交付运费并换取正式提单。收货单上如果有大副批注,则在换取提单时,将该项大副批注转注在提单上。

程序六　出口收汇核销单

1991 年 1 月 1 日起,我国实施出口收汇核销制度,即对出口货物实行"跟踪结汇"。出口收汇核销单是"跟踪结汇"的管理手段。进出口企业在货物出口前应事先向当地外汇管理局申请领取出口收汇核销单。出口企业在办理出口货物报关时,必须向海关出示填妥内容的核销单,凭填有核销单编号的报关单办理手续。经逐票核对并查验货物无误后,海关在核销单和有核销单编号的报关单上加盖"验讫章"并签注日期,然后将它们交还出口企业。由出口单位将核销单存根随附发票等单据送当地外汇管理部门备案。

出口企业在货物报关后,到银行办理货款的结算,将注有核销单编号的发票随同单据交受托行。若为信用证或托收项下的出口,出口企业在向受托行交单、要求议付或托收时,必须提供一联注明核销单编号的发票交银行查存,盖有海关"验讫章"的核销单由出口企业保存。若为汇付方式出口,出口企业应事先向国外进口商告知该批出口货物的核销单编号。当货款汇至银行后,银行将款项解付给出口企业。对一票出口多笔收汇者或多票出口一笔收汇者,应将对应的核销单编号全部填上。如果为自行寄单索汇的,由出口企业在结汇后将核销单编号填入结汇水单或收账通知,然后向外汇管理部门办理核销。外汇管理部门按规定办理核销后,在核销单上加盖"已核销"章,并将其中的出口退税专用联交出口企业办理出口退税之用。

程序七　汇　　票

汇票(Bill of Exchange)是出口商凭此向进口商要求付款的收款工具,是各种结汇方式中都使用的主要单据之一。一般开具一式两份,两份具有同等效力,在使用中通常注明"付一不付二"或"付二不付一"字样,即其中一份付讫,另一份自动失效。

由于汇票是一种要式的有价证券,所以对其缮制要求不得有误和涂改,否则汇票将无效,从而会影响到安全收汇。出口商开具汇票时,首先要明确如下事项:

一、出票依据或出票条款

出票依据或出票条款(Drawn Under)项下包括开证行名称、地点、信用证号码及开证日期;托收项下留空不填或填写"For Collection"。

二、出票地点及出票日期

出票地点为出口方所在地,出票日期为交单议付期,一般出口方向银行交单时由银行填写。

三、汇票编号

填发票号码或其他有利于识别的号码。

四、汇票金额

即汇票上的灰色区域,分为小写和大写两部分。小写部分填货币代号和阿拉伯数字,大写部分由小写金额翻译而成。

五、收款人

收款人(Payee)除个别情况另有规定外,无论是信用证付款方式还是其他付款方式,如托收,汇票的收款人,一般做成"凭指示抬头(Pay to Order)",由收款银行指示将货款打入出口公司的银行账号。

六、付款人

付款人(Payer)信用证项下为开证行或指定的付款行,托收项下为进口商。

七、出票人

出票人即签发汇票的人,应写明出口人名称,并由负责人签字,否则无效。

程序八　发　　票

发票(Invoice)是进出口贸易结算中使用的最主要的单据之一。我国进出口贸易中使用的发票主要有商业发票、海关发票、形式发票、领事发票及厂商发票等。

商业发票(Commercial Invoice)是出口商对所装运货物的情况进行的详细描述,并凭以向买方收取货款的一种价目总清单,是全套进出口单据的核心。通过发票,进口商对货物的品名、规格、单价、数量、总价等能够有较全面的了解,并凭以对货物进行验收与核对。同时,商业发票也是出口商计账、收付汇、进出口报关及海关统计的依据。在不需要出具汇票时,它还可以作为买方支付货款的依据。

海关发票(Customs Invoice)是根据某些国家(地区)海关的规定,由出口商填制的供进口商凭此报关使用的特定格式的发票,同时也供进口国海关核定货物原产地国,以采取不同的国别政策。

形式发票(Proform Invoice)是出口商向进口商发出的有关货物名称、规格、单价等内容的非正式的参考性发票,供进口商申请进口批汇用。它只能算是一种简式合同,不能用于托收和议付。

领事发票(Consular Invoice)是拉美、菲律宾等国为了解进口货物的原产地、有无倾销行为等情况而规定的,由进口国驻出口国领事签证的发票,作为征收进口关税的依据,同时签证费用也是领事馆的经费来源之一。

厂商发票(Manufacture's Invoice)是进口国为确定出口商有无倾销行为以及为了进行海关估价、核税和征收反倾销税,而由出口货物的制造厂商所出具的以本国货币计算的,用来证明出口国国内市场出厂价的发票。

现就商业发票的基本内容及制单要点介绍如下。

一、抬头人

在商业发票的抬头人一栏内,一般为开证申请人。有时信用证规定了特定的抬头人,则应在抬头人栏内填上特定人的名称。

二、对货物的名称、规格、数量、单价、包装等项内容的填制

凡属信用证方式,必须与来证所列各项要求完全相符,不能有任何遗漏或改动。若外文少了或多了,或错了一个字母,银行都不予接受。即使信用证记载的英文品名,有拼错的地方,如将 Bicycle 误为"Bicicle",发票上也只能将错就错;若品名做了改动或价格条件按习惯进行简化,都是不能允许的。例如,信用证记载"Chinese Leather shoes",不能改为"Footwear";又如,信用证记载"CIF London including 3% Commission"不能简化为"CIFC 3 London"。如果来证内没有定详细品质或规格,必要时可按合同加注一些说明,但不能与来证的内容有抵触,以防被国外银行挑剔而遭到拖延或拒付货款。

三、日期

商业发票一般不能迟于汇票日期,如果在信用证项下不用汇票索取货款时,应在发票上加注开证行名称、证号和开证日期。

四、金额

填写发票金额要正确,发票金额一般不能超过信用证规定的最高金额。按照银行惯例的解释,开证银行可以拒绝接受超过信用证所许可金额的商业发票。在货物允许分批装运的情况下,每批发货的商业发票金额,应与发货量成相应比例。

五、佣金与折扣

来证和合同规定的单价含有“佣金”(Commission)的情况，在发票处理上应照样填写，不能以“折扣”字样代替。如来证和合同规定有“现金折扣”(Cash Discount)的字样，在发票上也应全名照列，不能只写“折扣”或“贸易折扣”(Trade Discount)等字样。

六、证实发票

由于各国法令或习惯不同，有的来证要求在发票上加注“证明所列内容真实无误”或称“证实发票”(Certified Invoice)，“货款已经收讫”或称“收妥发票”(Receipt Invoice)，或加注有关出口企业国籍、原产地等证明文句，出口商应在不违背我国方针、政策和法令的情况下，酌情办理。出具“证实发票”时，应将发票的下端通常印有的“有错当查”(E. &O. E.)字样删去。

程序九 海运提单

海运提单(Bill of Lading)是承运人确认已收到托运人的货物，已装船或待装船，从而签发给托运人的货物收据。由于它由承运人单方面签发，所以也是承运人与托运人之间的运输合同的证明，具有物权凭证的作用，卖方可以通过掌握海运提单来控制货物。

海运提单的制单要点如下。

一、承运人

为防欺诈，提单上必须表明以轮船公司身份注册的承运人(Carrier)，否则银行不予接受。

二、托运人

托运人(Shipper)即发货人。除信用证另有规定外，托运人一般为受益人；托收方式下为托收的委托人。

三、收货人

提单的种类较多，其收货人(Consignee)(即抬头人)的填制内容，必须根据信用证的规定。在实务中绝大多数制成指示性提单，即在收货人栏内制成“凭指定”和“凭托运人指定”。凡指示性提单需进行背书才能有效转让。

四、被通知人

信用证方式下按规定填写被通知人(Notify Party)。该栏必须要有详细的名称和地址。

五、商品名称

提单上的商品名称(Description of goods)，可以简单表明，不必表明其详细规格。例如，信用证或合同上规定为：“Chinese mild steel I-Beams 10 or 12 meters length”可以概括为：“Mild steel I-Beams”即可。但不能把“Chinese Leather Shoes”统称为“Shoes”。因为这样统称改变了商品的特性。

六、提单签发份数

提单一般由船公司签发一式两份正本，如果托运人请求，也可超过两份，具有同等效力。其中一份提单生效时，其他各份立即失效。信用证上要求的所谓“全套提单”是指要求的正本份数，需要多少副本，除按信用证规定外，托运人可根据需要而定。

七、提单签发日期

提单的日期不得迟于信用证规定的装运期限，亦不得早于开证日期。

八、提单形式

提单有全式提单和简式提单两种。应采用哪一种形式的提单，除信用证另有规定外，可自行选择。

九、毛重和体积

若信用证无特别规定，则只填总毛重和总体积(GW & Measurement)。若为集装箱货，毛重包括货物的毛重和集装箱的皮重，体积则按集装箱计。

十、运费

提单上的运费(Freight & Charges)支付问题，要根据合同或信用证规定的价格条款而定。以 FOB 成交的运费，应注明“运费到付”(Freight Collect)；以 CFR、CIF 成交的运费，应注明“运费预付”(Freight Prepaid)。

十一、修改或更正

凡是在需要修改或更正的地方，必须由船公司或其代理人在更改处签字。

十二、承运人签章

提单必须由船公司或其代理人签字才有效。若信用证要求手签，也须照办。

程序十　保　险　单

俗称大保单，是一种正规的保险合同。它如同指示性的海运提单一样，也可由投保人按照信用证规定或由被保险人背书后随物权的转移而转让。目前国内保险公司均出具保险单作为出口贸易的保险凭证。

保险单也是议付货款不可缺少的装运单据之一。在填制保险单时，应注意以下问题：

一、险别

投保险别必须按合同或信用证规定填列。

二、保险金额

保险金额一般按发票金额的 110％核定，又不得低于 CIF 总金额。大小写金额必须一致。

如果买方临时提出加保其他附加险，或提高保险金额，如将上述百分比提高到120%或130%，只能在保险公司同意后，再予以接受，但增加的超额保险费用不得列入发票金额，应另行由买方汇付给卖方。

三、船名、起讫港、开航日期等

必须与提单记载一致。

四、单据相符

货物名称、数量等应与提单、商业发票以及其他单据相符。

五、币别

投保和赔付货币应与货物计价货币相同。

六、赔款地点

一般按信用证规定地点填列；以托收方式支付货款的，应以目的地口岸或邻近地作为赔款地点。

七、份数

保险单一般一式两份，如信用证另有规定者，则按信用证规定份数填列，并注明需要副本若干份。

八、背书

保险单应由投保人作一次性的背书

程序十一　产地证明书

产地证明书(Certificate of Origin)是因进口人的要求，由出口国有关政府部门——商检局、国际贸易促进委员会，或按信用证指定的部门签发的证明书，以证明出口货物的原产地。作为装运单据的一种，有的进口国把该证书作为海关按互惠约定征税的依据，有的进口国因国别政策或限制性政策的需要，规定进口人提供产地证明书。缮制时应注意以下问题：

①收货人的名称及地址，必须无误地按信用证记载填列。

②品名、品质、数量、价格等必须与其他有关单证完全一致。

③要以醒目的字样表示商品的原产地。

例如：

“兹证明该货的原产地为中华人民共和国。”

“This is to certify that the origin of the goods is the People’s Republic Of China.”

④签发日期不得迟于有关货物的提单日期。

⑤所需份数应与信用证规定相符。

程序十二　普惠制单据

普遍优惠制(简称普惠制),是发达国家对发展中国家出口的产品实行普遍的、非互惠的、非歧视性的一种优惠制度,即在给惠国进口商品时,减免进口关税,提高发展中国家的商品竞争能力,它比最惠国待遇更优惠。现有欧盟、日本、新西兰、比利时、澳大利亚、加拿大等十多个国家和地区给我国以普惠制待遇。美国尚未给我国以普惠制待遇。

凡是享受普惠制待遇的国家,在产品出口时都要提供普惠制单证。现常用的普惠制单证有以下几种。

一、表格 A 产地证

表格 A 产地证(GSP Certificate of Origin Form A) 适用于一般商品,由出口公司填制,并经国家出入境检验检疫局签证出具。

二、纺织品产地证

纺织品产地证(Certificate of Origin of Textile Products)适用于纺织品类,由中国进出口商品检验局签发。

三、纺织品出口许可证

纺织品出口许可证(Export Licence of Textile Products)适用于配额纺织品,限额品种控制严格,由出口地外贸主管部门签发。

四、手工制纺织品产地证

手工制纺织品产地证(Certificate in Regard to Handloom Textile Handcrafts and Traditional Textile Products of the Cottage Industry)适用于手工制纺织品类,由国家出入境检验检疫局签发。

五、纺织品装船证明

纺织品装船证明(Shipment Certificate of Textile Products)适用于无配额的毛呢产品,由出口地外贸主管部门签发。

对上述单据内容的填制,力求准确,并符合各个项目的要求,一旦填错,就可能丧失享受普惠制待遇的机会。因此,在填制普惠制单证时,应注意以下问题:

①必须按表内容如实填写,不得弄虚作假。

②各表内容与商业发票记载相符。

③凡是属配额商品,要列明海关税则和配额年度。

④凡是以 CFR、CIF 价成交的货物,应根据要求分解各种费用,以 FOB 价填列,并注意计价货币的换算。

⑤普惠制各单证的签发日期不迟于提单日期。

⑥单证应以手签为准。

⑦凡是出口货物含进口成分的,必须填明进口成分的百分比(如对加拿大出口的产品,进口

成分不超过40%),并提交“含进口成分受惠商品成本明细单”。

⑧在签证或给惠国要求查询时,应提供合同、信用证、来往函电及有关单据。

程序十三 装箱单和重量单

装箱单(Packing List)又称花色码单,列明每批货物的逐件花色搭配;重量单(Weight Memo)则列明每件货物的毛、净重。装箱单和重量单又称包装单,用以证明装运货物的详细情况。它们与商业发票有密切的关系。商业发票上货物的数量和重量可以是笼统的,而装箱单、重量单上的数量和重量要详细具体。这两种单据是用来补充商业发票内容的不足,既是交接运输货物的凭证,又是计算运费、海关验货、商检、索赔的依据。

缮制包装单时应注意以下问题:

一、编号

装箱单和重量单的编号可以与有关商业发票号一致,并注明“Relating to Invoice No.”字样。一般不再另行编号。

二、日期

制单日期要与商业发票日期相符。

三、商品说明

单内商品名称、规格、数量、包装等必须与出口合同和信用证规定相一致,不能从简。

四、唛头和件数

唛头必须是买卖双方商量的,不能任意改变,更不能错刷或漏刷;发运货物的件数必须有连续编号。例如,“C/S Nos 1—50”。如果在发现漏装或刷唛后发现漏编号,或其中有一件或数件发生问题,须经退关而不能装船时,应在本单和提单上的件数编号前同时注明“Ex”,以表示有缺号。

五、包装类型

货物的包装必须根据合同和信用证规定如实填列,并与实际包装相符。

六、签署

应由发货人签署。

程序十四 检验证书

商品检验证书是由中国出入境检验检疫局以国家行政机构的身份,对进出口商品进行检验和鉴定后对外签发的、具有法律效力的证书。它是证明卖方所交货物与合同规定是否相符的依据,也是报关验放的有效凭证。

我国对进出口商品的检验有法定检验和鉴定业务两类。对于需要检验的商品,均要在出口报关前到商检机构申请商品检验。凡属法定检验的商品，若报关单上没有“商品检验放行”章，海关将不接受申报；属不必法定检验但被要求进行商品检验并出具证明的商品，若未经商检机构检验和发证的，有关银行将不予以结汇。

商检证书有品质检验证书、重量或数量检验证书、兽医检验证、卫生证、熏蒸消毒证等，分别用以证明货物的品质、数量、重量和卫生条件等的，应注意证书的名称及所列项目或检验结果，应与合同及信用证规定相同。

以上有关单据见附录。

项目小结

国际货物买卖合同成立后，双方就各自享有合同所规定的权利和承担约定的义务。我国的出口交易多以 CIF 或 CFR 价格条件为主。在此条件下，出口合同的履行环节主要包括货(备货、报验)、证(催证、审证和改证)、船(办理货运手续、报关、投保)、款(制单结汇)四个环节。

我国的进口交易多以 FOB 价格术语、即期信用证支付方式成交为主，其履行程序是：开立信用证、派船接运货物、投保货运险、办理保险、审单和付汇、报关、纳税、验收和拨交等。

凡是采用信用证支付的合同，结汇单据必须按照信用证规定的单据种类及份数严肃认真地进行缮制。对所有的议付单据，要求做到正确、完整、及时、简明和整洁。通常需要缮制的单据有：报验单、报关单、投保单、货物托运单、大副收据、出口收汇核销单、汇票、发票、海运提单、保险单、产地证明书、普惠制单据、装箱单和重量单、检验证书等。

要重点学习和掌握进出口合同履行中所涉及的各项业务的内容及各类单据的缮制要点。

增值阅读

出 口 退 税

1985 年 3 月，国务院正式颁发了《关于批转财政部〈关于对进出口产品征、退产品税或增值税的规定〉的通知》，规定从 1985 年 4 月 1 日起实行对出口产品退税政策。1994 年 1 月 1 日起，随着国家税制的改革，我国改革了已有退还产品税、增值税、消费税的出口退税管理办法，建立了以新的增值税、消费税制度为基础的出口货物退(免)税制度。

出口产品退(免)税，简称出口退税，其基本含义是指对出口产品退还其在国内生产和流通环节实际缴纳的产品税、增值税、营业税和特别消费税。出口产品退税制度，是一个国家税收制度的重要组成部分。通过退还出口产品的国内纳税款来平衡国内产品的税收负担，使本国产品以不含税成本进入国际市场，与国外产品在同等条件下进行竞争，从而增强竞争能力，扩大出口创汇。

1. 出口退税登记的一般程序

(1)送验有关证件及领取登记表

企业在取得有关部门批准其经营出口产品业务的文件和工商行政管理部门核发的工商登记证明后，应于 30 日内办理出口企业退税登记。

(2)申报和受理退税登记

企业领到“出口企业退税登记表”后，即按登记表及有关要求填写，加盖企业公章和有关人员印章后，连同出口产品经营权批准文件、工商登记证明等资料一起报送税务机关，税务机关经审核无误后，即受理登记。

(3)填发出口退税登记证

税务机关接到企业的正式申请，经审核无误并按规定的程序批准后，核发给企业“出口退税登记证”。

(4)变更或注销出口退税登记

当企业经营状况发生变化或某些退税政策发生变动时，应根据实际需要变更或注销退税登记。

2. 出口退税附送材料

①报关单。报关单是货物进口或出口时进出口企业向海关办理申报手续，以便海关凭此查验和验放而填具的单据。

②出口销售发票。这是出口企业根据与出口购货方签订的销售合同填开的单证，是外商购货的主要凭证，也是出口企业财会部门凭此记账做出口产品销售收入的依据。

③进货发票。提供进货发票主要是为了确定出口产品的供货单位、产品名称、计量单位、数量，是否是生产企业的销售价格，以便划分和计算确定其进货费用等。

④结汇水单或收汇通知书。

⑤属于生产企业直接出口或委托出口自制产品，凡以到岸价 CIF 结算的，还应附送出口货物运单和出口保险单。

⑥有进料加工复出口产品业务的企业，还应向税务机关报送进口料件的合同编号、日期、进口料件名称、数量、复出口产品名称，进料成本金额和实纳各种税金额等。

⑦产品征税证明。

⑧出口收汇已核销证明。

⑨与出口退税有关的其他材料。

(1)采用 CIF 条件和信用证支付方式的出口合同履行过程中一般包括哪些环节？

(2)出口企业在备货过程中应注意哪些事项？

(3)当前我国出口结汇有哪几种方式？

(4)请写出进口交易的合同履行全过程，贸易条件为 FOB 条件和即期信用证付款。

(5)申请开立信用证时，应注意哪些问题？

(6)制单结汇过程中应做到哪几点？

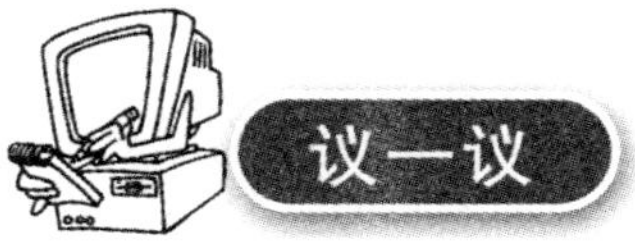

(1)某出口商通过中国银行××分行收到新加坡某银行电开信用证一份，金额为 100 万美元，购买我方花岗岩石块，目的港为巴基斯坦卡拉奇。证中有下述条款：

①检验证书于货物装运前开立并由开证申请人授权的签字人签字，该签字必须由开证行

检验。

②货物只能待开证申请人指定船只并由开证行给通知行加押电通知后装运，而该加押电必须随同正本单据提交议付。

请问：该信用证可不可以接受？为什么？

(2)某公司从国外某商行进口一批钢材，货物分两批装运，支付方式为不可撤销即期信用证，每批分别由中国银行开立一份信用证。第一批货物装运后，卖方在有效期内向银行交单议付，议付行审单后，即向该商行议付货款，随后，中国银行对议付行作了偿付。我方在收到第一批货物后。发现货物品质与合同不符，因而要求开证行对第二份信用证项下的单据拒绝付款，但遭开证行拒绝。

请问：开证行这样做是否合理？为什么？

练一练

(1)请根据下述条件写出一笔出口交易的货款结算流程。

出口商：美国麦肯贸易公司；

往来银行：花旗银行旧金山分行。

进口商：北京惠捷进出口公司；

往来银行：中国银行北京分行。

合同主要内容：

签约日：2013 年 2 月 19 日；

合同金额：USD 47 250.00；

装运条款：收到信用证后 1 个月内装船；

支付条款：不可撤销远期承兑信用证，签约后 30 天内开到，卖方见票后 45 天付款，15 天内交单。

(2)请根据教师提供的某笔外贸业务的合同和信用证内容，缮制全套结汇单据。

项目十　国际贸易方式

项目分解

任务一　传统的对外贸易方式

要求学生在了解包销、代理、寄售、拍卖、招投标等传统贸易方式基本内容的基础上，学会在实际工作中灵活运用恰当的贸易方式进行贸易洽谈。

任务二　新兴的对外贸易方式

要求学生通过对加工贸易、对销贸易、电子商务等新兴贸易方式的了解，能够在实际工作中灵活运用新兴的贸易方式进行贸易洽谈。

实现目标

知识目标：了解传统国际贸易方式和新兴国际贸易方式的含义和特点；把握各种国际贸易方式，特别是新兴国际贸易方式的操作程序及应该注意的问题。

能力目标：能够结合产品特性和营销策略，灵活地进行各种国际贸易方式的选择和组合；能够运用恰当的国际贸易方式进行贸易洽谈。

案例导入

巴基斯坦某公司公开招标购买电缆20千米，中方某公司收到招标文件后，为了争取中标，即委托当地的一家代理商代为投标。开标后我公司中标，除支付代理商佣金外，立即在国内寻找生产电缆的厂家，以便履行交货任务。几经寻找没有一家工厂能提供中标产品，因为中标产品的型号和规格在国内早已过时，要生产这种过时的产品需要重新安装生产线，涉及的费用较大，且仅生产20千米，势必造成极大的亏损。但是如果我公司撤销合同，则要向招标方支付赔款。试问：我方公司应从这笔招标业务中吸取什么教训？

分析：该案例中的我方公司，在事先没有了解国内是否有厂家能够提供招标产品的情况下，仅凭招标书的资料就主观委托国外代理人代为投标，这势必造成非常被动的局面。今后参加国际投标业务前，必须对招标资料和供货可能进行详细的调查研究，然后再决定能否参加投标。

在对外贸易活动中，每一笔交易都要通过一定的贸易方式来进行，贸易方式是指国际贸易中买卖双方所采用的各种交易的具体做法，它是在买卖双方交易过程中随着不同商品、不同地区和不同对象，根据双方的需求，适应不同的政治、经济需要而逐渐形成的。当前在国际贸易中流行着各种各样的贸易方式，而且随着国际贸易的发展，新的贸易方式也不断涌现。

任务一 传统的对外贸易方式

本任务可分解3个教学程序：包销与代理；寄售；拍卖与招标投标。

程序一 包销与代理

一、包销

（一）包销的含义

包销（Exclusive Sales）是指供货人（出口人）通过签订包销协议，把一种或某一类商品在某一时间、某一地区的经营权利，单独给予包销人（进口人），由包销人（进口人）定期或不定期地同供货人签订具体的买卖合同，并在约定的期限和地区内，有独家经营（Sole Distribution）或专营的权利。

（二）包销的特点

①包销性质上属于售定，双方当事人的行为体现独家专营权，即包销商在一定时期和一定地区内对指定商品享有独家销售的权利，出口人也不得直接销售；包销商只能购买出口人指定商品，不得向第三方购买。

②从法律上讲，供货人和包销商之间是本人对本人（Principal to Principal）的关系，包销人是以自己的名义购进货物，在规定的区域内转售时，也是以自己的名义进行，货价涨落等经营风险也由包销商自己承担。

③当事人双方除签有买卖合同外，还须事先签订包销协议。

④购买商品的当地客户与供货人之间不存在合同关系。

包销方式中各有关当事人之间相互关系的示意图如图10.1所示。

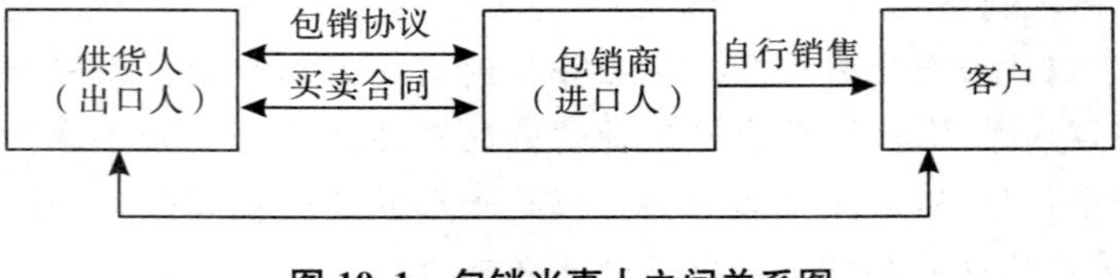

图10.1 包销当事人之间关系图

（三）包销的作用

作为传统的国际贸易方式，包销的积极作用表现有以下几点。

①包销可以充分利用包销商对当地市场比较熟悉的有利条件，扩大销售网络的渠道。当前，随着卖场对产品销售的强大介入，包销可以使出口商充分运用包销商在海外当地卖场的连锁渠道资源，并促进产品在渠道方面的纵深化发展，拓展新的客户群。

②包销商一般都需要向出口商做出销量承诺，在做出销量承诺后，销售积极性就会大大加强，必然对包销的产品加大推广力度。并且在遇到其他产品销售竞争时，无需供货商出面，包销商便会主动采取措施，设法拓展销量。

③包销一般都会有一定的协议有效期，在这段时期内，供货商可以根据包销协议，准确预测销量，有计划地安排生产、组织货源和办理出运工作，降低了供货商供应链管理的风险，保证了产品销售量。

另一方面，包销的消极方面表现有以下几点。

①包销方式对供货商来说存在很大的风险，如果包销商的销售人员销售能力差，或市场发生变化，就有可能出现虽包而不能销或销不动的情况，影响供货商销售计划的完成。如果到期没有完成，供货商收回货品，会带来很大的库存积压，给自己造成很大的销售压力；而如果供货商按照包销协议强行执行，把货品强行推给包销商，包销商为了甩掉包袱，有可能降价销售，严重扰乱供货商的价格体系和品牌形象。

②包销模式使得包销商享有独家经营权，因此，在供货商和包销商双方的博弈过程中，包销商占有有利地位，易发生后者操纵、垄断市场的情况。

③包销这种模式固然可以减少供货商在渠道管理上的工作量，但同时也减少了供货商和其他渠道、消费者沟通的机会，不利于供货商全面了解和掌握市场动态。

针对包销过程中可能发生的对出口商不利的情况，在签订包销协议时，双方应考虑以下几点：

①针对第一类问题，双方可以约定试行期限，若在短期试行后，包销商不能如期完成包销数量，供货商有权取消包销协议；但供货商如果在约定的时间内不能如期供货或供货数量不足，包销商同样也可以不负没有完成包销数量的责任。

②针对第二类问题，应慎重挑选包销商，充分考虑对方信誉、经营能力等因素，经过适当的考察和评价后再签订正式协议。

③在与消费者沟通方面，供货商可以要求包销商提供消费者调查数据，尽量减少包销模式可能给自己带来的信息盲点。

小看板

华东某家合资企业，合作的中方橡胶厂曾因外方的资金投入而兴奋一时，但半年后企业宣布销往国外的10万双运动鞋亏损21万美元时，职工们全傻了眼。原因在于外商包销价每双折人民币仅为11.23元，而生产成本则高达13.4元。这样，10万双运动鞋在国外市场上可获取100多万美元的厚利。本例中，外商通过包销方式，利用跨国公司内部贸易手段转移了大量利润，不仅坑害了中方合作企业，而且逃避了国家的税收。

想一想：我方应从此事件中吸取什么教训？

二、代理

（一）代理的含义

国际贸易中的销售代理，是指委托人授权代理人代表他向第三方招揽生意、签订合同或办理与交易有关的其他事宜，由此而产生的权利与义务直接对委托人发生效力。

（二）代理的特点

①代理人与委托人之间的关系是委托代理关系，而不是一般的买卖关系。

②代理人一般不以自己的名义，而是以委托人的名义从事业务活动，由委托人支付必要的业务费用。

③代理人不管交易中的盈亏，只获取佣金。

④代理人只在中间介绍生意，招揽订单，但不承担履行合同的责任。

国际贸易中代理方式中各有关当事人之间相互关系的示意图如图 10.2 所示。

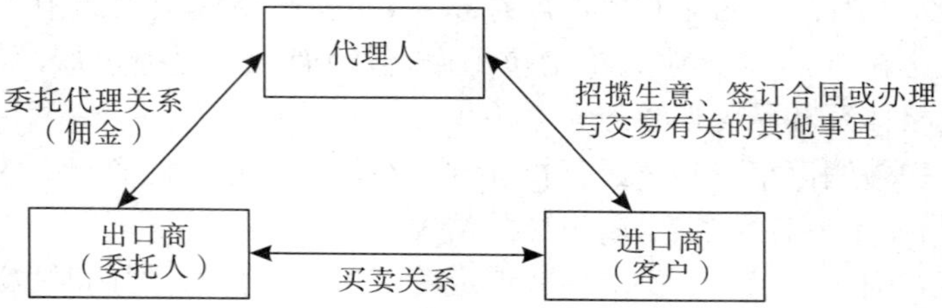

图 10.2　代理当事人之间关系图

（三）代理的种类

代理的种类即国际贸易中所采用的代理方式。按委托授权的大小，可分为总代理、独家代理和一般代理三种。

1. 总代理

代理人在指定地域内，作为委托人的全权代表。不仅有权代表委托人从事一切商务活动，还有权代表委托人从事一些非商业性的活动。

2. 独家代理

代理人在指定地区和期限内享有代销指定商品的专营权。委托人在该指定地区内，不得委托其他代理人。为了不损害独家代理人的利益，委托人如果直接与代理地区的其他客户达成交易的，也要向独家代理人付佣金。独家代理人侧重于商业活动，一般不涉及非商业活动。

3. 一般代理

又称普通代理或佣金代理，不享有专营权的代理。即委托人在同一代理地区和期限内可选定若干个客户为其推销商品，也可直接与该地区的买主达成交易，无须向代理人支付佣金。

（四）代理与包销的区别

①包销方式下，包销商与出口商之间的关系是买卖关系；在代理方式下，代理人与出口商之

间的关系是委托代理关系。

②包销方式下,包销商自筹资金、自担风险和自负盈亏;在代理方式下,销售代理人不垫资金、不担风险和不负盈亏,他只获取佣金。

小看板

韩国A公司与我国B公司签订了一份独家代理协议,指定由B公司为A公司在中国的独家代理商。在签订协议时,韩国A公司正在试验改进该产品。不久,当新产品试验成功后,A公司又指定我国另一家公司C公司为新产品的经销商。

想一想:A公司的这种做法是否合法?

程序二 寄 售

一、寄售的含义

寄售(Consignment)是一种委托代售的贸易方式。它是指委托人(货主)先将货物运往寄售地,委托国外一个代销人(受委托人),按照寄售协议规定的条件,由代销人代替货主进行,货物出售后,由代销人向货主结算货款的一种贸易做法。在我国进出口业务中运用并不普遍。

二、寄售的特点

①凭实物进行买卖的现货交易。寄售人先将货物运至寄售地,然后经代销人在寄售地向当地买主销售。

②寄售人与代销人之间是委托代售关系。代销人只根据寄售人的指示处置货物。货物的所有权在寄售地出售之前仍属寄售人。

③寄售货物售出前的一切费用和风险,均由寄售人承担。

④寄售货物装运出口后,在到达寄售地前也可使用出售路货的办法,即当货物尚在运输途中,如有条件即成交出售,出售不成则仍运至原定目的地。

国际贸易中寄售方式中各有关当事人之间相互关系的示意图如图10.3所示。

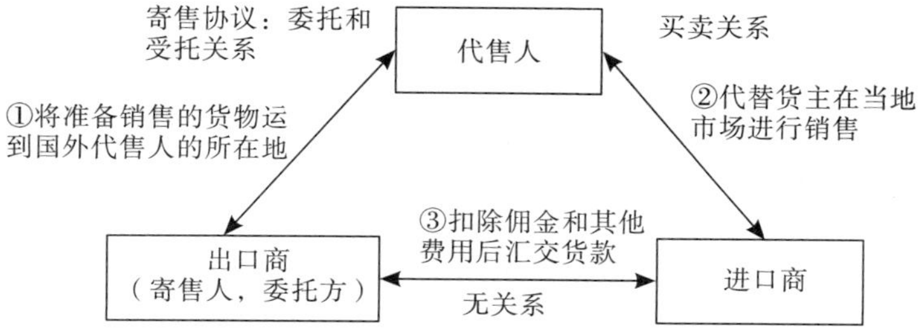

图10.3 寄售当事人之间关系图

三、寄售的作用

（一）有利方面

①寄售货物出售前，寄售人持有货物的所有权，有利于随行就市。

②寄售方式是凭实物买卖。货物与买主直接见面，利于促进成交。

③代销人不负担风险与费用，一般由寄售人垫资，代销人不占用资金，可以调动其经营的积极性。

（二）不利方面

①货未售出之前发运，售后才能收回货款，资金负担较重。

②货物需在寄售地区安排存仓、提货，代销人不承担费用和风险。

③万一代销人不守协议，不能妥善代管货物，或是出售后不及时汇回货款，都将给出口商带来损失。

④如果货物滞销，需要运回或转运其他口岸，出口商将遭受损失。

应用寄售方式时应着眼于开拓新市场，既销售商品，又树立企业形象，建立客户关系，故而所选商品应优质适销。

应选择合适的寄售地点，寄售地点应选择交通便捷的贸易中心或自由港、自由贸易区，以方便货物进出转运，降低费用。

要选择合适的代销人，代销人应在当地有良好的商誉，有相关商品的营销经验和推销能力，并有能力代办报关、存仓等业务。

应重视安全收汇，应在寄售协议中做出相应规定，如要求代销人开立银行保函，或以承兑交单方式发货。

程序三　拍卖与招标投标

一、拍卖

（一）拍卖的含义

拍卖（Auction）是指从事拍卖的机构在规定的时间和地点，按照一定的规则，将货物向买主公开展示，采用由买主公开叫价竞购的办法，把货物卖给出价最高的买主的一种贸易方式。

（二）拍卖的适用范围

①品质、规格不易标准化或难以用科学方法对其品质进行精确检验，并难以用文字或语言对其品质、规格进行准确描述的商品，如毛皮、烟草、茶叶、香料、木材等。

②价格昂贵且价格变化较大或难以准确估价的商品，如金银、宝石、首饰、古玩、名人字画等。

③容易变质、难以久存的商品，如水果、蔬菜、花卉、观赏鱼类等。

④倒闭企业的机械设备和资产的处理。

(三)拍卖的出价方法

1. 增价拍卖

也称淘汰式拍卖。这是最常用的一种拍卖方式。拍卖时,由拍卖人提出一批货物,宣布预定的最低价格,估价后由竞买者相继叫价,竞相加价,有时规定每次加价的金额额度,直到拍卖人认为无人再出更高的价格时成交。

2. 减价拍卖

又称荷兰式拍卖,这种方法先由拍卖喊出最高价格,然后逐渐减低叫价,直到有某一竞买者认为已经低到可经接受的价格,示意买进。

3. 密封递价拍卖

又称招标式拍卖。采用这种方法时,先由拍卖人公布每批商品的具体情况和拍卖条件等,然后由各方在规定时间内将自己的出价密封递交拍卖人,以供拍卖人进行审查比较,然后决定将该货物卖给哪一个竞买者。这种方法不是公开竞买,拍卖人有时要考虑除价格以外的其他因素。有些国家的政府或海关在处理库存物资或没收货物时往往采用这种拍卖方法。

(四)拍卖的一般程序

1. 拍卖的准备

卖主要先将拍卖商品自费运到拍卖行指定的仓库,由拍卖行进行整理、归类、分级并编号,然后按照商品的种类、数量、产地、批号、拍卖时间、地点和交易条件等编印拍卖目录对外公布。有意购货的买主可在拍卖前到指定的仓库看货,必要时可抽样检验以了解商品的品质。按照惯例,卖主或拍卖行对售出商品不负品质保证责任。

2. 正式拍卖

在预定的时间和地点进行正式拍卖,买主相互竞价购买,也称为“叫价”,叫价方式有增价拍卖、减价拍卖、密封递价拍卖三种。

3. 付款交货

成交后,拍卖一般要向买主发送成交通知书。成交确认书经买主签字确认后,即成为拍卖合同的书面依据。由买主开具购货确认书,并按规定办理付款和提货手续。

小看板

某公司在拍卖行经竞买获得一批精美瓷器,在商品拍卖时,拍卖条件中规定“无论买方对货物过目或不过目,卖方对商品的品质概不负责。”该公司在将这批瓷器通过公司所属商行销售时,发现有部分瓷器出现网纹,严重影响这部分商品的销售。该公司因此向拍卖行提出索赔,但遭到拍卖行的拒绝。

想一想:试分析拍卖行的拒绝是否有道理?为什么?

二、招标投标

(一)招标投标的含义

招标与投标是有组织的在特定地点按照一定条件进行的一种竞争性贸易方式的两个方面。

招标(Invitation to Tender)指业主或采购者在一定时间、地点发出招标公告或招标单等，提出招标项目和条件，邀请他人投标，最后由招标人选定交易对象订约的一种交易方式。投标(Submission of Tender)是指投标人(卖方)应招标人的邀请，根据招标公告或招标单规定的条件，在规定的时间内向招标人递盘的行为。招标与投标多用于政府采购或国际承包。

(二)招投标的特点

①不经过磋商，只按照招标人发出的招标公告中所规定的条件，由投标人一次递价成交，没有讨价还价的余地。

②具有很强的竞争性，由于有多家投标人同时参加投标，投标人之间的竞争激烈，往往都报出最优惠的交易条件，以争取中标，招标人可以争取到比较有利的条件。

(三)招投标的程序

招标与投标的基本程序如图 10.4 所示：

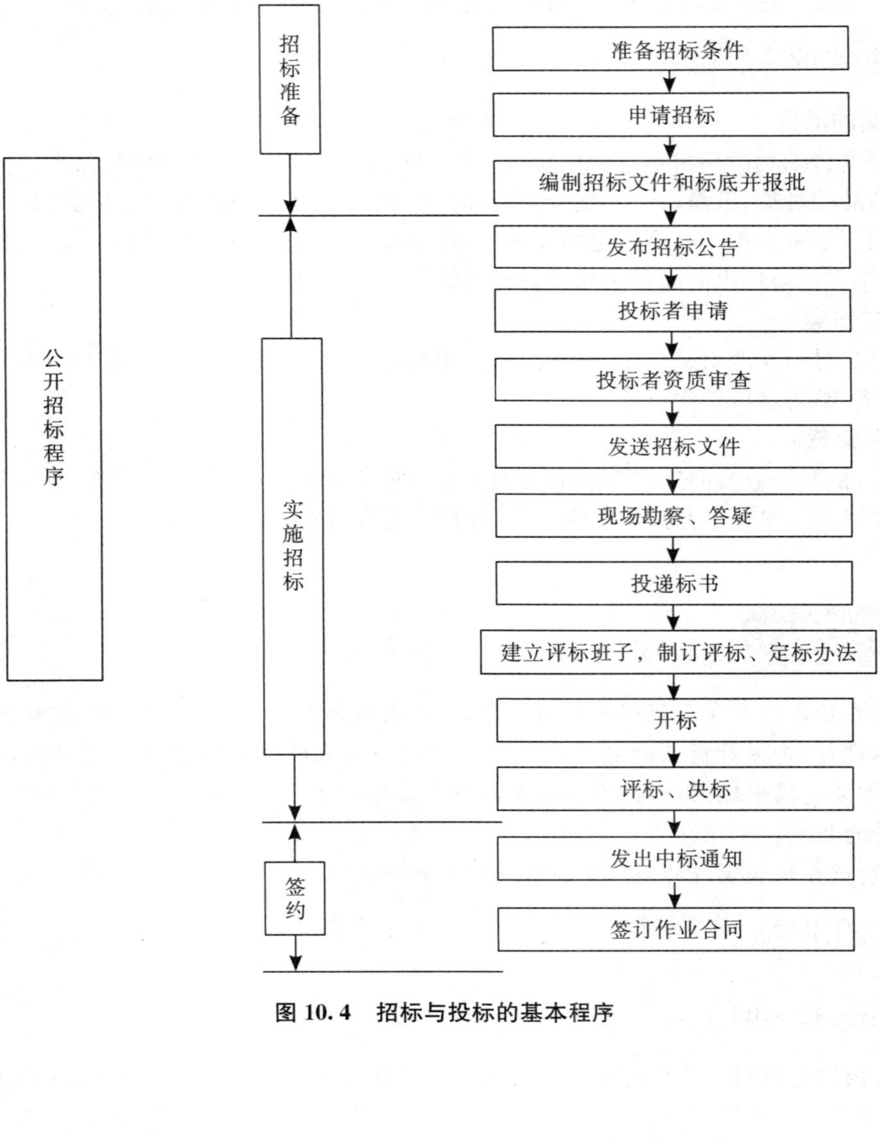

图 10.4 招标与投标的基本程序

(四)招投标与拍卖的区别

招标与投标属于竞卖方式。众多卖方参与竞争,买方在价格及其他条件上有较多的选择;投标人提交投标担保和履约担保,减少了招标人的风险。

拍卖属于竞买方式。竞买人到场参与竞争使得价格步步攀升,卖主从中受益。公开的现场/现货竞买方式,透明度高,相关法律保证其公正性,减少了买方的风险。

任务二 新兴的对外贸易方式

本任务可分解为3个教学程序:加工贸易;对销贸易;电子商务。

二战后,随着国际资本流动和国际分工的进一步扩大,在传统贸易基础上出现了许多新的贸易方式。

程序一 加工贸易

一、加工贸易的含义

加工贸易是指从境外保税进口全部或部分原辅材料、零部件、元器件、包装物料,经境内企业加工或装配后,将制成品复出口的经营活动,主要指对外加工装配、中小型补偿贸易和进料加工贸易。

二、加工贸易的种类

(一)进料加工

又叫以进养出,指用外汇购入国外的原材料、辅料,利用本国的技术、设备和劳力,加工成成品后,销往国外市场。

(二)来料加工

它通常是指加工一方由国外另一方提供原料、辅料和包装材料,按照双方商定的质量、规格、款式加工为成品,交给对方,自己收取加工费。

(三)来件装配

指由一方提供装配所需设备、技术和有关元件、零件,由另一方装配为成品后交货。来料加工和来料装配业务包括两个贸易进程,一是进口原料,二是产品出口。但这两个过程是同一笔贸易的两个方面,而不是两笔交易。原材料的提供者和产品的接受者是同一家企业,交易双方不存在买卖关系,而是委托加工关系,加工一方赚取的是劳务费,因而这类贸易属于劳务贸易范畴。

它的好处是:加工一方可以发挥本国劳动力资源丰裕的优势,提供更多的就业机会;可以通过引进国外的先进生产工艺，借鉴国外的先进管理经验，提高本国技术水平和产品质量。但是，来料加工与装配业务只是一种初级阶段的劳务贸易，加工方只能赚取加工费，产品从原料转化为成品过程中的附加价值基本被对方占有。目前对外加工装配业务在我国开展得比较广泛，获得了较好的经济效益。

三、加工贸易的操作过程

加工贸易的操作过程见图 10.5。

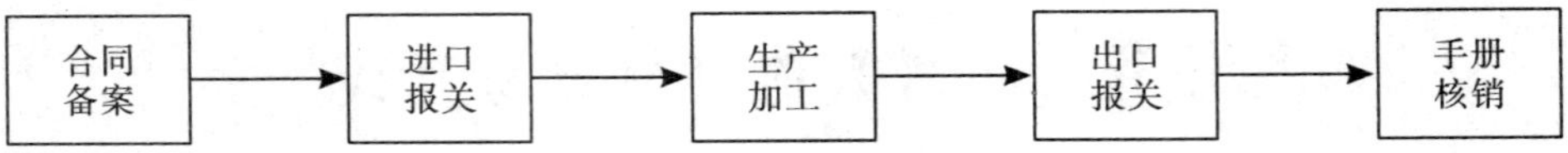

图 10.5　加工贸易操作过程

(一)加工贸易合同备案

加工贸易企业持外经贸主管部门核发的加工贸易业务批件、进出口合同或协议等单证到主管海关备案、申请保税并领取《登记手册》或其他准予备案凭证的行为。加工贸易合同备案的程序如图 10.6 所示。

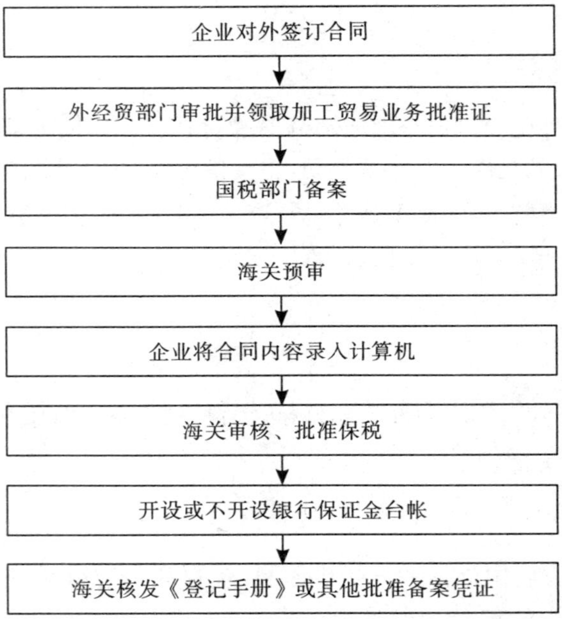

图 10.6　加工贸易合同备案程序

办理加工贸易合同备案应提交的单证有:《进来料加工手册审批程序表》、《加工贸易加工企业生产能力证明》、进口合同、出口合同及委托加工协议、加工贸易业务批准申请表、进口料件申请备案清单、出口制成品及对应进口料件消耗备案清单。

(二)加工贸易货物进出口通关

企业向海关报关时海关通过计算机自动调阅备案合同电子底账，自动核对和核扣，形成以手册为单元的进出口报关单底账。加工贸易货物实际进出口必须和合同备案相一致。

加工贸易进出口货物通关单证包括:《登记手册》或其他准予合同备案的凭证;通关都必须有的报关单证,包括报关单、发票、装箱单、提单或装货单;加工贸易货物属于国家管制的进出口商品的,必须提供有关主管部门的许可证。

(三)加工贸易合同核销

由于来料、来件和加工装配成品均属于保税货物性质,因此自料件进口至成品出口之日起均属于海关监管货物。生产单位应在加工装配合同履行完毕后,在合同约定期限或最后一批出运1个月内,持《登记手册》,按海关的要求,填写好实际用料情况,办理核销结案手续。办理加工贸易合同核销时必须做到《登记手册》、纸质报关单和海关电子底账相一致,流程见图10.7。

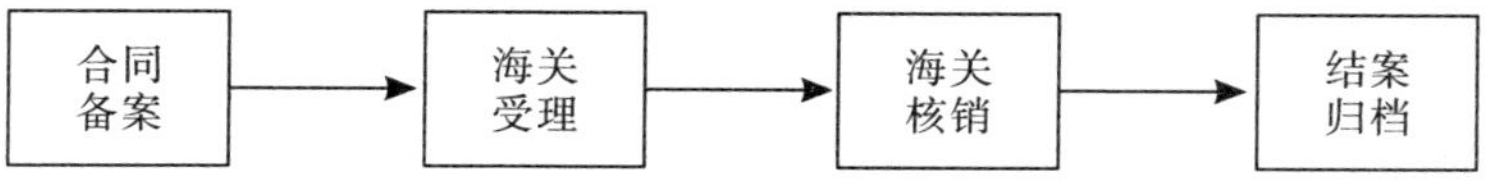

图10.7 加工贸易合同核销流程图

加工贸易合同核销需提供的单证有:企业合同核销申请表;《登记手册》;进出口报关单;进料非对口合同进口时已按比例征税的,提供税单复印件;申请内销的,应有外经贸主管部门的批件;其他海关需要的资料。

程序二　对销贸易

一、对销贸易的含义

对销贸易(Counter Trade)也称为抵偿贸易、对等贸易或反向贸易等,是指交易双方互为进口人或出口人,把进口与出口有机地结合起来,双方都以自己的出口来全部抵偿或部分抵偿从对方的进口。

对销贸易一般具有以下作用,第一,它可以不动用外汇或少动用外汇就可以开展对外贸易;第二,通过这种贸易,可以以进带出,改善国际收支,还可以打破贸易壁垒,绕过外汇管制扩大出口;第三,在某种情况下,通过对销贸易,可取得国际信贷。

二、对销贸易的形式

(一)易货贸易

易货贸易(Barter)是指单纯的商品或劳务的交换,不须现汇结算。其基本做法是双方签订易货合同,规定双方出口货物和时间,每一方既是自己出口货物的出口人,又是对方出口货物的进口人。双方交换的货物,可以是单项货物的交换,也可以是多种货物的综合易货,即所谓一揽子易货,其基本原则是双方交换货物必须等值。

易货贸易的特点有:它是一次性的交易行为,只有进口人与出口人两个当事人,不涉及其他的第三方;双方只签订一个进出口合同,包括双方交易的货物;双方交换的货物均须明确地载明在合同上。

现在的易货贸易已改为通过贷款支付清算方式,达到货物交换的目的。在货款支付结算上,既可笔笔平衡,也可定期结算,综合平衡;既可付现,也可记账;在时间上,既可进出口同时进行，也可有先有后。总之，易货贸易的做法逐渐灵活多样。

（二）互购贸易

互购也被称为对购（Reciprocal Trade）或平行交易（Parallel Trade），是最简单、最常用的对等贸易形式。互购是一种现汇交易，是指一方向另一方出口商品或劳务的同时，承担以所得款项的一部分或全部向对方购买一定数量或金额商品或劳务的义务。互购协定下，交易双方一般要签订两份相互独立的合同。第一份合同，也就是基础合同或主合同，规定出口方出口商品的品质、数量等有关内容；第二份合同则主要规定出口方购买对等贸易商品的义务。这两份合同由互购协定书联结起来。互购协定往往作为一揽子协定的一部分，并且常常与贷款协定、援助计划和部分现金支付方式相结合使用。

（三）转手贸易

转手贸易（Switch Transaction），又称三角贸易（Triangular Trade）是把记账贸易项下的不可兑换的货币转变成硬通货的一种手段。

转手贸易是一种涉及面比较广的贸易方式。简单的转手贸易是用记账贸易项下购进的货物直接转运到国际市场上售出，取得自由外汇。复杂的转手贸易往往表现为低价转让购买权，以换取本来要用自由外汇才能获得的商品。获得购买权的人再在相应的逆差国家选购商品，并在国际市场上转手，收回资金。

（四）抵销

抵销（Offset）是指一方在进口诸如国防、航空或宇航、计算机等设备时，以先期向另一方（出口方）提供的某种产品和/或劳务、资金等抵销一定比例进价款的做法。抵销的方式可以是为生产该设备而提供零部件、投入资金、转让技术以及技术培训、项目研究开发等。抵销贸易兼有互购与补偿贸易的特点，但抵销贸易涉及的余额更大、期限更长，还常常与投资行为结合在一起。抵销贸易自 20 世纪 80 年代以来开始盛行，在发达国家与发展中国家的军火交易或大型设备交易中常被采用。抵销贸易已不再是纯粹的商品交流，而是资本国际化的一个途径。

（五）补偿贸易

1. 补偿贸易的含义

补偿贸易（Compensation Trade），就是一方在信贷的基础上进口设备或技术，然后以回销产品或劳务的所得分期偿还进口技术或设备的价款本息。

2. 补偿贸易的特点

第一，贸易与信贷相结合。补偿贸易是以远期的产品支付设备的价款，不涉及任何外汇支付，这实际上是设备出口方向进口方提供的一种商业信贷。

第二，贸易与生产相联系。补偿贸易的双方是互相联系的，设备提供方往往关心工程项目的进展和产品生产情况，进口方则关心市场的销售情况。

第三，设备进口与产品出口相联系。补偿贸易设备供应方必须承诺购买进口方的产品或劳务，这是补偿贸易的必要条件，补偿贸易使用商品或劳务作为支付手段。

第四，补偿贸易双方是买卖关系。设备进口方不仅承担支付货款的义务，而且要承担付息的责任，对机器设备或其他原材料具有所有权和使用权。

3. 补偿贸易的形式

补偿贸易的形式和种类甚多，但主要有以下几种：

（1）直接补偿

指设备进口方用该设备生产出来的产品或相关产品支付设备价款本息。这种补偿贸易的形式一般适用于购买机器设备和技术贸易。

（2）间接补偿

当进口机器设备或技术制造的产品并非对方需要的，或进口机器设备不是生产有形产品以及进口方自己国内有较大需要时，双方约定，可以由进口方承诺分期供应一种或几种其他产品进行偿付。这是将信贷与对销贸易结合起来的一种做法。

（3）劳务补偿

设备出口方向进口方提供生产线、相关技术和原材料，进口方则按要求进行生产并以加工费抵偿所欠款项。这是将补偿贸易与来料加工和来件装配相结合的一种做法。

小看板

某年3月，我国内地某乡镇企业通过当地贸易公司的介绍，匆匆与香港某厂商签订了加工生产某种轻工产品的补偿贸易合同。合同规定：由港商提供生产设备，某乡镇企业将利用该设备生产的产品返销给港商，以补偿设备价款。补偿期为五年。合同未明确规定设备的型号、产地、生产年代以及技术性能等方面的指标。后港商按期运到设备，但经检验，该设备是20世纪70年代末的产品，而且是二手货。由于合同对此未加规定，该乡镇企业只得接受并进行加工生产。五年之后，补偿期满，但设备已接近报废，该企业蒙受了巨大的损失。

想一想：该企业的行为存在哪些失误？通过本案应该吸取哪些教训？

程序三　电子商务

一、电子商务的概念

电子商务早期的形式是EDI(Electronic Data Interchange)。EDI最初的想法来自美国运输业。1968年，美国运输业的许多公司联合成立了一个运输数据协调委员会(Transportation Data Coordinating Committee，TDCC)，研究开发电子通信标准的可行性。这个委员会提出的方案形成了今天EDI的基础。EDI是将业务文件按一个公认的标准从一台计算机传输到另一台计算机上去的电子传输方法。由于EDI大大减少了纸张票据，因此，人们也形象地称之为“无纸贸易”或“无纸交易”。

电子商务(Electronic Commerce)分为广义和狭义的电子商务。广义的电子商务定义为，使用各种电子工具从事商务或活动。这些工具包括从初级的电报、电话、广播、电视、传真到计算机、计算机网络，再到NII(国家信息基础结构—信息高速公路)、GII(全球信息基础结构)和Internet等现代系统。狭义电子商务定义为主要利用Internet从事的商务或活动。

在信息产业向纵深发展的同时，发展迅速的国际贸易迫切要求实现全球贸易运作的信息化，节约社会成本和贸易成本，电子商务的发展正好满足了这种需求。在传统贸易方式下，国际贸易流程以买方准备一份购物清单到登记应收款账户冲账，需要经历 20 多个环节，而在电子商务方式下却只需要 8 个环节就可完成。电子商务帮助国际贸易企业改革国际贸易流程，实现国际贸易管理的电子化、信息化、自动化、规模化，形成新的有效率的国际贸易流程管理模式，推动国际贸易方式创新，实现对以纸面贸易单据的流转为主体的传统国际贸易流程和交易方式的变革。

二、电子商务的模式

（一）B2B

B2B(Business to Business)指商家(泛指企业)对商家的电子商务，即企业与企业之间通过互联网进行产品、服务及信息的交换。通俗的说法是指进行电子商务交易的供需双方都是商家(或企业、公司)，使用了 Internet 的技术或各种商务网络平台，完成商务交易的过程。B2B 的典型是中国供应商、阿里巴巴、中国制造网、敦煌网、慧聪网、瀛商网等。B2B 按服务对象可分为外贸 B2B 及内贸 B2B；按行业性质可分为综合 B2B 和垂直 B2B。

（二）B2C

B2C(Business to Customer)为企业通过互联网为消费者提供一个新型的购物环境——网上商店，消费者通过网络在网上购物、在网上支付。这种模式节省了客户和企业的时间和空间，大大提高了交易效率，节省了宝贵的时间。

（三）C2C

C2C(Consumer to Consumer)同 B2B、B2C 一样，都是电子商务的模式之一。不同的是 C2C 是用户对用户的模式，C2C 商务平台就是通过为买卖双方提供一个在线交易平台，使卖方可以主动提供商品上网拍卖，而买方可以自行选择商品进行竞价。C2C 的典型是百度、淘宝网等。

（四）B2M

B2M(Business to Manager)相对于以上三种电子商务模式有着本质的不同，其根本的区别在于目标客户群的性质不同，前三者的目标客户群都是作为一种消费者的身份出现，而 B2M 所针对的客户群是该企业或者该产品的销售者或者为其工作者，而不是最终消费者。企业通过网络平台发布该企业的产品或者服务，职业经理人通过网络获取该企业的产品或者服务信息，并且为该企业提供产品销售或者提供企业服务，企业通过经理人的服务达到销售产品或者获得服务的目的。职业经理人通过为企业提供服务而获取佣金。

（五）M2C

M2C(Manager to Consumer)是由 B2M 的电子商务模式延伸出来的概念。B2M 环节中，企业通过网络平台发布该企业的产品或者服务，职业经理人通过网络获取该企业的产品或者服务信息，并且为该企业提供产品销售或者提供企业服务，企业通过经理人的服务达到销售产品或者获得服务的目的。而在 M2C 环节中，经理人将面对 Consumer，即最终消费者。

（六）B2A

B2A(Business to Administration)即商业机构对行政机构的电子商务，指的是企业与政府机构之间进行的电子商务活动。例如，政府将采购的细节在国际互联网络上公布，通过网上竞价方式进行招标，企业也要通过电子商务的方式进行投标。

（七）C2A

C2A(Consumer to Administration)即消费者对行政机构的电子商务，指的是政府对个人的电子商务活动。这类的电子商务活动目前还没有真正形成。

三、电子商务在国际贸易中的应用

（一）物色贸易伙伴

在开展国际贸易之前，准确和清晰的物色贸易伙伴是提高企业经济效益的有效措施。电子商务作为现今企业发展中最为重要的因素，在物色贸易伙伴的时候，由于电子商务在开展中，不会因为地域和时间的因素而有所影响，因此可以在一定程度上节约大量的人力和物力。此外，企业还可以建立属于自己的网站，并利用电子商务这样一个有效的平台，把本企业的基本信息和产品向全球的客户展现，从中获取相应的合作伙伴，也可以在其中选择自己满意的贸易伙伴来开展贸易合作关系。

（二）网上咨询与洽谈

每一笔国际贸易都不可能洽谈一次就成功，需要合作商之间反复的沟通、咨询，这也是构成一笔国际贸易所必须具备的条件。随着信息化技术的不断发展，电脑已经成为千家万户实现信息交流的有效手段，在国际贸易中也一样，企业可以运用因特网来实现国际商务之间的咨询和洽谈。作为买卖双方可以运用邮件或者新闻组的作用来对市场的动态了解的一清二楚，如果买卖双方在交流过程中，需要对产品的信息进一步的了解，可以运用远程视频来进行面对面的交流。由此可见，电子商务给国际贸易带来了许多的便捷服务。

（三）网上订购与支付

电子商务可以运用网站中信息来了解订购商品的基本情况，了解清楚后可以实现网上订购，客户可以通过网上支付来完成货物的订购，当客户填写完订购单以后，系统就会用交易确认信息来保证整个订购信息，并且订购的信息具备加密功能，这样就可以很好的保护商家和客户之间的商业秘密。除此之外，在国际贸易中网上订购可以快速、便捷的传递客户所需的无形产品，例如软件、音像等，这样就可以极大程度的节约时间和人力成本。

项目小结

国际贸易方式是指国际贸易中买卖双方所采用的各种交易的具体做法，它是在买卖双方交易过程中随着不同商品、不同地区和不同对象，根据双方的需求，适应不同的政治、经济需要而逐渐形成的。

传统的国际贸易方式有：包销、代理、寄售、拍卖、招标与投标。

新兴的国际贸易方式有：加工贸易、对销贸易和电子商务。

在本项目的学习过程中应注意了解当前国际贸易领域交易方式的发展变化。在实际业务中应根据产品特性和营销策略，结合不同贸易方式的利弊，灵活地选择各种不同的贸易方式，并注意各种贸易方式的结合使用。

增值阅读

全球主流外贸 B2B 平台

1. Globalsources. com

环球资源网的价格是最贵的，通常企业加入的年费都在 10 万元人民币到 20 万元人民币之间。其主要靠线下展会、杂志、光盘宣传，最有优势的行业是电子类和礼品类。它对买家的审核很严格，成交的订单中，大单较多。它针对的客户群以大企业为主，对企业会谨慎选择。最近环球资源与慧聪网联合推出一个机械频道，年费 4 万人民币元，今年 10 月可以上线，这是环球资源网转战线上市场的一个信号。

2. Alibaba. com

阿里巴巴是最大的 B2B 平台，效果也比较明显。平台上的中国供应商以中小企业为主。大多数供应商投这样的平台是划算的，其续签率也非常高。令人担忧的是，阿里巴巴中的中国卖家太多，加之阿里平台允许买家群发询盘，导致价格竞争激烈，因此，阿里成交的单子利润都偏低。从某种角度说，阿里还是一个老外衡量中国供应商价格的平台。某些特定的行业收费用户过多，翻了十几页后还是收费会员，这种分类下的供应商效果就不太好了。

3. Made-in-China. com

中国制造网，域名很有特色，上口、好记。中国的制造大国地位决定了这个网站必将给国外客户留下深刻的印象。此网站广告投放的力度并不大，在国内外主要靠口碑相传，搜索引擎优化排名也不错。

4. Ec21. Com 和 Ecplaza. net

同属韩系 B2B 网站，免费会员基本没效果，仅仅是让你知道一下其内部基础功能。他们进入中国重点抓的是销售。较前几家网站，难免在发展策略上略逊一些，远期效果还要观望。在 Ec21 上，收费会员如果做机械、电子类的产品一定要买 Trade Pro 服务，Trade Ok 对于竞争激烈的产品效果不太好。Ec21 对会员页允许使用 HTML 语言，这样很多搜索引擎优化的技巧就完全可以用上，可以为企业自身网站带来目标客户。Ecplaza. Net 和 Ec21 一样，也是一个来自韩国的 B2B 站，效果也和 Ec21 差不多。

5. ECVV. com

ECVV. Com 是一个按效果付费的 B2B 平台，如果以收年费来盈利的 B2B 平台划分为第一代的话，这种模仿 Google 广告，按效果付费的盈利模式可以称为第二代 B2B 平台。供应商使用 ECVV“按效果付费”服务，决定付费的前提在于供应商通过 ECVV 网站收到的有效询盘，供应商在收到买家的大量询盘后，可以根据询盘的内容来自主判断是否为有效询盘，ECVV 只对在供应商自主筛选后的有效询盘收费，每条有效询盘收费 30 元。目前这个网站推广力度很大，值得关注。另外,万国商业网也属于按效果付费的平台。

6. Tradekey. com

国际B2B平台中的一匹黑马,如果仅以询盘判断,效果还算不错。Tradekey靠网站的搜索引擎优化起家,用许多产品的关键词在Google中搜索,三页内经常可以看到Tradekey的身影。他们现在已经取消免费会员,银牌会员是369美元,价格不贵且目前上面供应商数量还不多。Tradekey的金牌会员很少,这就说明银牌会员已经能满足一般企业的需要,平台上的竞争还没达到白热化。不过从询盘的成交比率和成交金额上很多国内会员各有说法。

7. eBay

大家不要误以为eBay就是针对个人的拍卖站,事实上eBay上除了C2C以外,B2C和B2B交易也相当活跃。eBay的每个分类里都有一个批发专区,可以刊登批发信息,而且eBay中的不少Powerseller的采购量大得惊人,他们经常在eBay里采购,然后在eBay中零售,规模上一点不亚于Globalsource中的国际买家。通过eBay首页底部的全球站导航,用户可以进入到26个国家刊登他的批发信息。

8. iOffer. com

iOffer. com为一家美国的交易平台,严格说来不能归为B2B平台,但其有批发业务。该网站上面的批发交易很活跃,通常都是小单。iOffer是一个基于谈判的交易系统,买家可以在线提问、与卖家协商、最终成交并可以在线付款。所有交易记录和协商过程都记录在网站上,这样很方便买家对商品价格和卖家信用进行评估。想注册成为iOffer的卖家,需要使用国际信用卡,iOffer根据成交金额收取交易费。

9. DHgate. com

一个新兴的外贸B2B平台,由原卓越网CEO建立,面向中国中小企业。卖家注册完全免费,可以任意刊登产品,国外买家选购商品后先用Paypal付款给DHgate公司,DHgate通知中国供应商发货,买家收到货后检查没有问题,通知DHgate放款给中国供应商,大大降低了国际采购商受欺诈的风险。在交易中,DHgate公司向买家收取10%的交易费。这是一个很有前途的网站,不妨一试。

还有一些B2B站,如Wordbid. com、Europages. com、Compass. com、Fuzing. com、Diytrade. com、Tpage. com等也是大家讨论的焦点,效果肯定是有的,但视自身企业的具体情况有所不同。总之,在B2B平台上想谈成业务,还是要用心去经营,哪怕只用一个平台,发挥到极致,也会出来效果。

说一说

(1)包销可能产生哪些不利情况?

(2)试述独家代理与一般代理的区别。

(3)对销贸易有哪些形式?

(4)试述对外加工装配与来料加工的区别。

(5)电子商务的基本模式有哪些?

议一议

(1)日本B公司与香港A公司签订一份独家代理协议，日本B公司指定香港A公司为其在香港的独家代理。订立协议时，日本B公司正试验改进现有产品。不久，日本B公司试验成功，并把这项改进后的同类产品，指定香港另一家公司作独家代理。

问：日本B公司有无这种权利？为什么？

(2)我公司提供空气清新机，现有以色列客人购买我方产品，但是觉得我们的过滤网中的一个组件不太好，所以要求我方换成他们的供应商提供的组件。我方用他们免费提供过来的组件组装成过滤网连同空气清新机一起出口。这组件含有从美国进口的成分，而他们的供应商是香港公司，而这家香港公司的工厂又设在广东东莞。

问：这样的情况对于我方来说是来料加工还是一般贸易？香港公司让他们大陆的工厂提供组件给我方组装，我方是组件进口方吗？

练一练

(1)福州A公司是一家专业生产运动鞋的企业。为拓展国际业务，扩大销售渠道，2002年3月，A公司与温州某轻工进出口公司B签订委托代理合同，委托B公司代其联系国外客户。美国M公司与B公司有长期的贸易往来，于是，B公司向M公司介绍了A公司的生产销售业务情况。

2012年6月，M公司派员在B公司人员的陪同下考察了A公司业务流程以及生产线等情况。同年8月，M公司通过B公司同意将一笔加工7万双运动鞋的订单下给A公司。但由于A公司不具有自营进出口经营权，因此，在签订的进出口合同中，买方为M公司，卖方为B公司。A公司与B公司另行签订了代理协议。其后M公司将运动鞋的式样图纸通过特快专递直接寄给A公司。

2013年3月，由于A公司不能按期交货，双方发生纠纷，M公司作为本案的申请人，按进出口合同中规定的仲裁条款，拟向中国国际贸易仲裁委员上海分会提出仲裁申请。但是在谁是被申请人的问题上，发生了争议。

试分析：

①本案的被申请人是A公司，还是B公司？为什么？

②该案将如何处理？

(2)我工厂和中国台湾客户联系出口货物，最终客户是南美商人。

起运港：上海；

目的港：SAN PEDRO SULA。

此交易之前我方和该台湾客户合作过，当时出提单时SHIPPER填写的是台湾客户，CONSIGNEE填写的是台湾客户的最终客户。但是做此笔交易时，台湾客户要求SHIPPER写我方工厂，CONSIGNEE写台湾客户，船公司由最终客户指定，且电放提单，正本提单由台湾客户领取。我方得知对方要求后觉得很奇怪，就发邮件询问台湾客户，提出下列几点疑问：

①最终客人指定船公司，这样 SHIPPER 是工厂，收货人写台湾公司的话，有些船公司是拒绝定舱的。

②如果作电放，正本是归还船公司的，台湾公司领不到提单正本。

③无法确认国外客人指定哪家船公司，而我方则要和船公司提前确认操作方法。

台湾客人回复说：台湾公司会和船公司联系好换单一事，并嘱咐我方不要担心此事。

试分析：三角贸易方式下如何进行提单填制？此案例中台湾公司为何这样做？

附录　部分单据实样

附录一　汇　　票

BILL OF EXCHANGE

凭　　　　　　　　　　　　　　　　信用证或购买证

Drawn under ______________________ L/C or A/P No. ________

日期　　　年　　月　　日　支取　按　　年　　息　　付　　款

Dated ________________ Payable with interest @ ________ % Per annum

号码　　　　汇票金额　　　　　　中国，合肥　　年　　月　　日

No. __________ Exchange for ______________ Hefei，China ____________

见票　　　　　　　　　　　　　　　日后(本汇票之副本未付)付

At ______________________________ sight of this FIRST of Ex-

change (Second of the same tenor and date unpaid) pay to the order of ________

金额

the sum of ____

此致

To ______________________________

安徽省进出口有限公司

ANHUI PROVINCE IMP. & EXP. CO., LTD.

附录二 发 票

SANXINTRADING CO. , LTD.
NO. 126 HONGXING ROAD YANTAI SHANDONG
Commercial Invoice

To:　　　　　　　　　　　　Date:
　　　　　　　　　　　　　　Invoice No:
　　　　　　　　　　　　　　Contract No:

From:　　　　to:　　　　Letter of credit No:

Issued by:

Marks & Numbers	Quantities and Descriptions	Unit Price	Amount

SANXIN TRADING CO. , LTD.

附录三 海运提单

BILL OF LADING

1)SHIPPER		10)B/L NO. CARRIER： COSCO 中国远洋运输(集团)总公司 CHINA OCEAN SHIPPING (GROUP) CO. ORIGINAL COMBINED TRANSPORT BILL OF LADING
2)CONSIGNEE		
3)NOTIFY PARTY		
4)PLACE OF RECEIPT	5)OCEAN VESSEL	
6)VOYAGE NO.	7)PORT OF LOADING	
8)PORT OF DISCHARGE	9)PLACE OF DELIVERY	

11)MARKS 12)NOS. &KINDS OF PKGS 13)DESCRIPTION OF GOODS 14)G. W. kg 15)MEAS(m^3)
16)TOTAL NUMBER OF CONTAINERS OR PACKAGES (IN WORDS)

FREIGHT& CHARGES	REVENUE TONS	RATE	PER	PREPAID	COLLECT

PREPAID AT	PAYABLE AT	17)PLACE AND DATE OF ISSUE
TOTAL PREPAID	18)NUMBER OF ORIGINAL B(S)L	
LOADING ON BOARD THE VESSEL 19)DATE		20)BY

附录四　投　保　单

中国人民保险公司上海分公司出口运输险投保单

编号：__________

兹将我处出口物资依照信用证规定拟向你处投保国外运输险计开：

<table>
<tr><td colspan="8">被保险人（中文）
被保险人（英文）　　　　过户</td></tr>
<tr><td colspan="2">标记或发票号码</td><td colspan="2">件数</td><td colspan="2">物资名称</td><td colspan="2">保险金额</td></tr>
<tr><td colspan="2"></td><td colspan="2"></td><td colspan="2"></td><td colspan="2"></td></tr>
<tr><td colspan="2">运输工具
（及转载工具）</td><td colspan="2"></td><td colspan="2">约于　年　月　日　启运</td><td>赔款偿付地点</td><td></td></tr>
<tr><td>运输路程</td><td colspan="4">自　　经　　到</td><td colspan="2">转载地点</td><td></td></tr>
<tr><td colspan="4">投保险别</td><td colspan="4">投保单位签章</td></tr>
</table>

附录五 保 险 单

中国人民保险公司
THE PEOPLE'S INSURANCE COMPANY OF CHINA

总公司设于北京 1949 年创立

Head office: BEIJING Established in 1949

发票号码 保 险 单 保险单号次

INVOICE NO. INSURANCE POLICY POLICY NO.

中国人民保险公司(以下简称本公司)根据__________________(以下简称为被保险人)的要求由被保险人向本公司缴付约定的保险费,按照本保险单承保险别和背后所载条款与下列特款承保下述货物运输保险,特立本保险单。

THIS POLICY OF INSURANCE WITNESSES THAT THE PEOPLE'S INSURANCE COMPANY OF CHINA (HERINAFTER CALLED"THE COMPANY") AT THE REQUEST OF(HEREINAFTER CALLED"THE INSURED") AND IN CONSIDERATION OF THE AGREED PREMIUM BEING TO THE COMPANY BY THE INSURED, UNDERTAKES TO INSURE THE UNDERMENTIONED GOODS IN TRANSPORTATION SUBJECT TO THE CONDITIONS OF THE POLICY AS PER THE CLAUSES PRINTED OVERLEAF AND OTHER SPECIAL CLAUSES ATTACHED HEREON.

标记 MARKS & NOS.	包装及数量 QUANTITY	保险货物项目 DESCRIPTION	保险金额 AMOUNT INSURED

总保险金额

TOTAL AMOUNT INSURED:

保费 费率 装载工具

PREMIUM AS ARRANGED RATE AS ARRANGED PER CONVEYANCE S. S.

开航日期 自 至

SLG. ON OR ABT. FROM TO

承保险别

CONDITIONS:

所保货物,如遇风险,本公司凭本保险单及其有关证件给付赔款。所保货物,如发生保险单项下负责赔偿的损失或事故,应立即通知本公司下述代理人查勘。

CLAIMS, IF ANY PAYABLE OF SURRENDER OF THIS POLICY TOGETHER WITH OTHER RELEVANT DOCUMENTS. IN THE EVENT OF ACCIDENT WHEREBY LOSS OR DAMAGE MAY RESSULT IN A CLAIM UNDER THIS POLICY IMMEDIATE NOTICE APPLYING FOR SURVEY MUST BE GIVEN TO THE COMPANY'S AGENT AS MENTIONED HEREUNDER:

中国人民保险公司 THE PIOPLE'S INSURANCE CO. OF CHINA

赔款偿付地点

CLAIM PAYABLE AT/IN __________________________ GENERAL MANAGER

出单公司地址 日期

ADDRESS OF ISSUING OFFICE ________________ DATE ________

附录六 产地证明书

<table>
<tr><td colspan="5">ORIGINAL</td></tr>
<tr><td colspan="2">Exporter(full name and address)</td><td colspan="3" rowspan="2">Certificate No.

CERTIFICATE OF ORIGIN
OF
THE PEOPLE'S REPUBLIC OF CHINA</td></tr>
<tr><td colspan="2">Consignee (full name, address, country)</td></tr>
<tr><td colspan="2">Means of transport and route</td><td colspan="3" rowspan="2">For certifying authority use only</td></tr>
<tr><td colspan="2">Destination port</td></tr>
<tr><td>Marks and Numbers of package</td><td>Description of goods: number and kind of package</td><td>H. S. Code</td><td>Quantity or weight</td><td>Number and date of invoice</td></tr>
<tr><td colspan="2">Declaration by the exporter
The undersigned hereby declares that the above details and statements are correct; that all the goods were produced in China and that they comply with the Rules of Origin of the People's of China.

Place and date. Signature and stamp of authorized signatory</td><td colspan="3">Certification
It is hereby certified that the declaration by the exporter is correct.

Place and date, signature and stamp of certifying authority</td></tr>
</table>

附录七 普惠制产地证明书

GSP FORM A

Goods consigned from (Export's business, address, country)	Reference No. GENERALIZED SYSTEM OF PREFERENCES CERTIFICATE OF ORIGIN (Combined declaration and certificate) FORM A Issued in THE PEOPLE'S REPUBLIC OF CHINA ____________ (country) See Notes overleaf
Goods consigned to (Consignee's name, address, country)	
Means of transport and route (as far as known)	For official use

Item number	Marks and number of packages	Number and Kind of packages; description of goods	Origin criterion (see Notes overleaf)	Gross weight or other quantity	Number and date of nvoices

Certification It is hereby certified, on the basis of control carried out, that the declaration by the exporter is correct	Declaration by the exporter The undersigned hereby declares that the above details and statements are correct; that all the goods were produced in ………(country)……… and that they comply with origin requirements specified for those goods in the Generalized System of Preferences for goods exported to ………(importing country)………
Place and date. signature and stamp of certifying authority	Place and date. Signature ofauthorized signatory.

附录八 装 箱 单

YITIAN TRADING CO., LTD.
NO. 233 DANGSHANROAD HEFEI ANHUI
PACKING LIST

Date:
Invoice No.:
Contract No.:

Marks & Numbers	Descriptions	Quantity	Weight		Measurement
			Net	Gross	

YITIANTRADING CO., LTD.

附录九 检验证书

中华人民共和国南京出入境检验检疫局

NANJING IMPORT & EXPORT COMMODITY INSPECTION BUREAU 正本

OF THE PEOPLE'S REPUBLIC OF CHINA

ORIGINAL

No.(13051)

日期 Date:

地址:南京市中山东一路 13 号 检验证书

Address:13. Zhongshan Road INSPECTTON CERTIFICATE

(E. I.),NANJING OF QUALITY

电报:南京 2914

Cable:2914, NANJING

电话:63211285

Tel:63211285

发货人:

Consignor:

受货人:

Consignee:

品名: 标记及号码:

Commodity Marks & No.

报验数量/重量:

Quantity/Weight

Declared

检验结果:

RESULTS OF INSPECTION:

主任检验员

Chief Inspector

参 考 文 献

[1] 黎孝先,王健.国际贸易实务[M].5版.北京:对外经济贸易大学出版社,2011.
[2] 安徽.国际贸易实务教程案例与习题集[M].北京:北京大学出版社,2005.
[3] 广银芳.进出口单证实训教程[M].南京:东南大学出版社,2005.
[4] 石玉川.国际贸易实务[M].北京:对外经济贸易大学出版社,2005.
[5] 杨小舟.国际商务跟单理论与实务[M].山东:山东电子音像出版社,2005.
[6] 杨频,仇荣国. 国际贸易实务[M].北京:北京大学出版社,2006.
[7] 吴安南.国际贸易实务[M].大连:大连理工出版社,2006.
[8] 余世明.外贸跟单理论与实务[M].广州:暨南大学出版社,2006.
[9] 刘伟奇,丁辉君.国际贸易单证理论与实务[M].上海:同济大学出版社,2007.
[10] 刘文广,等.国际贸易实务[M].大连:东北财经大学出版社,2007.
[11] 张晓明.国际贸易实务[M].北京:中国财政经济出版社,2007.
[12] 余心之,等.进出口贸易实务[M].大连:东北财经大学出版社,2007.
[13] 丁萍,王媛媛.国际贸易理论与实务[M].北京:北京交通大学出版社,2008.
[14] 姜宏.国际贸易实务与综合模拟实训[M].北京:清华大学出版社,2008.
[15] 武义海.一单代理进料转成品出口业务分析[J].对外经贸实务,2008(6):15—16.
[16] 全国国际商务单证培训认证考试指导用书[M].北京:中国商务印书馆,2008.
[17] 刘秀玲.国际贸易实务与案例[M].北京:清华大学出版社,2008.
[18] 韩晶玉.国际贸易实务实训教程[M].大连:东北财经大学出版社,2009.
[19] 王正华,杨杰. 国际贸易实务操作教程 [M].北京:中国经济出版社,2009.
[20] 李金林. 国际贸易实务[M].北京:对外经贸大学出版社,2009.
[21] 王沅沅. 国际贸易实务[M].2版.北京:等教育出版社,2009.
[22] 田运银.国际贸易实务精讲[M].北京:中国海关出版社,2010.
[23] 张志,杨丽.国际贸易实务实训教程[M].天津:天津大学出版社,2010.
[24] 孙海梅,袁晖. 国际贸易实务实训[M].北京:高等教育出版社,2010.
[25] 黄海东.国际贸易实务[M].北京:科学出版社,2010.
[26] http://www. expo—china. com.
[27] http://www. wto. org.
[28] http://www. imf. org.
[29] http://www. worldbank. org.
[30] http://www. mofcom. gov. cn.
[31] http:// www. safe. gov. cn.
[32] http://www. CCPIT. org.
[33] http://www. aqsiq. gov. cn.

[34] http://www. Chinaproducts. com. cn.
[35] http://www. Chinatradenews. com.
[36] http://www. customs. gov. cn.
[37] http://www. alibaba. com.
[38] http://www. made-in-china. com.
[39] http://www. cnwto. com. cn.